避難と支援

埼玉県における広域避難者支援のローカルガバナンス

西城戸誠
原田峻 著

新泉社

目次

第4章　避難生活の長期化期（2012年4月～2017年3月）——広域避難者への公的支援と民間支援③

ブックデザイン　北田雄一郎

序章

東日本大震災・福島原発事故と広域避難

避難所となった「さいたまスーパーアリーナ」内部の様子（2011年3月）
写真提供：NPO法人ハンズオン！埼玉

1　本書における問い

二〇一一年三月一一日に発生した東日本大震災は、地震・津波によって甚大な被害を出しただけでなく、東京電力福島第一原子力発電所の事故を引き起こし、深刻な放射能汚染をもたらした。これらの災害によって生じた問題の一つに、長期・広域におよぶ避難がある。とりわけ福島県では原発事故直後に国による避難指示が出され、それ以外の地域からも多くの「自主避難者」が発生した。震災・原発事故から一年後の二〇一二年三月時点で、岩手県・宮城県・福島県内の避難者数が約二七万人、三県以外の全国の避難者数が約七万六〇〇〇人であった。二〇一八年三月時点でも、約三万四〇〇〇人が被災三県で、約三万九〇〇〇人が全国で避難生活を送っている（復興庁ウェブサイト）。

こうした長期・広域の避難生活をめぐって、これまでの震災の経験から示唆されるのは、避難者の孤立である。阪神・淡路大震災（一九九五年発生）では、兵庫県外への避難者が支援の対象外になりがちであり、行政から見捨てられた感覚を持ち、さらに避難先の自治体の支援がなくなった時にその感覚が強くなると指摘されていたが（田並 2010）、同様の問題が全国各地で起きることとなった。これに加えて原発事故が、長期・広域の避難を複雑化させた。原発事故後に政府が実施してきたのは、除染とインフラ整備による復旧作業、東京電力が行う被害補償を通した生活再建、そして区域再編による「復興の加速化」であった。だが実際には、住民が安心して戻れる状態にないまま、帰還が強力に推進され、賠償の打ち切りがもたらされつつある。避難指示解除が多くの市町村で進行するとともに、二〇一七年三月には自主避難者への借上げ住宅の提供が終了した。こうした政策において、政府の中では「帰ること」と「復興」、「コミュニティの再生」と「避難指示を一刻も早く解くこと」が同義にされており（山下ほか 2013）、復興政策の影響が地域・個人間で不均等にあらわれ、複雑な分断構造が発生している（除本・渡辺編 2015）。ここで取り残される恐れのあるのが、「帰還」でも「移住」でもない「待避」（今井 2014a）の状態にある人々である。「帰還か移住か」という圧力のもと、避難元のコミュニティと受け入れ先のコミュニティの狭間で「帰りたいけど帰れない」という人々をいかに支えるのかという課題が、全国で浮上することになった。

これらの広域避難者に対して、各地で支援の取り組みも喚起された。北海道から沖縄まで、全都道府県にわたって避難者を支援する団体が立ち上がり、東日本大震災支援全国ネットワーク（JCN）の「広域避難者支援ミーティング」によってネットワークも形成された。だが、長期・広域の避難においては、従来の復興支援と異なり、避難者の生活再建の見通しが立ちにくいだけでなく、避難者の生活再建とコミュニティの復興が必ずしも連動しておらず、求められる「支援」の内実や到達点が見えにくい。また、行政による制度的支援（住宅提供など）および東電による損害賠償にはさまざまな問題や格差があり、民間で対応するにも避難者のニーズはきわめて複雑化、多様化している。こうした状況に対して、避難者を受け入れた地域では、どのような支援がいかに構築され、それによって何がもたらされたのだろうか。

本書は、埼玉県を事例として、東日本大震災・福島原発事故後の広域避難者支援を総括的に分析するものである。埼玉県は、長らく東京都に次いで避難者数が多く、福島県の避難指示区域からが約七割、避難指示区域外からが約二割、岩手県・宮城県からが約一割と、多様な避難者が混在してきた。また、官民によって避難者支援が実施され、埼玉県庁や各市町村だけでなく、一般社団法人埼玉県労働者福祉協議会（略称、埼玉労福協）やNPO法人埼玉広域避難者支援センター（通称、福玉支援センター）、さらに各地のボランティアや避難者自身によって、支援活動が実施されてきた。筆者らは二〇一一年三月以来、避難者支援の現場に関わりながら、その支援の構築過程を記録してきた。本書は七年半の間のフィールドワークをもとに、広域避難者支援を「ローカルガバナンス」の視点（第1章第2節参照）から分析していく。

第1章からの分析に先立って以下では、①東日本大震災・福島原発事故後の避難過程、②広域避難者の分布と埼玉県の位置づけ、③国・福島県による避難者支援政策を整理して、本書が扱う埼玉県における避難者支援の前提を示したい。

2　東日本大震災・福島原発事故後の避難過程

まず、東日本大震災・福島原発事故後の避難過程について、その避難が広域化・長期化した過程を中心に整理すると、以下のようになる。

二〇一一年三月一一日の地震・津波発生後、被災地域では多くの人々が学校等の緊急避難所や親戚・知人宅等へ避難を行った。さらに原発事故の発生によって、原発から半径三キロ圏内の住民に対し避難指示、一〇キロ圏内の住民に屋内退避指示が出された。翌一二日、事故の過酷さが明らかになるにつれ、避難指示が半径一〇キロ圏内、そして二〇キロ圏内へと拡大し、一五日には半径二〇〜三〇キロ圏内に屋内退避指示が出された。同日に全国知事会を通じて福島県から各都道府県に避難者の受け入れ要請が行われ、全国各地の自治体が体育館や福祉施設などを緊急避難所として開放した。福島県内の大型避難所の代表的な例がビッグパレットふくしま（郡山市）、県外では埼玉県のさいたまスーパーアリーナ（さいたま市）などである。

避難所に続く住まいとして、四月から災害救助法に基づく応急仮設住宅（プレハブ仮設住宅や木造仮設住宅）の建設が始まった。加えて東日本大震災後の特徴として、「みなし仮設住宅（借上げ住宅）」の活用が挙げられる。これは、都道府県が民間賃貸住宅を借り上げ、家賃や敷金・礼金・仲介手数料などが国庫負担となる制度である。被災三県からの避難者は一律で入居が認められ、全国各地の公営住宅や民間賃貸住宅で避難生活を開始することとなった。こうして二〇一一年夏には多くの被災者が仮設住宅に移り、ほとんどの緊急避難所は閉鎖となる。

だが、津波被災地においては、被害の面的な激甚性、沿岸部約五〇〇キロに及ぶ広域性、住宅被害の大量性、地震・津波・原発事故の複合的発生と東北地方が従前から有している過疎化・高齢化問題などによる複層的被害によって、復興住宅の建設や復興まちづくりが長期化することになった（越山 2016）。こうした岩手・宮城・福島の「津波被災者」の一部は、親戚等を頼って県外へと広域避難していく。

さらに福島県では、原発事故による放射能汚染と国による避難指示が、避難を複雑化していく。放射能汚染の状況が徐々に明らかになると、政府は避難指示の拡大を余儀なくされた。四月二二日、半径二〇キロ圏内を「警戒区域」と定めて立ち入りを禁止するとともに、そのほかに、一カ月以内に立ち退きを求める「計画的避難区域」と、居住はできるが避難の準備を求める「緊急時避難準備区域」が指定された（図序-1）。こうした避難指示の結果、浪江町《なみえまち》、双葉町《ふたばまち》、大熊町《おおくままち》、富岡町《とみおかまち》、楢葉町《ならはまち》、広野町《ひろのまち》、葛尾村《かつらおむら》、川内村《かわうちむら》、飯舘村《いいたてむら》は全域が対象となり、役場ごとの避難を行った。また、田村市、南相馬市《みなみそうまし》、川俣町《かわまたまち》も一部がその対象になった。二〇一一年九月時点で、これらの地域から約一〇万人が避難をしており、こうした人々は「強制避難者」と呼ばれる。

放射能汚染は前記の避難指示区域だけでなく広範囲に広がり、各地で高濃度の「ホットスポット」が発生した。政府は六月一六日に、避難指示区域外で「特定避難勧奨地点」を設定したが、対象はわずか二八二世帯であった。そのため、避難指示区域外の多くの人々、とりわけ小さい子どもを抱えた親たちは、放射能汚染と健康被害に不安を抱えるようになった。こうした人々の一部は短期間の「保養」、さらにその一部の人々は長期にわたる避難生活を送ることになり、「自主避難者」と呼ばれる。

以上の「津波避難者」、および原発事故による「強制避難者」「自主避難者」は便宜的な区分であり、行政区域をまたがって存在するだけでなく、複雑な人の移動が発生したため、区分ごとの

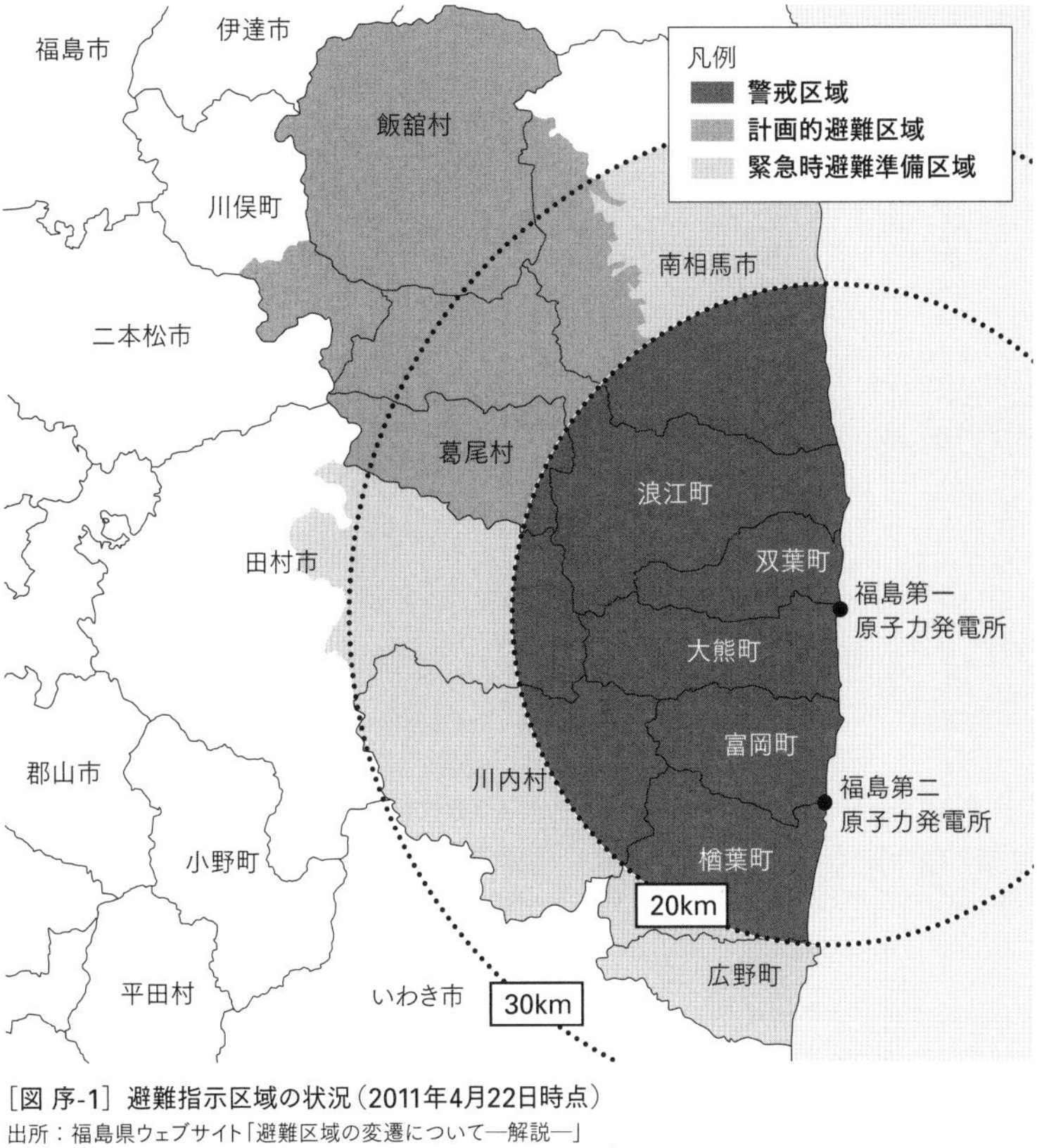

［図 序-1］ 避難指示区域の状況（2011年4月22日時点）
出所：福島県ウェブサイト「避難区域の変遷について―解説―」（http://www.pref.fukushima.lg.jp/site/portal/cat01-more.html）.

明確な集計は存在しない。公表されている数値をもとに岩手県・宮城県の県内／県外避難者数（二〇一一年一一月）と、福島県の避難指示区域内外ごとの県内／県外避難者数（同年九月）をまとめると、**表 序－1**になる。大まかにいえば、岩手県・宮城県の津波避難者が約一七万人、福島県の原発避難者が一五万人、そのうち一〇万人が強制避難者、五万人が自主避難者となる。被災三県内の避難が約二六万人、県外への広域避難者が七万人弱となる。ただし、岩手県・宮城県にも原発事故による福島県からの避難者がおり、福島県内の避難指示区域外でも地震・津波で多くの人々が避難している。

さらに、東日本大震災・福島原発事故の被害は三県にとどまらず、青森県、茨城県、千葉県でも津波の被害が発生した。そして、原発事故による放射能汚染は福島県内にとどまらず東北地方や関東地方にも広がり、関東地方から他地域への避難・移住も生じたため、原発避難は**図 序－2**のような玉突き状態で表される。

［表 序-1］岩手・宮城・福島県の県内・県外避難者数（2011年9～11月時点）

被災地（県別）		県内避難	県外避難	合計
岩手県（2011年11月時点）		42,474	1,462	43,936
宮城県（2011年11月時点）		122,229	8,555	130,784
福島県（2011年9月時点）	避難指示区域内	70,817	30,480	101,297
	避難指示区域外	23,551	26,776	50,327
合計（参考）		259,071	67,273	326,344

出所：岩手県・宮城県の避難者数は復興庁ウェブサイト掲載の「避難者等の数［平成23年11月24日］」，福島県の避難者数は文部科学省ウェブサイト掲載の「原子力損害賠償紛争審査会（第16回）配付資料 自主的避難関連データ」より筆者作成．

このように、東日本大震災・福島原発事故後の避難においては、人の移動が広域かつ複雑に入り組んでおり、その把握が困難であったことをまずは確認しておきたい。この問題は埼玉県の避難者支援においてもたびたび浮上することとなり、のちに詳しく言及する。

そして、東日本大震災・福島原発事故後の広域避難は、その時間的な長期化も事態を深刻化させることとなった。津波被災地の場合は復興住宅の建設や復興まちづくりの状況と連動しながら、借上げ住宅の延長と終了が行われた。岩手県・宮城県では借上げ住宅の入居期限は一年ずつ延長されたのち、二〇一五年春には両県の一二市町村において入居五年を期限とし、残り一四市町村では一年間の一律延長が発表された（「朝日新聞」二〇一六年三月七日）。その後、宮城県では、塩《しお》竈《がま》市、気《け》仙沼《せんぬま》市、多賀城市、東松島市、山元町《やまもとちょう》、南《みなみ》三陸町《さんりくちょう》の六市町において入居予定先の災害公営住宅の整備が今年度内に終わらないなどの事情がある世帯に限り、「特定延長」が認められた（「朝日新聞」二〇一六

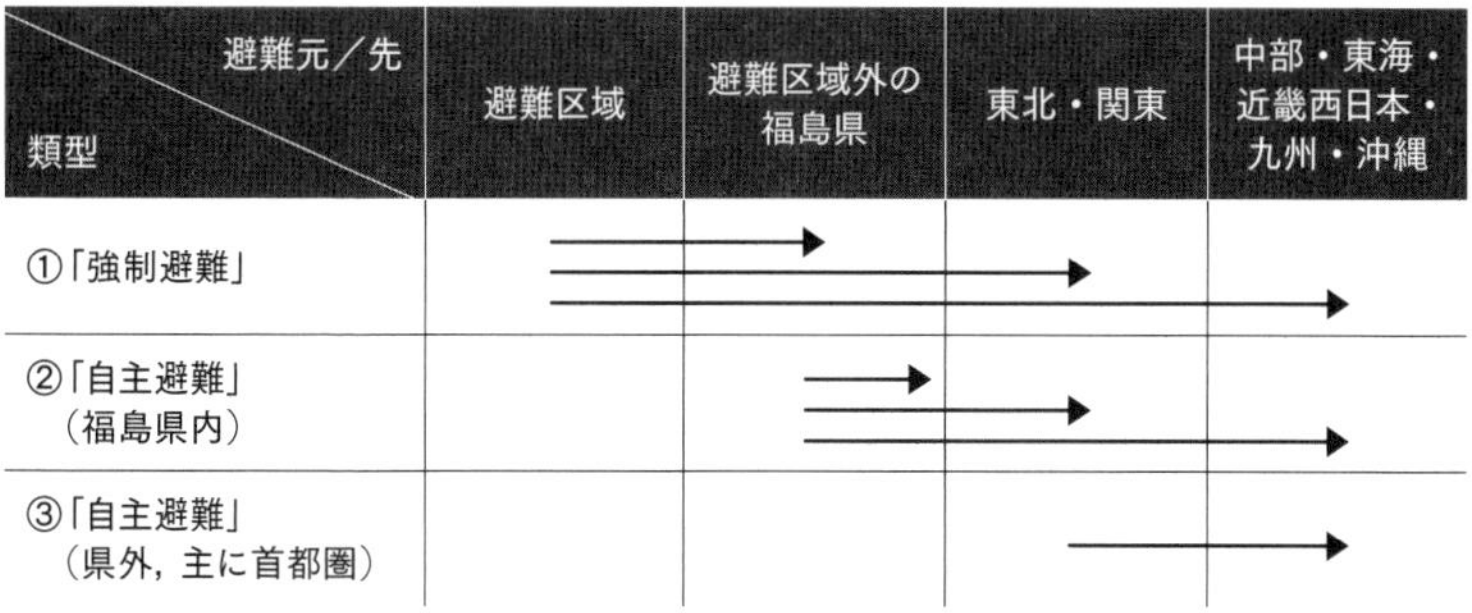

［図 序-2］社会学広域避難研究会による原発避難の類型図
出所：山下（2012）をもとに筆者作成.

年五月一二日）。この特定延長は、南三陸町は二〇一九年三月末、それ以外の五市町は二〇二〇年三月末までとなっている（「朝日新聞」二〇一八年六月二〇日）。岩手県でも宮古《みやこ》市、山田町、大槌町《おおつちちょう》、釜石《かまいし》市、大船渡《おおふなと》市、陸前高田《りくぜんたかた》市の六市町で特定延長が認められ、その期限が二〇一八年度末までとなっている（「朝日新聞」二〇一八年三月二一日）。津波被害によって全国に避難した人々は、借上げ住宅の終了に伴い、地元の復興住宅への移転や住宅再建をするか、避難先で新たな生活を再建するかの選択を迫られていく。

福島県の原発避難の場合には、津波被災地と同様のインフラ整備や復興住宅の建設に加えて、国からの避難指示解除や除染などが絡み合っている。政府は事故半年後に避難指示の解除に向けた準備を始め、二〇一一年九月三〇日、「緊急時避難準備区域」が解除された。一二月一六日に野田佳彦首相による事故の「収束宣言」を経て、一二月二六日、政府は「警戒区域」と「計画的避難区域」を以下の三つの区域に再編することを発表した。早期の帰還をめざす「避難指示解除準備区域」（年間換算の放射線量が二〇ミリシーベルト以下）、帰還まで数年以上かかる「居住制限区域」（二〇〜五〇ミリシーベルト）、五年以上帰還できない「帰還困難区域」（五〇ミリシーベルト超）、である。この区域再編は二〇一二年三月に始まり、二〇一三年八月に完了した（図序－3）。

さらに政府は、避難指示区域再編が終わった直後から、これら三つの区域の解除に着手した。二〇一四年四月に田村市、同年一〇月に川内村（一部を除く）、二〇一五年九月に楢葉町、二〇一六年六月に葛尾村、川内村（全域）、同年七月に南相馬市の避難指示区域が解除され、二〇一七年三〜四月には川俣町、浪江町、飯舘村、富岡町でも解除が実施された。これにより、避難指示

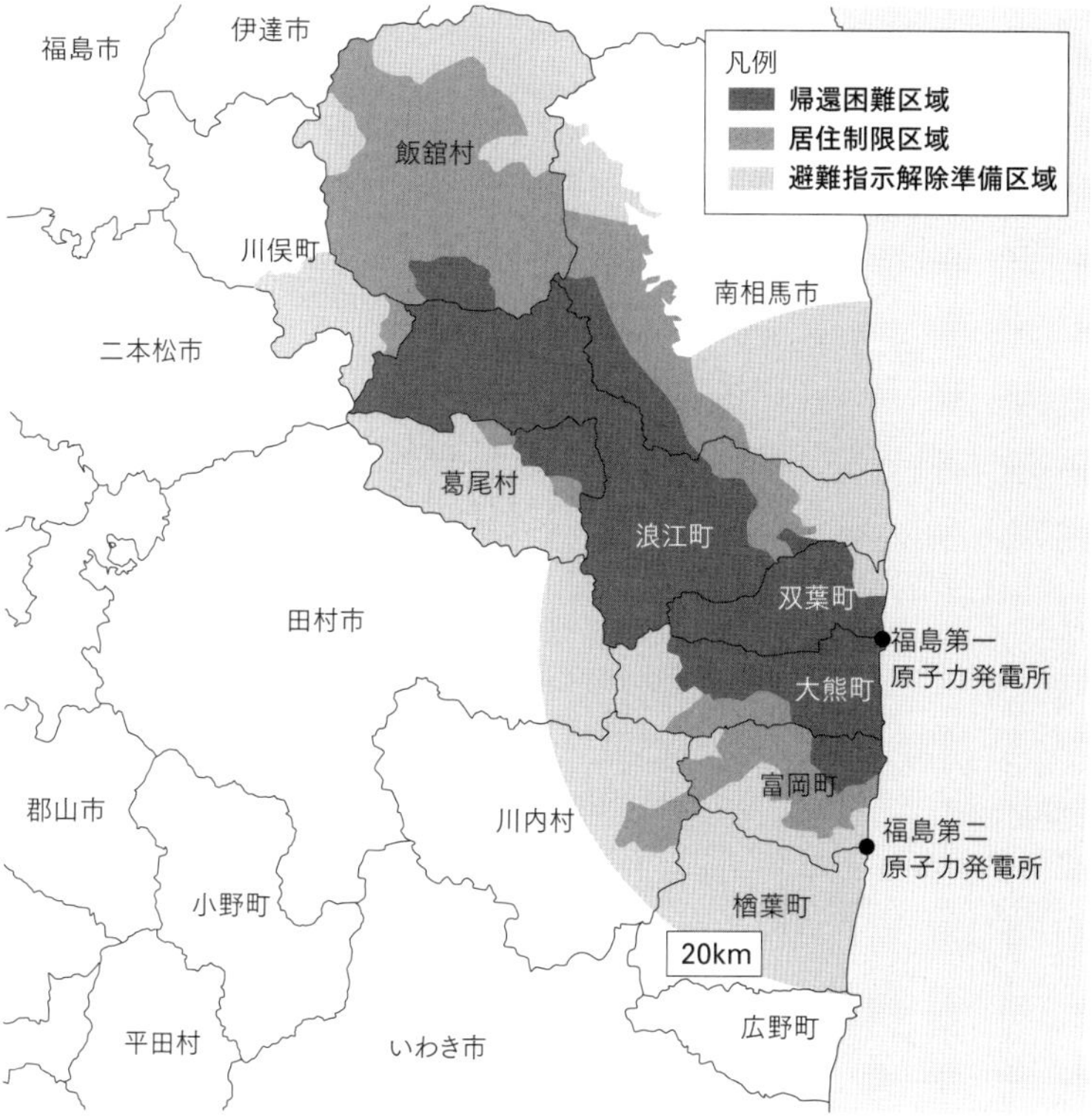

［図 序-3］ 避難指示区域の概念図（2013年8月8日時点）
出所：経済産業省ウェブサイト（http://www.meti.go.jp/earthquake/nuclear/pdf/130807/130807_01c.pdf）.

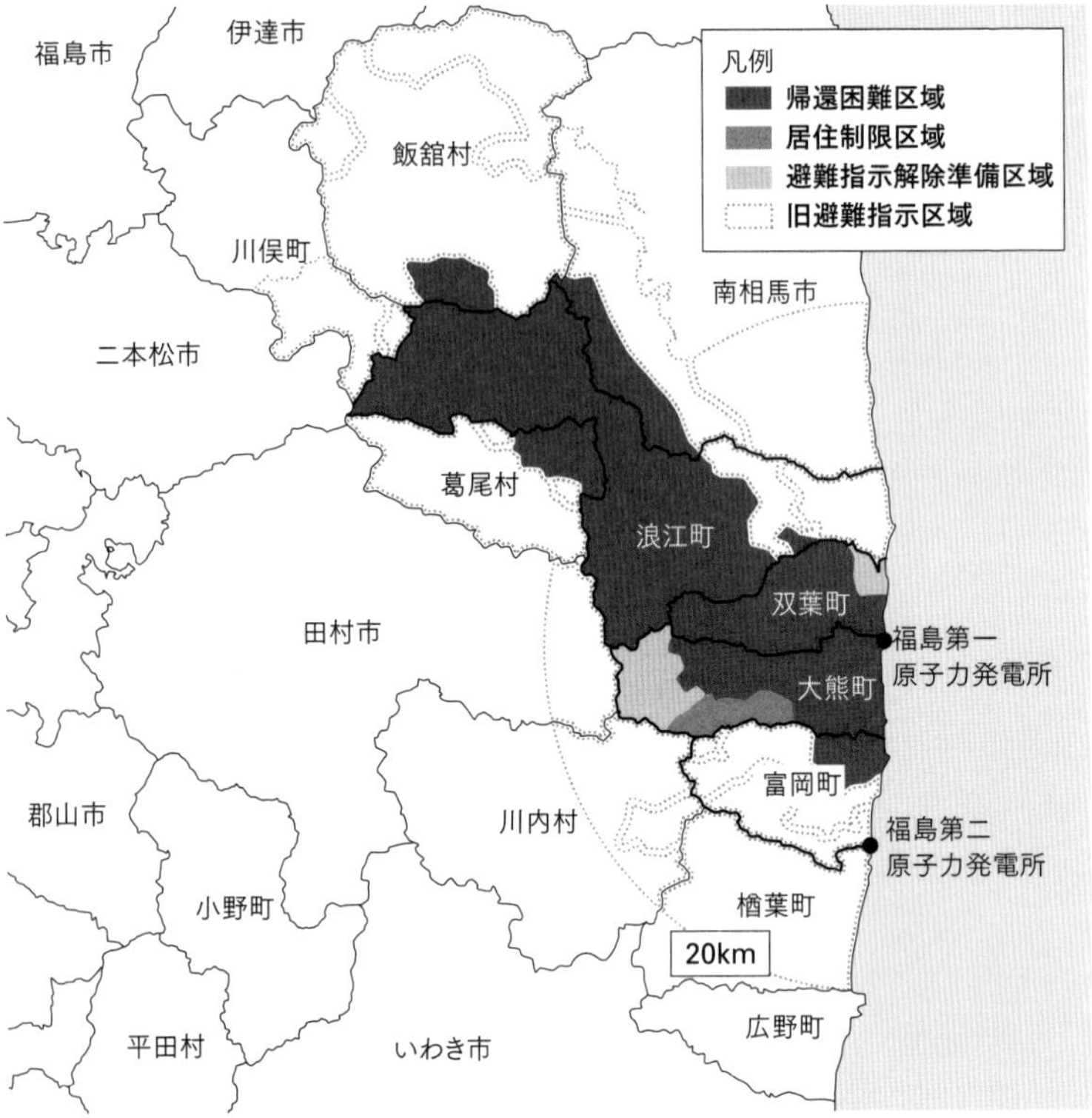

［図 序-4］ 避難指示区域の概念図（2017年4月1日時点）
出所：経済産業省ウェブサイト
（http://www.meti.go.jp/earthquake/nuclear/kinkyu/hinanshiji/2017/pdf/0401gainenzu02.pdf）.

区域の約七割が解除されたことになる（図序—4）。また、自主避難者についても、二〇一七年三月にみなし仮設住宅の提供が終了している。政府はこうした政策を、「復興の加速化」のもとに進めており、避難指示区域解除の根拠は、除染による放射線量の低下などである。

だが、除染の後に放射線量が再び上昇する地域もあり、インフラ整備の問題や、完全に「収束」していない原子力発電所に対する不安もあり、結果的に避難生活は長期化していっている。こうした経緯により、原発事故による避難者も、地元に帰還するか、避難先に定住するかという選択を迫られていっている。

以上のような避難の広域化・長期化が、本書が対象とする避難者支援を取り巻く状況である。

3 避難者受け入れの概要と埼玉県の位置づけ

続いて、避難者受け入れの概要を見ておきたい。まず、復興庁ウェブサイトに掲載されているデータをもとに、全国的な避難者数の分布を確認すると、東北の被災三県以外（新潟県、山形県など）では二〇一二〜二〇一四年の間に大幅な減少、他方で関東地方は一貫して微減であることがわかる（図序—5）。

このうち被災三県を除いて広域避難者数の多い東北二県と関東四都県の推移を見てみると、震災後一年目は山形・東京・新潟の順だが、五年目には東京・埼玉・茨城の順となる（図序—6）。

また、避難先の都道府県によって、広域避難者の内訳も異なる特徴を持っている。四七都道府県の避難者受け入れを整理した橋本慎吾・津賀高幸によれば、山形県・新潟県の避難者は九割以上が福島県からの避難者であり（橋本・津賀 2015）、このうち山形県は避難指示区域外からの自主避難者、とくに母子避難者が相当の割合を占めており、「二重生活」を送ることが他の都道府県と比べて物理的に可能であったことが考えられる（橋本 2015）。新潟県では避難先市町村によって避難者の構成が大きく異なり、東京電力柏崎刈羽原発が立地する柏崎市への避難者は八割以上が避難指示区域からの避難である一方、新潟市では八割弱が自主避難となっている（津賀 2015a）。これに対して、茨城県や東京都では、福島県外

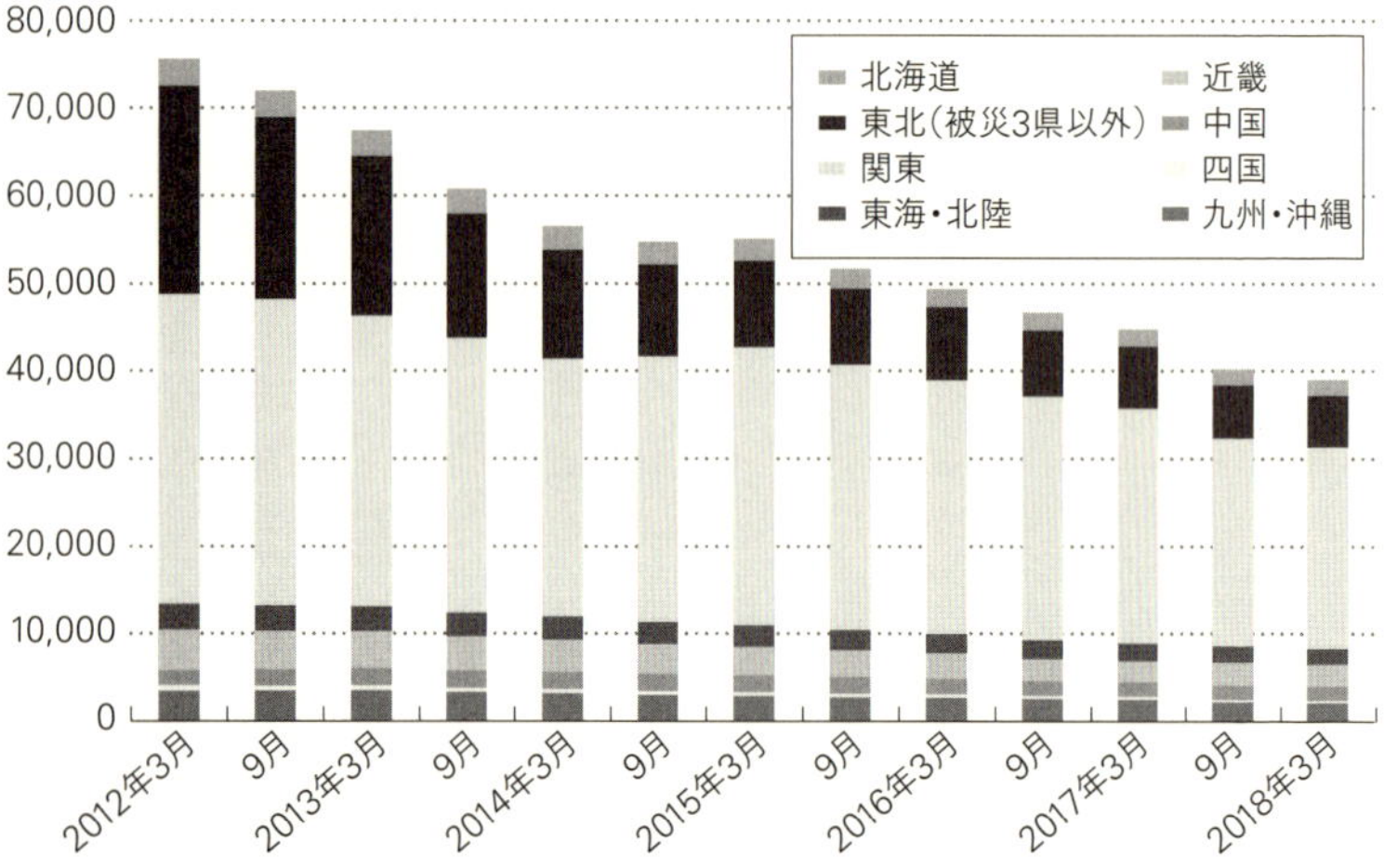

［図 序-5］ 岩手・宮城・福島県外の広域避難者数の推移

出所：復興庁ウェブサイト「全国の避難者の数（所在都道府県別・所在施設別の数）」（http://www.reconstruction.go.jp/topics/main-cat2/sub-cat2-1/hinanshasuu.html）掲載データより筆者作成.

からの避難者が全体の二〇％を占める。福島県から一定程度離れた北海道、愛知県、沖縄県の避難者の六〇～七〇％程度が福島県からの避難者となっている。岡山県は福島県外からの避難者が非常に多く、福島県内外の避難者の割合が逆転しており、その背景には震災直後に岡山県が避難者の受け入れ支援を早く表明したこと、既存の原子力発電所から比較的距離があること、市町村が二〇一二年頃から「定住・移住」支援の具体化を始めたことがある（津賀 2015b）。

このような都道府県ごとの違いを念頭に置きながら、本書が対象とする埼玉県の避難者について、その推移と内訳を見ていきたい。先述のとおり、埼玉県は、年数の経過とともに東京都に次いで二番目に避難者数が多い県となった。前記の

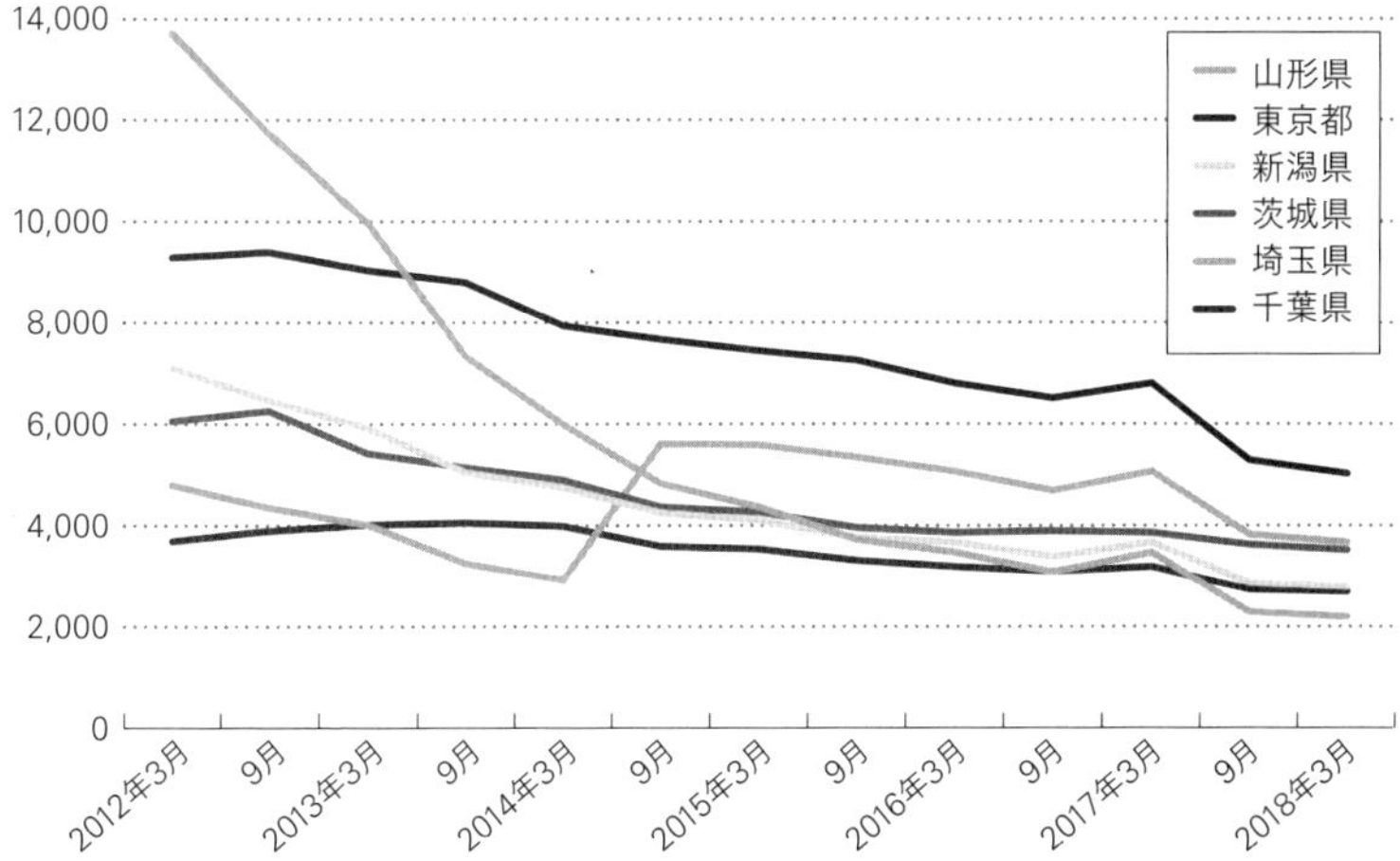

［図 序-6］上位6都県における広域避難者数の推移
出所：復興庁ウェブサイト「全国の避難者の数（所在都道府県別・所在施設別の数）」（http://www.reconstruction.go.jp/topics/main-cat2/sub-cat2-1/hinanshasuu.html）掲載データより筆者作成.

データは各県からの報告をもとに復興庁ウェブサイトに毎月掲載されているものであり、これとは別に、『福玉便り』編集部（第1章第1節第4項参照）では二〇一三年以降毎年一月に、独自に避難者数調査を実施してきた[1]。その結果は図序-7・表序-2・図序-8のとおりである。

埼玉県の避難者数は一年ごとに約一割ずつ減少しており、地元県に帰還、あるいは他県に移動した人々が一定数存在する。他方で、さまざまな事情により「留まった（留まらざるをえなかった）」人々も今なお多数存在しており、本書ではこうした人々について詳述していく。

また、埼玉県内の避難者の内訳として、強制避難者と自主避難者と津波避

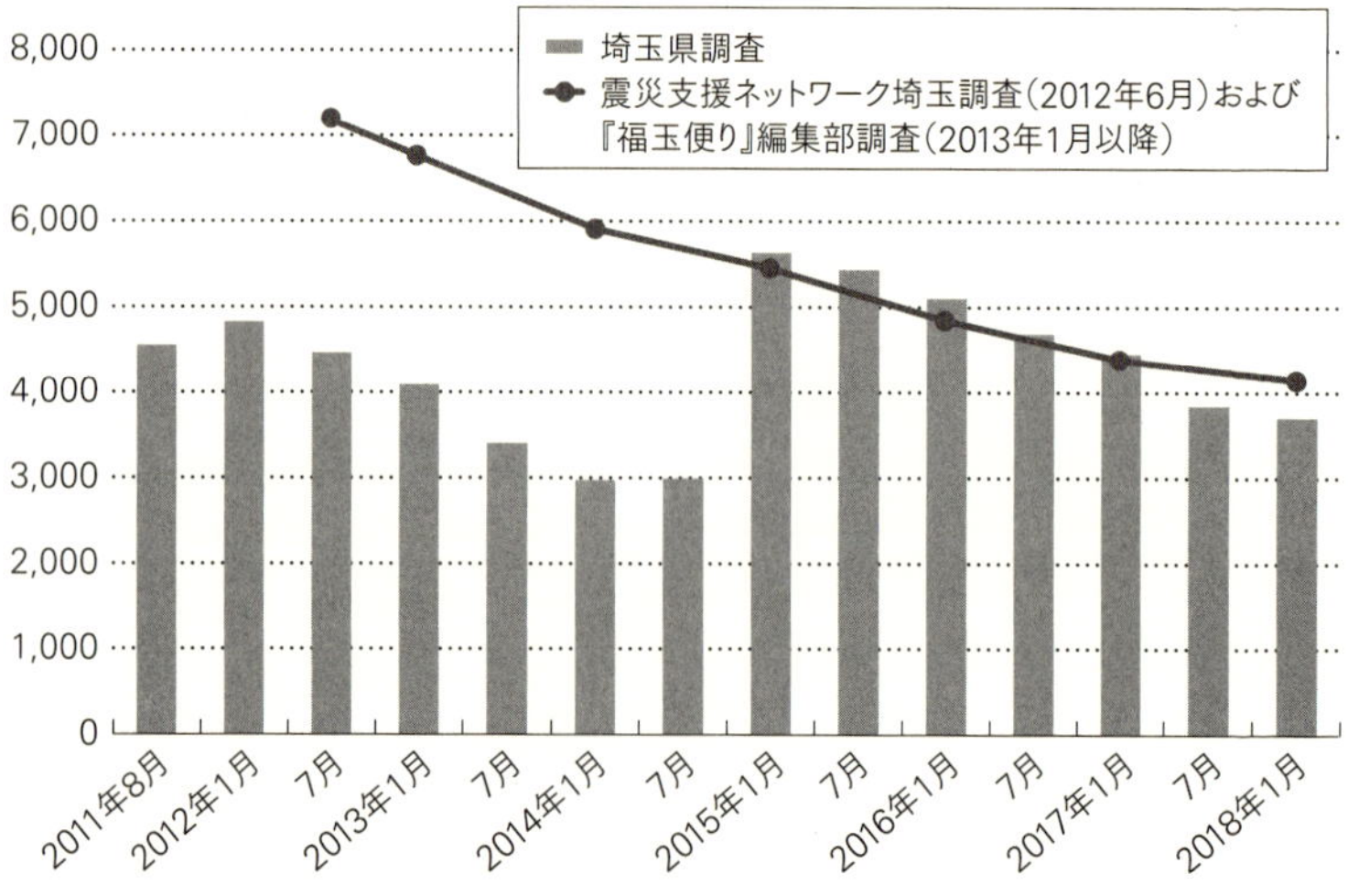

［図 序-7］ 埼玉県における避難者数の推移

出所：復興庁ウェブサイト「全国の避難者の数（所在都道府県別・所在施設別の数）」（http://www.reconstruction.go.jp/topics/main-cat2/sub-cat2-1/hinanshasuu.html）掲載データ，「震災支援ネットワーク埼玉」提供データ，『福玉便り』編集部調査データより筆者作成．

[表 序-2] 埼玉県における避難元自治体ごとの避難者数(2013年1月〜2018年1月)

			2013年1月	2014年1月	2015年1月	2016年1月	2017年1月	2018年1月
福島県	旧避難指示区域	双葉町	1,051	916	840	797	758	745
		南相馬市	1,024	960	781	620	546	431
		浪江町	604	642	637	567	527	540
		富岡町	520	573	569	475	424	429
		大熊町	415	447	427	401	356	370
		楢葉町	167	175	140	126	116	108
		広野町	85	93	73	65	54	45
		飯舘村	74	78	57	60	60	46
		川内村	58	55	42	24	34	31
		田村市	21	29	28	23	17	19
		川俣町	12	13	11	5	4	5
		葛尾村	7	6	7	5	7	8
		小計(合計に占める割合)	4,038(59.8%)	3,987(67.6%)	3,612(65.5%)	3,168(65.4%)	2,903(65.7%)	2,777(67.5%)
	旧避難指示区域外	いわき市	487	472	381	282	264	220
		郡山市	290	292	312	262	243	237
		福島市	173	183	165	140	122	112
		相馬市	66	52	69	55	44	43
		二本松市	22	27	33	34	27	31
		本宮市	6	8	21	20	17	16
		須賀川市	22	20	21	18	20	8
		白河市	23	21	21	18	19	19
		伊達市	10	10	17	17	18	18
		その他	95	81	83	54	49	52
		小計(合計に占める割合)	1,194(17.7%)	1,166(19.8%)	1,123(20.4%)	900(18.6%)	823(18.6%)	756(18.4%)
	不明		592	60	128	151	26	28
福島県以外	宮城県		532	455	425	400	336	309
	岩手県		190	175	169	152	148	138
	茨城県		40	34	41	39	31	35
	栃木県		13	13	7	12	12	7
	千葉県		4	4	3	8	3	3
	青森県		1	0	1	0	0	0
	小計(合計に占める割合)		780(11.6%)	681(11.6%)	646(11.7%)	611(12.8%)	530(12.0%)	492(11.2%)
不明			146	2	5	11	138	64
合計			6,750	5,896	5,514	4,841	4,420	4,117

出所:『福玉便り』編集部調査データより筆者作成.

難者が七：二：一ほどの割合で混住しており、この割合に大きな変化はない。避難元としてとくに多いのが、旧避難指示区域の双葉町、浪江町、富岡町、大熊町、旧避難指示区域外のいわき市、郡山市、そして両者が混在する南相馬市などである。なお、集計の誤差もありえるため増減を単純に比較するのは難しいが、南相馬市やいわき市からの避難者の減り幅が相対的に大きいことが見て取れる。避難先では、双葉町民が集団で避難した加須市と、人口規模の大きいさいたま市、川

［図 序-8］ 埼玉県における避難先自治体ごとの避難者数（2013年1月時点）

注：2013年1月調査時点で避難者1名以上の自治体名のみ表記.
出所：『福玉便り2013春の号外』をもとに筆者作成.

口市、上尾市、越谷市、川越市などで避難者が多い。

このように、他県と比べても避難者の絶対数が多いこと、そこに極端な増減はなく二〇一三年から約一割ずつの減少を続けていること、強制避難者と自主避難者と津波避難者が七：二：一ほどの割合で混住していることが、埼玉県の特徴である。

4 国・福島県による避難者支援政策

第2節と第3節で、東日本大震災・福島原発事故後の広域避難の経緯、ならびに避難者受け入れの概要と埼玉県の位置づけを整理した。本書ではこれらの経緯で埼玉県に避難した人々への官民の支援を分析していくが、避難者支援は受け入れ都道府県と民間団体がゼロから実施するわけではなく、政府や避難元自治体の政策と密接に関わり合っている。第2章での分析の前提として、その概要を示しておきたい。

まず、広域避難者の支援において重要となるのが、誰がどこに避難したのかという基礎情報である。これについては、二〇一一年四月に総務省が「全国避難者情報システム」を設置し、これに避難先の住所を登録することで、避難元自治体から見舞金などの各種給付の連絡、国民健康保険証の再発行、税や保険料の減免・猶予・期限延長などの通知などが届く仕組みが整備された。ただし、運用上には限界もあり、避難者の把握が各自治体で大きな問題となったことは本論で詳述する。

　次に、国および避難元自治体が実施した主要な支援として、住まいの確保、とくに先述した「借上げ住宅」の提供がある。従来は県が家主と契約して被災者に現物提供する形だったが、同年四月に厚生労働省の通知で被災者自らが契約した住宅も事後的に借上げ住宅と認定することが認められ、広く活用された（塩崎 2014）。さらに、借上げ住宅の生活向上に大きな意味を持ったのが、日本赤十字社による「生活家電セットの寄贈事業」である。自治体が建設する応急仮設住宅、および同様に活用する公営住宅、民間賃貸住宅などに入居する被災者約一一万世帯を対象に、「洗濯機、冷蔵庫、テレビ、炊飯器、電子レンジ、電気ポットの六点」が提供された（日本赤十字社ウェブサイト）。こうした制度によって、全国で避難者の受け皿が迅速に用意され、避難者たちの生活を救うことになった。ただし、この借上げ住宅の制度は大きな問題も抱えていた。災害救助法が根拠なので、供与期間は原則として二年間であった。その後に単年で延長が繰り返されたが、避難者たちは見通しの立たない生活を強いられることになった。また、子どもの成長や住環境を理由に住み替えを希望しても、認められないケースが数多くあった。さらに、住宅の問題についても、本論で詳しく議論する。

　これらの情報・住宅提供は被災三県で一律に実施されたが、これに加えて福島県からの避難者には、各種の法律による生活支援も実施された。しかし、その対象は、震災時の居住地域によって大きく異なっている。まず、二〇一一年八月に成立した「原発避難者特例法」に基づき、避難指示区域を中心とする一三市町村からの避難者については、避難先の自治体に事務経費（一人あたり四万二〇〇〇円）が特別交付税として支払われ、住民票を移さずに一定の行政サービスを受けられるようになった。また、旧避難指示区域については医療費の自己負担や介護保険利用者負担の免除措置、国民健康保険料・介護保険料の免除措置が実施された。健康診断特措法に基づく福島復興再生基本方針では、外部被ばく量の推計を行う基本調査、事故当時一八歳以下だった子どもを対象とする甲状腺検査は福島県全県が対象となったが、より詳しい健康診査は避難指示区域のみとなった。高速道路の無料化は、当初は福島県、宮城県、岩手県と青森県、茨城県の一部からの避難者に一律に認められていたが、二〇一二年四月に対象者が避難指示区域または特定避難勧奨地点からの避難者に限定され、二〇一三年四月からは母子避難者を対象に区域外避難者への適用が再開された。自主避難者については、二〇一二年六月に「子ども被災者支援法」が制定され、避難指示区域外で一定の線量以上の地域が「支援対象地域」と定められたが、具体的な施策は実施に至らなかった。このように、政府によって避難生活や避難元との移動などを支えるサービスが提供されたものの、地域によってさまざまな格差が存在し、さらに複数の法律が絡み合って避難者に混乱をもたらすことにもなった（江口 2015b; 2015c; 福田 2015）。

これに加えて、事態をさらに複雑化させたのが、東京電力による損害賠償である。福島原発事故では大量の放射性物質が拡散し、多くの人々に避難を強いたほか、水・土壌・森林などの汚染や、農林水産業への被害、家屋等の価値喪失などの損害をもたらした。これらの損害に対して、加害者である東京電力が、「原子力損害の賠償に関する法律」に基づき、被害者に賠償を行った。この法律では、原子力損害の賠償の範囲について文部科学省に原子力損害賠償紛争審査会を設置して被害者と加害者の紛争の「解決に資する一般的な指針」を策定することが定められており、この法律に基づいて二〇一一年以降に指針が順次策定された。これによって損害を類型化し、多数の被害者の損害を迅速に処理することになった（江口 2015a）。だが、この賠償には多くの問題が含まれていた。第一に、東京電力は一見責任を負わされているようだが、株主や債権者は応分の負担を免れた。政府も、「延命」された東京電力の背後に隠れ、資金援助をするのみで、前面に立って責任を果たそうとしていない。第二に、東京電力が補償基準をつくって被害者からの請求を受け付けたため、最低限の目安とされる指針の内容を上限として扱ったり、膨大かつ煩雑な書類で被害者からの請求が難しかったりする事態が起きた。第三に、指針は政府の避難指示に連動し、強制避難者には「避難生活に伴う精神的苦痛」への賠償金として「一人あたり月一〇万円」が示されたものの、自主避難者には二〇一二年にごくわずかな賠償があったのみであった。そして、避難指示の解除に伴って、補償が打ち切られていった（除本 2013）。このように、賠償は国や東京電力の責任を曖昧にしたまま、人々の分断を加速させることになった。こうした問題点に加えて、そもそも、原発事故の被害を償うための賠償が、生活再建の手段として政府に利用されるという矛盾が存在している（山下ほか 2013）。

以上が国による避難者支援と、それと連動した東電賠償の概要である。このほかに、避難元自治体でも広域避難者に対する独自の支援策が実施されている。ここでは、福島県に焦点を当てて、県外避難者支援に関連した福島県の部局とその事業内容について見ていきたい。**図序－9**と**図序－10**は、二〇一八年四月現在における福島第一原発事故による避難者への対応を主業務とする福島県避難地域復興局[2]の避難者支援課と生活拠点課における県外避難者に対する施策内容を表したものである。避難者支援課は、福島県外の避難者受け入れ自治体等との調整や、県内外の避難者と地元市町村との絆の維持など、避難者の支援を行う。また、生活拠点課は、長期避難者等の生活拠点、災害救助法に関する業務、被災者生活再建支援、戸別訪問等の総合調整及び事業推進などを担っている。なお、避難者支援課と生活拠点課は、前者が主に県外避難者の対応、後者が福島県内の避難者対応を行っているが、二〇一八年時点では職員の配置は生活拠点課の方が多くなっているという。福島県が県外避難者支援を軽視しているわけではないものの、福島県としては、福島県内の避難者の生活再建、コミュニティ再生のための対応に重点を置かざるをえない状況が垣間見える。一方、**図序―11**は福島県保健福祉部・障がい福祉課の施策、**図序―12**はその他の課における支援活動の内容である（二〇一八年四月現在）。図序―9から図序―12の内容を踏まえると、県外避難者に対する民間支援と接点をもっている事業は、福島県避難者支援課が担当している復興支援員の設置（避難者の多い九都県）と生活再建支援拠点の設置（全国二六カ所）、生活拠点課による避難者住宅確保・移転サポート事業、障がい福祉課による県外避難者に対する心のケア事業、県外避難者に対する心のケア訪問事業であることがわかる。

このほかに宮城県でも、東京事務所に県外避難者支援員を設置し、支援に取り組む避難先自治体等を定期的に訪問し情報の収集にあたるほか、避難者交流会等への参加、民間支援団体等と連携した訪問・相談対応などを実施している（宮城県ウェブサイト）。

埼玉県の支援現場におけるこれらの支援策がどのように具体化していったかについては、本論

生活拠点課：避難者の住宅支援

生活拠点形成事業

・復興公営住宅を中心とする
生活拠点のコミュニティ形成支援
（コミュニティ交流員）

災害救助法関連事業

・避難先自治体と連携した
被災県民への応急仮設住宅供与

帰還・生活再建

・応急仮設住宅供与終了世帯への
戸別訪問，未退去対応
・応急仮設住宅等不適正利用調査
・民間賃貸住宅等家賃補助
（ふるさとふくしま帰還・
生活再建支援事業）
・避難者住宅確保，安心サポート事業
・避難市町村生活再建支援事業

災害見舞金・被災者生活再建支援金

［図 序-10］生活拠点課が管轄する
県外避難者支援事業

出所：筆者作成．

避難者支援課：避難者の支援

情報提供

・ふるさとふくしま情報提供事業
・地元紙，広報誌，ふくしまの
今がわかる新聞の送付

民間団体の連携

・ふるさとふくしま交流・相談支援事業
・避難者支援団体への助成
・復興支援員の設置
（避難者の多い9都県）
・生活再建支援拠点の設置
（全国26カ所）

全般

・ふるさと帰還促進事業（ふるさと
ふくしま帰還・生活再建支援事業）
・母子避難者等高速道路無料化
支援事業
・避難者意向調査
・駐在職員の派遣

［図 序-9］避難者支援課が管轄する
県外避難者支援事業

出所：筆者作成．

その他の部局

県民健康調査課
- ホールボディカウンター検査の実施
- 甲状腺検査の実施

文化振興課
- ふるさと・きずな維持・再生支援事業

情報政策課
- 帰還支援アプリの利用促進

児童家庭課
- ふくしま子ども支援センター取り組み

建築指導課
- 帰還者の住宅再建支援
- 避難者向け住戸改修事業
- 復興公営住宅整備促進事業
- 帰還者向け災害公営住宅等整備事業

［図 序-12］ その他の課が管轄する県外避難者支援事業

出所：筆者作成.

障がい福祉課

被災者の心のケア事業
- 専門職による被災者の心のケアを実施（帰還センター1カ所, 方部センター6カ所）

県外被災者に対する心のケア事業
- 避難者を対象とした心のケア事業の実績がある, 現地の民間団体等に業務委託を行い, 避難者からの相談窓口の開設等の事業（10都道府県：山形, 茨城, 千葉, 東京, 新潟, 静岡, 京都, 神奈川, 埼玉, 北海道）

県外被災者に対する心のケア訪問事業
- 全国規模の精神医療の専門職員を有する団体に委託し, 避難元市町村がフォローすることが難しい
  県外に避難している県民を対象として, 保健師等専門職による個別訪問による個々のケアを実施
  （2018年8月現在：未契約）

［図 序-11］ 障がい福祉課が管轄する県外避難者支援事業

出所：筆者作成.

で詳しく明らかにしていく。

5　本書の構成

以下、第1章では、広域避難や広域避難者支援に関する先行研究の検討と、本書の分析枠組みと研究方法を示す。第2章から第5章は、広域避難者への公的支援と民間支援について、時期区分ごとに提示する。第2章は緊急期（二〇一一年三月一一日から三月末）、第3章は避難生活の開始期（二〇一一年四月～二〇一二年三月）、第4章は避難生活の長期化期（二〇一二年四月～二〇一七年三月）、第5章は避難生活の超長期化期として二〇一七年四月以降から二〇一八年八月現在までの埼玉県における広域避難者支援を分析、考察する。最後に第6章として、埼玉県における広域避難者支援のガバナンスの変化を総括的に整理し、今後の避難者支援のガバナンスのあり方と、本研究の社会学的な調査研究としての位置づけを考察する。

第1章

広域避難と受け入れコミュニティ

——先行研究の検討と本書の分析枠組み・研究方法

『福玉便り』の誌面
撮影：原田

1 先行研究の検討と問いの提示

本書が対象とするのは、東日本大震災・福島原発事故後の広域避難である。ここで政治学・行政学・社会学・人類学など社会科学系の研究者による広域避難関連の先行研究を概観すると、まず指摘できるのは、原発避難者の調査研究の多さと、それに対する津波避難者の調査研究の少なさである。津波被害に関しては、被災者の心情、復興やボランティアについての研究が蓄積されてきたものの、県外避難者を正面から扱った研究は管見の限り見当たらない。ここでは原発避難に関する調査研究を、①避難者を対象に、避難の経緯や生活状況を明らかにする研究、②原発周辺自治体のコミュニティに関する研究、③受け入れ地域の自治体や民間の支援に関する研究に大別して整理し、本書の位置づけを示したい。

1-1 避難者を対象にした研究

第一に、避難者を対象として、避難の経緯やその時点での生活状況などを明らかにする研究がある。原発事故直後から、主にマスコミや自治体・政府機関関係者によって避難者を対象とする質問紙調査が実施されてきたが、択一式の回答結果をもとに実態と離れた見解を披歴していたり、調査対象が世帯主に偏っていたりするなどの問題を抱えていた（今井 2014b）。これに対し、個人を対象とする大規模な聞き取り調査によって避難者の心情を把握しようとする研究として、今井照と朝日新聞による一連の調査（今井 2011a; 2011b; 2012; 2014b; 2016; 2017）が挙げられる。今井らは、二〇一一年六月から同一対象者へのパネル調査を行っており、避難生活の状況や帰還意志、住まいの再建の方向性などを時系列的に把握している。これらを踏まえて、今井（2014a）では、避難者が元の地域に戻る「帰還」でもなく、他の地域に定住するという「移住」でもない自己決定のあり方として、「待避」という状況を認めるべく、二地域の市民権を保障するなどの提言を行っている。また、二〇一六年調査をもとに「復興加速化」が被災者の日々の生活と心情を追いつめていることや、避難者たちは「帰る」「帰らない」の二律背反を抱えながら日々揺れ動いていること（今井 2016）、二〇一七年調査をもとに、およそ三分の二の人たちが差別やいじめを自ら経験するか身近に聞いたことがあると答えたことなどを指摘している（今井 2017）。

ただし、今井らの調査においても母集団の定義は曖昧であり、その結果が「公表されることによって、本来、重要な変数として検討すべきはずの対象者の間の差異ではなく、むしろ一つの社会集団としての『避難者』の行動、意識として捉えられ、理解される恐れがある」（佐藤ほか 2013: 36）との批判がある。しかしながら、このような母集団の定義は、今井だけでなく、避難者を対象とする調査研究すべてが直面する問題である。対象者へのアクセスの難しさはもちろんのこと、そもそも「避難者」とは誰なのかという定義が曖昧なために、何らかの偏りを持たざるをえないからである。そのため、多くの研究は、自治体や支援団体の協力を得ることで、調査範囲を避難元自治体もしくは受け入れ自治体に限定した調査を実施してきた(1)。

避難元自治体から出発した調査としては、避難指示区域の自治体に基盤を置いて「強制避難者」の状況を調べるものと、区域外の自治体に基盤を置いて「自主避難者」「生活内避難者」の状況を調べるものがある。前者としては、福島大学復興制度研究所が福島県双葉郡八町村の全世帯を対象に実施した質問紙調査があり、そこでは避難過程における家族や地域の離散を指摘している（丹波 2012; 丹波・増市 2013）。また、同調査の自由回答データのテキストマイニング分析を行った大浦（2014）は、「家」への言及が帰還意図へと結びつき、「子供」への言及が非帰還意図と結びついていることを明らかにしている。後者としては、「福島子ども健康プロジェクト」が、福島県中通り地域九市町村の二〇〇八年度出生児とその母親を対象とした質問紙調査を継続的に実施し、放射能への被ばくそのものがただちに被害の程度を決めるわけではなく、心理社会的要因・社会経済的要因が相互に関連し、複雑に絡み合って、具体的な被害を規定することなどを指摘している（成ほか 2013; 成編 2015 など）。また、池田（2013）は郡山市と福島市での住民への聞き取り調査から、個人が危険と安全、受け入れられるリスクと受け入れられないリスクに折り合いをつけている様子を分析している。

受け入れ自治体から出発した調査としては、避難者数の多い関東各県や山形県・新潟県などで、それぞれ調査が実施されてきた。埼玉県では、辻内（2012）と辻内ほか（2012）が埼玉県内に避難した福島県民二〇一一世帯に対する質問紙調査から、回答者の「心的外傷後ストレス症状の度合い」が高いことなどを指摘している。北関東三県では、「福島乳幼児妊産婦支援プロジェクト（ＦｎｎＰ）」所属の研究者（ＦＳＰ）」および「福島県乳幼児・妊産婦ニーズ対応研究プロジェクトたちが、自治体の協力を得ながら全避難者を対象とする共同調査を実施し、避難者が置かれた実情や子育て世代特有のニーズを把握するとともに、原発事故子ども・被災者支援法の実効化に向けた要望書を復興庁に提出している（原口 2013; 西村淑子 2013; 阪本・匂坂 2014 など）。福岡県では、田代（2013）が田川市と福岡市での質問紙調査と聞き取り調査を踏まえて、遠方への避難を促した要因を明らかにしている。

また、受け入れ地域ごとの避難者の特性に対応して、「自主避難者」に特化した研究も見られる。山根（2013）は、山形県での聞き取り調査と質問紙調査をもとに、母子避難者が抱える問題として「住宅の確保、経済的負担」「生活の不安、孤立」「子育ての精神的、身体的負担」「父親との別居」「福島のコミュニティとの接続（進学、進級問題）」を指摘している。紺野・佐藤（2014）は秋田県での自主避難者への聞き取り調査から、避難の企図と過程、その中での家族の葛藤を明らかにしている。ＦｎｎｎＰの新潟チームは、新潟県内の自主避難者への聞き取り・質問紙調査をもとに、社会的・経済的・精神的に追いつめられた母子たちの孤独な状況を指摘している（髙橋ほか 2012）。関・廣本編（2014）は、佐賀県鳥栖《とす》市に避難した家族と協働で「作品集」を編むことで、「揺れ」からみえてくる自主避難の「痛み」と曖昧な「納得」という了解を拾い上げる。そのほか、加藤（2013）は、首都圏から福岡市内に避難・移住した家族への聞き取りから、避難行為がもたらした世帯・職業・経済上の変化および親密圏の変化を指摘している。

そして、こうした避難者の調査をもとに、原発事故に伴う被害の総体や復興政策の問題点に関する包括的な議論が蓄積されてきた。日本学術会議では、本稿で取り上げたいくつかの研究も参照しながら、社会学委員会が二重の住民登録、被災者手帳、セカンドタウンなどを盛り込んだ「第三の道」の政策パッケージを（日本学術会議社会学委員会東日本大震災の被害構造と日本社会の再建の道を探る分科会 2013; 2014）、東日本大震災復興支援委員会が個人の多様な選択を保証する「複線型復興」の政策を（日本学術会議社会学委員会東日本大震災の被害構造と日本社会の再建の道を探る分科会 2014）、それぞれ提言した。

筆者らも編集・執筆に加わった『原発避難白書』は、原発避難の実態把握がなされぬ現状に危機意識を抱いた研究者・ジャーナリスト・支援者・弁護士が、基礎資料の整備を行ったものである（関西学院大学災害復興研究所ほか編 2015）。第Ⅰ部で原発避難の経緯、避難者の定義づけ、賠償を通して問題点を指摘し、第Ⅱ部で避難元の状況、第Ⅲ部で避難先の状況を詳細に整理した上で、第Ⅳ部では家族、住まい、支援、法律などテーマごとの論考を掲載している。また、同書メンバーでもある日野（2016）は避難者の人数や住宅をめぐる取材の記録、吉田（2016）は自主避難者たちの声を集めたルポであり、原発事故の被害者が「棄民」となり「消されゆく」実態を明らかにしている。

除本理史・渡辺淑彦らは、「不均等な復興」という視点から、原発事故による被害者の生活再建と地域再生の課題を幅広く議論している（除本・渡辺編 2015）。編者の除本によれば、原発事故の被害地域では、避難指示区域などの「線引き」、区域設定と被害実態とのずれ、放射線被ばくによる健康影響の重みづけに対する差異、インフラへのニーズに対する差異、除染をめぐる分断など複数の要因によって、復興政策の影響が地域・個人間で不均等にあらわれ、複雑な分断構造が生じている。政策目標を早期帰還に一元化するのではなく、個々の避難者の多様な生活再建の延長線上に、被害地域の復興・再生を実現する必要がある。

山下祐介は、二〇一一年以降の論文をまとめた書籍で、「今回の復興政策は失敗だ」という主張を明確にする（山下 2017）。原発事故の背景には、東京一極集中に象徴される中心―周辺関係や、中心側の慢心と周辺側の過剰依存があり、政府が進める帰還政策は、国家の立場から都合よく事態を操作して今を切り抜けようとしているものである。そして、原発避難者に向けられた最大のダブルバインドが、「帰還する」か「自力再建する」かであり、第一の道（国家に従う）、第二の道（国家から逃れる）に対する第三の道を確保することを提起する。

以上の研究で明らかにされてきたのは、原発災害が個人の生活システムを支える自然環境・インフラ環境・経済環境・社会環境・文化環境という「五層の生活環境」の破壊（舩橋晴俊 2014）をもたらしたのち、その後の長期・広域の避難と、不均等な賠償や復興・帰還政策によって、避難者の受けた被害が個別化、複雑化してきたことである。その中で避難者たちは、「帰る」「帰らない」の二律背反（今井）、「揺らぎ」（廣本）、「帰還する」か「自力再建するか」のダブルバインド（山下）、などで表現される状況を強いられてきた。そこで避難者の権利保障として議論されてきたのが、避難元コミュニティと避難先コミュニティである。続いてこれら二点の先行研究を概観したい。

1-2 原発周辺自治体のコミュニティに関する研究

原発周辺自治体のコミュニティに関して、震災・原発事故前には、福島県浜通り地域への学術的な関心は必ずしも高いとは言えなかったが、事故直後、福島第一原発の立地過程を通して「日本の戦後成長における地方の服従の様相」を分析した開沼（2011）が刊行されて話題を集めた。それ以降、とりわけ避難指示区域のいくつかの地域をフィールドとして、原発事故がもたらした影響に関する継続的な研究が実施されている。

中でも富岡町では、社会学広域避難研究会・富岡班が町民への聞き取り調査から出発し、「とみおか子ども未来ネットワーク」のタウンミーティング事業への参与観察、パネル調査を行っている。このうち、山下ほか（2012）や山下（2013）では、家族内の分断や、事故前の産業構造による階層構造の格差、賠償格差の問題、避難先の住居の違いによる支援や待遇格差などを指摘し、佐藤（2013b）は、地域復興に向けた政治的決定が急速に進行することによって問題が深刻化していることを指摘している。山下ほか（2013）でも、原発避難をめぐるさまざまな言説が複雑に錯綜し、それが避難者を心理的に追いつめていることを指摘し、原発避難の本質的な問題を理解するために、学習／理解／予測の繰り返しによって、悩みや問題を共有し、自らの生活や地域社会をより主体的に考えることの重要性を指摘している。その主体的な活動の帰結が、富岡町民によるタウンミーティングを通した「空間なきコミュニティ」の構築（山本ほか 2014）である。また、松薗祐子は、避難先（移住先）と避難元の二つのコミュニティを生きることが、「今の生活と将来の生活、迅速な復興と長期の復興の共存」であり、「このような想いを抱きながら当面は帰還しない人々の関わり抜きには、時間のかかる地域再生は成しえない」ことを指摘している（松薗2016）。

楢葉町では、いわき明星大学の研究グループが町役場の協力のもと、行政関係者への聞き取り調査や町民への質問紙調査を実施し、震災後の役場の災害対応や教育体制、住民の避難生活の実態や帰町意志、さらには高校生世代の進路選択ならびに復興に対する意識などを明らかにしている（菅野・高木2012; 高木・石丸2014; 高木・大橋2013など）。また、関（2013）は楢葉町民への聞き取り調査の結果を踏まえて、「『生活（life）の復興』の選択肢を増やしながら元の町とのつながり続ける仕組み」を提起している。大熊町では、吉原（2013）が聞き取り調査から、原発被災地域のコミュニティの問題を指摘し、「創発的コミュニティ」による地域再生の可能性を論じている。さらに仮設住宅のサロンなどを通して、「国策自治会」には根ざさない「創発するコミュニティ」、「定住」に括られない「コミュニティ・オン・ザ・ムーブ」「帰属としてのコミュニティ」の可能性を読み取っている（吉原2016）。飯舘村については、佐藤（2012; 2013aなど）が震災前からの継続的なフィールドワークをもとに、全村避難の過程や、その後の除染廃棄物仮置き場の整備をめぐる動き、村民たちの暮らしぶりなどを詳細に記録している[2]。

このように、原発事故後の広域避難者にとっては、避難元コミュニティの復興と避難者の生活再建が連動しないという複雑な状況の中で、それでも避難元コミュニティとの関係を失わないための、「『生活（life）の復興』の選択肢を増やしながら元の町とのつながり続ける仕組み」（関）、「空間なきコミュニティ」（山本）、「帰属としてのコミュニティ」（吉原）が求められている。そこで避難者の生活再建を支えるものとして同時に重要になるのが、避難先のコミュニティである。

1－3　受け入れ地域の避難者支援に関する研究

受け入れ地域の避難者支援については、筆者（原田）も「埼玉県」の項目を執筆した『原発避難白書』の第Ⅲ部「避難先の状況」にて、四七都道府県ごとの支援の概要が整理されている（関西学院大学災害復興研究所ほか編 2015）。これらを概観した橋本・津賀（2015）は、「行政と民間支援団体の連携が十分に図られているところは、発災当初から円滑に避難者支援が行われている傾向にある」こと、その一方で民間団体が「避難者の現状を的確に伝え、行政のさまざまなサービスや避難者の情報を引き出すなど、信頼関係を構築しながら、支援活動をさらに充実させている例もある」こと、「支援団体間のネットワークは、支援側の悩みが共有できる有意義な場となり、活動の継続や充実につながっている」こと、「当事者団体の活動も各地で活発化してきている」こと、「定期的に開催している交流会、情報紙の発行などは一般的な活動メニューではあるが、それらも各地で創意工夫のもと展開されている」こと、他方で各地の課題として「避難者それぞれの悩みや課題の解決のためには、専門的なノウハウが必要となる場合もあるが、それがないために、必要な支援が避難者につなげられないケースも見られる」ことや、資金面の課題、スタッフの確保、団体の運営基盤の整備や強化を挙げている。

学術研究としては、田並らが被災三県を除く全国の都道府県ならびに市区町村に質問紙調査を実施し、「全国避難者情報システム」の効果と課題、自治体の避難者に対する支援の現状と課題を報告している（田並 2015）。

地域ごとの避難者支援については、主に福島県外で行政・民間に関する研究が蓄積されてきた[3]。そのうち継続的な研究を行ってきたのは、髙橋若菜や松井克浩による新潟県の研究である。髙橋（2014）では、新潟県が実施した「創発的」施策として、民間借上げ仮設住宅の早期導入と高速道路無料化措置を取り上げている。民間の支援については、初期の避難所における支援体制について、松井（2011）が新潟県内の避難所への調査を踏まえた分析を行っている。その後の長期にわたる支援・受け入れ活動について、松井（2013）では、新潟県内において強制避難者（柏崎市）と自主避難者（新潟市）という「棲み分け」がみられ、避難者の属性の違いに対応した支援がなされていることなどを明らかにしている。また、髙橋編（2016）は、行政および中間支援組織のキーパーソンの証言も踏まえながら、同県における避難者支援をまとめている。そこで明らかになったのは、中越地震（二〇〇四年）や中越沖地震（二〇〇七年）の災害経験といった過去の記憶と、そこで培われた暗黙知・思考方法が、広域避難者支援に遍《あまね》く活用され、柔軟に創発的に官民を挙げての支援を展開したことである。松井（2017）では新潟県の避難者支援を総括し、「成熟した支援」の背景には、中越地震・中越沖地震の災害経験と、県庁の積極的関与があったことを明らかにしている。

新潟県以外の地域では、各地の研究で避難者支援が部分的に明らかにされてきた。原口（2012）は茨城県内の茶話会の立ち上げ過程を記録し、山根（2013）は山形県で当事者がスタッフとなり自主運営で託児や居場所づくりを行う「ケアの共助」の実践を記録している。宝田(2012)、後藤・宝田(2015)は岡山県と沖縄県で調査を行い、「時間・費用上の距離」に反して避難者を受け入れている要因として、自主避難者に照準を定めた民間の支援団体が早い段階で立ち上がったこと、インターネットを活用して情報発信を行ったことなどを挙げている。田代(2014)は宮崎県における避難・移住者のネットワークへの調査をもとに「新しい生活像」の模索と捉え、髙橋(2013)は沖縄県の避難者支援活動を知事のリーダーシップ、各地の民間支援団体、個人ボランティアの三層構造として分析している。そのほか、愛知県被災者支援センター[4]のセンター長補佐の向井は、二〇一三年一二月までの同センターの支援活動を整理し、その特徴として「(イ)NPOに委託された条件を活かし、受入被災者登録制度を活用して全世帯対象の系統的支援を継続し、支援策に反映してきたこと、(ロ)一人ひとり異なり、被災からの時間経過で変化する避難生活の現実と課題を共有し、それに応じた支援を当事者とともに組み立ててきたこと、(ハ)市町村エリアごとの連携やパーソナルサポート支援チームなど、それを可能にする支援体制を、地域資源や参加団体のつながりをいかして幅広く構築してきたこと」の三点を挙げている(向井 2014)。

このように、避難先のコミュニティでさまざまな支援が実施され、その研究がなされてきた。それらとの比較において、本書の特徴は以下の二点を挙げることができる。

一つ目は、埼玉県というフィールドの一般性と特殊性である。埼玉県で実施されてきた、避難所支援、避難当事者の団体結成、支援団体のネットワーク、交流会、情報誌の発行、戸別訪問などは、前述した他県の支援とも共通するものであり、これらの展開過程を詳細に分析することで、東日本大震災・福島原発事故後の広域避難者支援の全体像を描くことができる。他方で、前記のいくつかの地域では、都道府県による積極的な関与が、避難者支援の初期条件となっていた。しかし、のちに詳しく見るように、埼玉県では避難者の受け入れにおいては県庁がいち早く動いたものの、県庁主導で避難者支援センターの設置や避難者名簿の提供などはなされず、前提条件の欠く中で民間団体がボトムアップで支援活動を立ち上げ、埼玉県や福島県との関係を事後的に獲得していった。このような前提条件のない中で官民の関係性の変化を分析するには適した事例であると言える。その枠組みについては本章第2節で提示する。

二つ目は、そのアプローチである。先述した避難者支援の研究は、髙橋・松井らを例外として、支援の一局面を調査した研究にとどまっている。避難者支援は時間的経過とともに変遷しており、避難の長期化に対応しながらその過程を明らかにする必要がある。その意味でも、筆者らの立ち位置は髙橋・松井らによる新潟県の研究から大きな示唆を受けている。ただし髙橋・松井らの研究との大きな違いは、県庁の積極的関与と災害経験のあった新潟県と、それを欠いていた埼玉県という差異に加えて、その調査方法にある。松井（2017）の調査が基本的に新潟県内の避難者と支援者への継続的な聞き取りで実施されたのに対して、本書の調査は、聞き取りだけでなく避難者支援活動への参与観察やアクションリサーチも用いて実施されたものである。これによって、避難者支援の変遷やその課題を内部から詳述することが可能になる。こうした調査方法の特徴と限界については、本章第3節で述べる。

1-4 本書の立ち位置

以上を踏まえて、本書の立ち位置を改めて確認したい。まず本節冒頭で述べたように、東日本大震災・福島原発事故後の広域避難の先行研究では、対象が津波避難ではなく原発避難に圧倒的に偏っていた。本研究でも原発避難者への支援の記述に偏っていることは否めないが、その点も含めて、広域避難者支援の全体像を描こうとするものである。

そして、原発避難者支援に関する研究の三類型で示せば、筆者らの立場は基本的に、三つ目の避難者支援に関する研究に該当し、埼玉県という受け入れ地域をフィールドとして、避難者支援を継続的に調査・研究してきた。避難者受け入れ地域として、新潟県のような中越地震・中越沖地震の災害経験と県庁の積極的関与を持たなかった埼玉県で、いかなる支援が展開してきたのかを明らかにするものである。

同時に筆者らは、一つ目の避難者に関する調査と、二つ目の避難元コミュニティの調査も連動して行ってきた。前者として、埼玉県に避難した富岡町民の聞き取りで多様な避難プロセスやその後の生活状況、避難者の苦悩とそれらから推察される社会的な課題を考察するとともに（西城戸・原田 2012）、『福玉便り』編集部の一員として、埼玉県の避難者たちの聞き取りの内容を『福玉便り』に掲載してきた。また、『福玉便り』編集部と共同で実施した避難者対象の質問紙調査の分析を『福玉便り春の号外』に掲載するとともに、その知見を順次発表してきた（西城戸・原田 2014; 原田・西城戸 2015; 2017）。後者としては、後述する復興支援員などの調査を通じて、避難先コミュニティから避難元コミュニティとの接続を明らかにしてきた。

このように筆者らの立場は、個別化、複雑化する避難者の状況と、避難元コミュニティとの関係性を常に念頭に置きながら、避難先コミュニティを基盤に「第三の道」に向けたより具体的な支援策を模索してきたことにある。

2 分析枠組み

次に、本書が埼玉県の避難者支援を分析するにあたって参照する枠組みを示したい。災害社会学の道具立てとして重視されるものに、「時間軸」と「社会的単位」があり、震災ボランティアの活動もこうした時間軸や他の社会的主体との関係のもとに成立することが示されてきた（山下・菅 2002: 7–11）。本書でも「時間軸」と「社会的単位」の二つの軸で、避難者支援の変遷を分析することになる。

まず、「時間軸」について、災害過程はしばしば、「災害（誘因）」、「緊急段階」（直接被害、拡大被害、消火、救命等）、「応急段階」（避難、仮設生活確保、瓦礫撤去等）、「復旧・復興段階」（生活、地域（都市）・産業等の再建）、「予防段階」（防災まちづくり、防災対策等）といったサイクルで描かれる（吉川 2007）。例えば阪神・淡路大震災でのボランティアを研究した山下祐介・菅磨志保は、被災地域における社会過程の諸側面を、「緊急救命期」（発災直後から一週間以内）、「避難救援期」（一週間後から二カ月後まで）、「生活再建期」（三カ月後以降）という時期に整理する。避難救援期に設置された避難所の多くは、生活再建期で解消に向かい、被災者は仮設住宅などに移って個別の生活領域の再編に乗り出していった（山下・菅 2002: 7–11）。

ところが、東日本大震災・福島原発事故後の広域避難においては、避難生活が長期化し、生活再建への道筋が立てづらいのに加えて、個々の避難者の生活再建と避難元コミュニティの復旧・復興が必ずしも一致しないという事態が起きており、通常の災害過程とは異なる時間軸で捉える必要がある。ここで時間軸を決定している構造は、序章で整理したような、政府による避難指示・解除や、借上げ住宅提供の開始・終了などである。例えば山本（2017）は、原発避難の経緯を念頭に、避難指示が出された「緊急避難期Ⅰ期・緊急期」（二〇一一年三月一一日から四月二一日）、居住環境のより安定した施設や仮設避難所へ移動する避難者が増加した「緊急避難期Ⅱ期・避難所生活期」（四月二二日から八月末まで）、自力で避難先確保を進めたり仮設住宅・借上げ住宅への入居がなされたりした「避難長期化期」（九月以降）に分類している。

本書では、埼玉における避難者受け入れという事例を分析するにあたって、以下の時間軸に整理して分析していく。まず、東日本大震災・福島原発事故が発生し、さいたまスーパーアリーナや各自治体が体育館等で避難者を受け入れた「緊急避難期」（二〇一一年三月）である。この時期には避難者の生命を保障するため、どのような施設で受け入れるか、避難所でどのような支援を行うかが大きな課題となった。続いて、「避難生活の開始期」（二〇一一年四月〜二〇一二年三月）を設定する。これは、原発周辺地域では四月に「警戒区域」等が設定されるとともに、埼玉県では旧県立騎西《きさい》高校（加須《かぞ》市）等を除いて避難所から公営住宅等への移行が進み、八月に借上げ住宅が正式導入され、その後の長期にわたる避難生活が開始された時期である。ここでは居住空間の確保ののちに、生活支援や避難者の交流が課題となる時期である。続いて、「避難生活の長期化期」（二〇一二年四月〜二〇一七年三月）を設定する。この時期は、二〇一二年四月から避難指示区域の再編が進みつつ、借上げ住宅の延長がなされ、避難生活が長期化していく時期である。情報提供や、支援団体のネットワーク、戸別訪問など、長期化する避難生活に対処するための継続的な仕組みが作られていく。そして、その後を「避難生活の超長期化期」（二〇一七年四月〜）とする。一つの区切りであった震災五年を経過し、さらに自主避難者や津波避難者の住宅提供も終了するなど、新たな局面を迎える。

もっとも、広域避難者の移動経路に関する研究では、避難者が複数の避難所や親戚・知人宅等をたどったことが明らかにされており、避難先から避難先への移動がしばしば起きている。とくに自主避難者の場合は二〇一一年三月に一斉に避難行動をとったわけではなく、四月以降に移動したケースも少なくない。また、埼玉県の場合は、双葉町民が集団避難を行い「最後の避難所」として知られた旧騎西高校があり、その滞在者数がゼロになったのは二〇一三年一二月のことである。さらに、避難所や借上げ住宅を経ないで親戚・知人宅等に避難した場合には、そもそも住宅支援の枠外に置かれてきた。こうした多様性・固有性も分析に含めながら、前記の時期区分で分析を進めていく。

次に、「社会的単位」である。阪神・淡路大震災後の支援の研究では、例えば被災者の〈生の固有性〉という考え方を背後に持った「支援者と被災者の間の〈「語る」―「聴く」〉という関係行為」が要であったことなどが指摘されてきた（似田貝編 2008: ii）。ただしそこで主に論じられていたのは、ミクロな支援者―被災者関係である。これに対して山下・菅は、「震災ボランティアについて考察する場合、ボランティアのみを考えるのではなく、ボランティアをそれ以外の行為主体＝救援主体との関係のもとに位置づけ、災害時の支援システム上におけるその機能なり、問題点なりを把握していくことが必要」だとして、災害時の緊急支援システムに関わる主体として、被災地の行政、市場、自助、コミュニティ、震災ボランティアの五つを挙げた。

本書でも菅・山下と同じくメゾレベルの視点に立ち、さまざまな主体との関係の中で避難者支援を分析していくことになるが、そこで重視するのが「ローカルガバナンス」の視点である。ここでいうローカルガバナンスとは、「地方政府、企業、NGO、NPOなどがさまざまな戦略をめぐって織りなす多様な組み合わせの総体――対立、妥協、連携からなる重層的な制度編成」（吉原 2002: 96）と暫定的に定義できる。そもそも「ガバメント（統治）からガバナンス（協治）へ」という流れは、社会が複雑化し、行政ニーズが多様化、高度化する中で、財政状況が厳しく行政サービスが十分に提供できないという状況で生まれてきた。本事例においても、「被災地」ではない埼玉県では、行政も民間団体も災害時の緊急対応ではなく通常業務の延長のもとで避難者支援活動が展開され、その対立・妥協・連携から新しく制度が立ち上がっていった過程を、「社会的単位」として分析することになる。ただし、こうしたガバナンスによって、公的セクターと私的セクターの間の領域や責任の所在が曖昧化するという問題点や、多様な主体によるガバナンスが、結果として所与の支配構造を補完することになってしまうという課題（吉原 2002: 102）も指摘されている。広域避難者支援のローカルガバナンスを論じる際には、こうしたジレンマも分析に含まれる。

また、東日本大震災・福島原発事故による広域避難者については、避難元地域の違い、性別・世代・職種・経済力・家族構成・社会関係の違いによって多種多様な避難者がおり、時間の経過とともに支援が必要な人とそうでない人が二極化している。そのため、多様な広域避難者の立場を踏まえつつ、避難者に対する政策の変化を踏まえた上で、試行錯誤的に支援のガバナンスを考える必要がある。ここで参考になるのが、自然環境の保全をめぐって、地域社会の多元的な価値観を大切にし、試行錯誤をくりかえしながら、柔軟に変化させていく順応的ガバナンス（adaptive governance）の議論である。宮内泰介は、順応的ガバナンスを保証するためには、①試行錯誤とダイナミズムの保証、②多元的な価値と複数のゴールを設定、③多様な市民による調査活動や学びを軸としつつ地域の中での再文脈化という点を、「環境保全がうまくいく／うまくいかない事例」の研究から指摘している（宮内編 2013）。

また、宮内は、不確実性の中で順応性を保証し、プロセスを動かし続けるという「順応的なプロセスマネジメント」のためには、三つの鍵があると述べる（宮内編 2017）。一つ目は合意可能な、その都度の「共通の目標」を設定しつつ、複数の目標を掲げ、複数の手法を並行させ、複数の制度を用意していくという「複数性」の担保が重要であるとする。その際に計画から少しはみ出すような「余地」をつくることも大切である（宮内編 2017: 20–22）。二つ目は「評価」である。「自分たちの活動や事業がどういう効果を生んでいるか、今、何が達成できているのかそのつど評価することによって、プロセスがそれほど外れずに進んでいるかどうか、次は何に力を入れればよいのかを自分たちで確認できる」(宮内編 2017: 23–24)。三つ目が「学び」(学習)である。「『学び』はさまざまな社会的価値を生む。学びはたいてい集団的に行われるので、参加した人たちの間の相互理解や信頼を生む。地域の中の合意も生みやすい。学びは外部(専門家、行政、他組織、他地域など)とのつながりを促すので、ネットワーク構築へ結びつきやすい。他地域、他ステークホルダーへの連鎖反応も生みやすい」とされる(宮内編 2017: 25)。

もっとも、こうした共通目標、評価、学びという観点から順応的なプロセスのマネジメントをすることは重要であるが、そのマネジメントの主体は単一の組織で行うことは想定されていない。誰がステークホルダーなのか、どういう手法が適用されるのか、どういう価値で活動を行うのか、という点が常に変化し続ける中では、手法や目的の決まった単一の組織では対応できず、むしろ、ステークホルダーも手法も価値も変化する中では、それらをつないでいく役割が重要であるとされる。換言すれば、ステークホルダー・手法・価値をつないでいく役割が必要で、例えば、価値と価値をつなぐ、人と人をつなぐ、外部の価値と内部の価値を相互に翻訳する、人々の多様な思いを拾い上げる、などといった「媒介者」が順応的ガバナンスには必要であるという(宮内編 2017: 26)。

本書では、東日本大震災・福島第一原発事故が発生し、避難が始まってからの四つの時期区分に分け、その時間軸と避難当事者、支援者、行政といった社会的単位から分析を行っていく。埼玉県における広域避難者支援のローカルガバナンスの変遷を整理し、広域避難者への支援について、どのような目標をどのように設定し、支援活動や事業の評価がどのようになされ、広域避難者支援における「学び」がどのような位置づけになっているのか、広域避難者支援に関わる「順応的なプロセスマネジメント」がどのような主体によって担われてきたのか、「なぜ、広域避難者支援のローカルガバナンスが十分に機能しないのか」という点を考察していくことになる。

3 調査方法

筆者らが埼玉県の避難者支援を研究するにあたって採用してきた調査方法は、聞き取り調査、質問紙調査、参与観察、アクションリサーチの組み合わせであり、その方法は、筆者らのフィールドとの関わりの中で常に変化してきた。ここでは調査の経過に沿いながら、調査方法を提示したい。

本調査のきっかけは、二〇一一年三月一六~三一日に開設された、さいたまスーパーアリーナの避難所に、当時大学院生だった原田がボランティアとして参加したことであった。地元の身近な場所が避難所になると聞いて現地に向かったところ、遭遇した知人からNPO法人「ハンズオン!埼玉」を紹介してもらい、館内の情報掲示などを行う「情報班」の一員となった。避難所を閉じる直前に、ハンズオン!埼玉のメンバーから避難所の記録作りの協力依頼を受けて、一緒に組織図を作り始めたところ、活動時には気づかなかった組織間関係がわかってきた。そこで避難所での支援活動について関係者に聞き取りを実施してまとめたのが、本書第2章の一部である。

さいたまスーパーアリーナが閉鎖し、避難者が旧騎西高校や県内各地に分散すると、避難所支援に関わった団体はその後の活動を模索することになる。原田は、同年四月から数回開かれた「さいたまスーパーアリーナ班長ふりかえりの会」や、五月から始まった埼玉弁護士会主催の「震災対策連絡協議会」に、ハンズオン！埼玉のメンバーとともに参加するようになった。その中で、県内各地で避難者のグループや交流会がいくつも立ち上がったことを知り、その結成条件に関心を持つ。ちょうど同時期に「東日本大震災・福島第一原発事故関連の避難者支援に関わる社会学研究者のネットワーク」（のちに「社会学広域避難研究会」に改組）で富岡町民の聞き取り調査が始まって、同じさいたま市出身の西城戸と原田が、埼玉県に避難した富岡町民の聞き取り担当となった。そこから派生的に、埼玉県内各地の避難者グループ・交流会の調査にも着手し、雪だるま式に交流会に参加して代表者への聞き取り調査を行った。その過程で自治体ごとに避難者支援のあり方が異なることがわかり、自治体担当者への聞き取りも行った。これらの成果をまとめたのが、本書第2章の一部と第3章である。

一方、原田は「震災対策連絡協議会」に継続的に参加する中で、支援団体のメンバーと、埼玉県内の避難者向けの情報誌が必要だという意見で一致し、二〇一二年三月の『福玉便り』創刊に関わるようになる。県内の避難者グループ、交流会を調査で訪問していた経緯から、原田が県内の交流会のマップとカレンダー作りを担当することとなった。その後は「主筆」、やがて「編集長」として、記事の取材・執筆や編集を担当するようになった。また、二〇一二年七月からは県内の支援団体や避難者グループが集まる埼玉県労働者福祉協議会（埼玉労福協）主催の「福玉会議」が立ち上がり、西城戸はアドバイザー、原田は書記として継続的に出席することとなった。さらに、二〇一三年から毎年三月に、西城戸・原田の監修で『福玉便り春の号外』を発行して、自治体・避難者に実施した質問紙調査の分析などを執筆するようになる。このように、『福玉便り』創刊以降は、筆者らが参与観察的に支援現場に関わりながら記録を残すこととなり、これらの成果をまとめたものが本書第4章である。

そして、避難者支援団体の再編成が必要になると、筆者らを含めた、『福玉便り』編集部のメンバーを中心に二〇一六年四月に特定非営利活動法人埼玉広域避難者支援センター（通称、福玉支援センター）が設立され、西城戸は代表理事、原田は理事として同法人の設立申請から組織運営に大きく関わることとなった。それまで埼玉県における避難者支援の活動の中心的な存在であった埼玉労福協に代わって、『福玉便り』の発送作業を実質的に担い、かつ二〇一七年からは県外避難者相談事業という福島県からの受託事業を担ったり、復興庁・福島県・埼玉県との四者協議を開始し、埼玉県における県外避難者支援の体制に関する提言活動も行うなど、アクションリサーチとなっている。その成果をまとめたのが第5章である。

以上の調査方法の意義や限界については、第6章で改めて論じたい。

第2章

緊急避難期

（2011年3月）

——広域避難者への公的支援と民間支援①

「さいたまスーパーアリーナ」内に設置された「福玉ボード」（2011年3月）
写真提供：NPO法人ハンズオン！埼玉

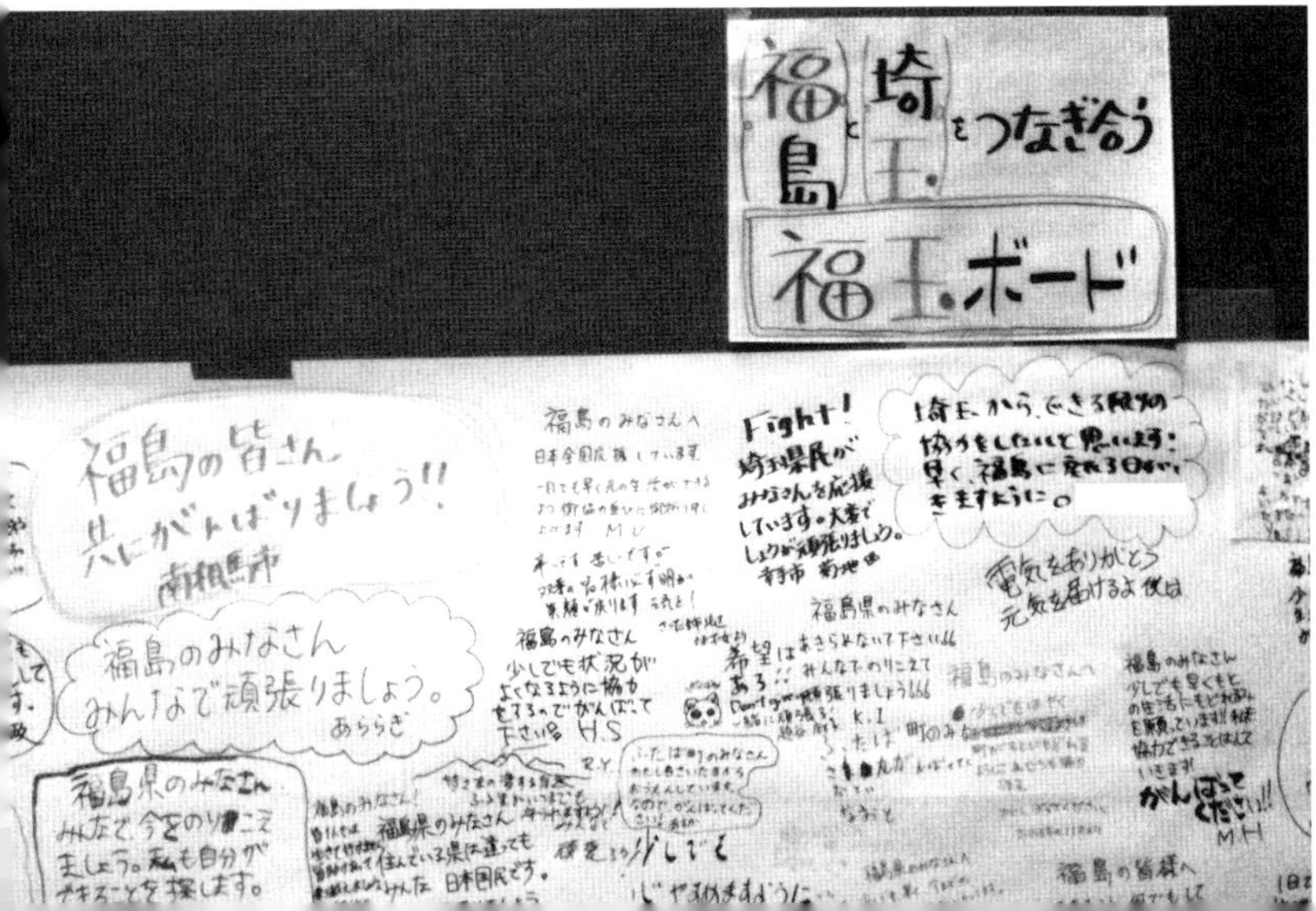

本章では、東日本大震災・福島第一原発事故が発生した二〇一一年三月一一日から三月末までの避難の緊急期における、広域避難者に対する公的支援（第1節）と民間支援（第2節）について考察し、最後に緊急期における埼玉県の広域避難者支援のローカルガバナンスの状況を確認する（第3節）。

1 集団避難に対する「対口支援」と自治体独自の支援の展開

1-1 はじめに

二〇一一年三月一五日に全国知事会を通じて福島県から各都道府県に対して避難者の受け入れ要請が行われた。その後、埼玉県は県下の市町村に避難者の受け入れ要請を行い、埼玉県各地で避難所が開設された。埼玉県としては、さいたま市の「さいたまスーパーアリーナ」（以下、スーパーアリーナ）に役場機能ごと避難してきた福島県双葉町の住民の対応に追われることになった。その一方で、双葉町民がスーパーアリーナと旧埼玉県立騎西《きさい》高校（加須《かぞ》市）に集団避難をしたことはマスコミによっても大きく取り上げられ、さらにはいくつかのドキュメンタリー映画にも取り上げられたため、双葉町民の避難は、埼玉県の避難者のイメージを固定化することになった。

だが、埼玉県への集団避難は双葉町だけではない。

埼玉県には数多くの人々が避難してきたが、福島県富岡町の住民が埼玉県杉戸町《すぎとまち》とその周辺自治体に、福島県広野町の住民が埼玉県三郷《みさと》市に集団避難した。このような被災していない自治体と被災自治体を対にして支援を継続的に行うことを「対口《たいこう》支援」という。二〇〇八年の中国・四川大地震で用いられた被災地の支援手法であり、何らかの縁をもとに友好関係や姉妹関係がある自治体を、単に友好交流にとどめるのではなく、災害などの危機の際に行政機能のサポートを行う、行政組織の水平補完機能という側面もある。

本節では、まず、スーパーアリーナにおける避難者受け入れの概要を述べ[1]（第2項）、その後、原発事故による避難者の避難パターンである「集団避難」とその自治体対応（対口支援）の二つの事例を紹介する（第3・4項）。また、避難所の設置およびその後の住宅提供について独自政策を行った事例を紹介する（第5項）。最後に、「対口支援」の課題と、災害緊急時の自治体組織の課題を提示する（第6項）。

1-2 さいたまスーパーアリーナにおける避難者受け入れ

埼玉県危機対策本部が、三月三一日までという期限付きでスーパーアリーナに避難者を受け入れると発表したのは、三月一六日のことであった。当初は「受け入れ体制が整うまでは一五〇〇人、体制が整い次第、五〇〇〇人まで」という想定のもと、まずは二階の通路が開放された。同日深夜から一七日にかけて、早速、二六八名の避難者が到着している[2]。

なお、スーパーアリーナは、三月一一日の震災当日から翌日にかけて、帰宅困難者五三〇〇人の受け入れ場所として使われていた。要請があってから一日で迅速に避難所体制を整えられたのは、この時の経験が功を奏したと言える。他方で、一晩限りの帰宅困難者受け入れに対して行った支援が、二週間という期限付きの避難者受け入れに対してもある程度踏襲され、足かせになってしまったということにも注意する必要がある。

一七日には、双葉町と埼玉県の協議によって、川俣町に避難中の双葉町民が町役場ごと避難することが決まった。双葉町長（当時）の井戸川克隆は、ある取材で、避難先としてスーパーアリーナを選んだ理由を次のように答えたという。

とにかく三〇〇〇人くらいの町民がいっしょに避難できる大型施設を探したが、そんな施設は福島県内にはなかった。川俣町もいつ避難指示が出るか分からない状況で、放射線被害の拡大も頭にあった。それに町民の多くが原発にかかわる仕事に就いており、一挙に仕事をなくしてしまった。新たな仕事に就くためには、雇用の多い首都圏に近い方がいいという判断があった。（神田 2011: 45）

こうして一九日には、約一二〇〇人の双葉町民がバス四〇台で到着した。二階通路はすでに八〇〇人ほどの避難者で埋まっていたため、双葉町民は四階と五階の通路で受け入れることになり、スーパーアリーナは二〇〇〇人を超える人々が生活を送る巨大避難所となった。この日で通路のほとんどが人で埋め尽くされ、当初想定されていたほど収容能力を持たないことも見えてきた。そのため、受け入れ人数の上限が五〇〇〇人から三〇〇〇人に変更されている。

以上の過程でスーパーアリーナに避難してきた人々は、具体的にはどのような人たちだったのか。「震災支援ネットワーク埼玉（ＳＳＮ）」（本章第2節で後述）が三月一八～二〇日に避難者の世帯代表者に配布したアンケート調査[3]によると、避難者が最も多かったのは町役場ごと避難した福島県双葉町だが、他方で、いわき市や南相馬市、浪江町などの自治体からも個別に避難してきた人々が大勢いたことがわかる（図2－1）。

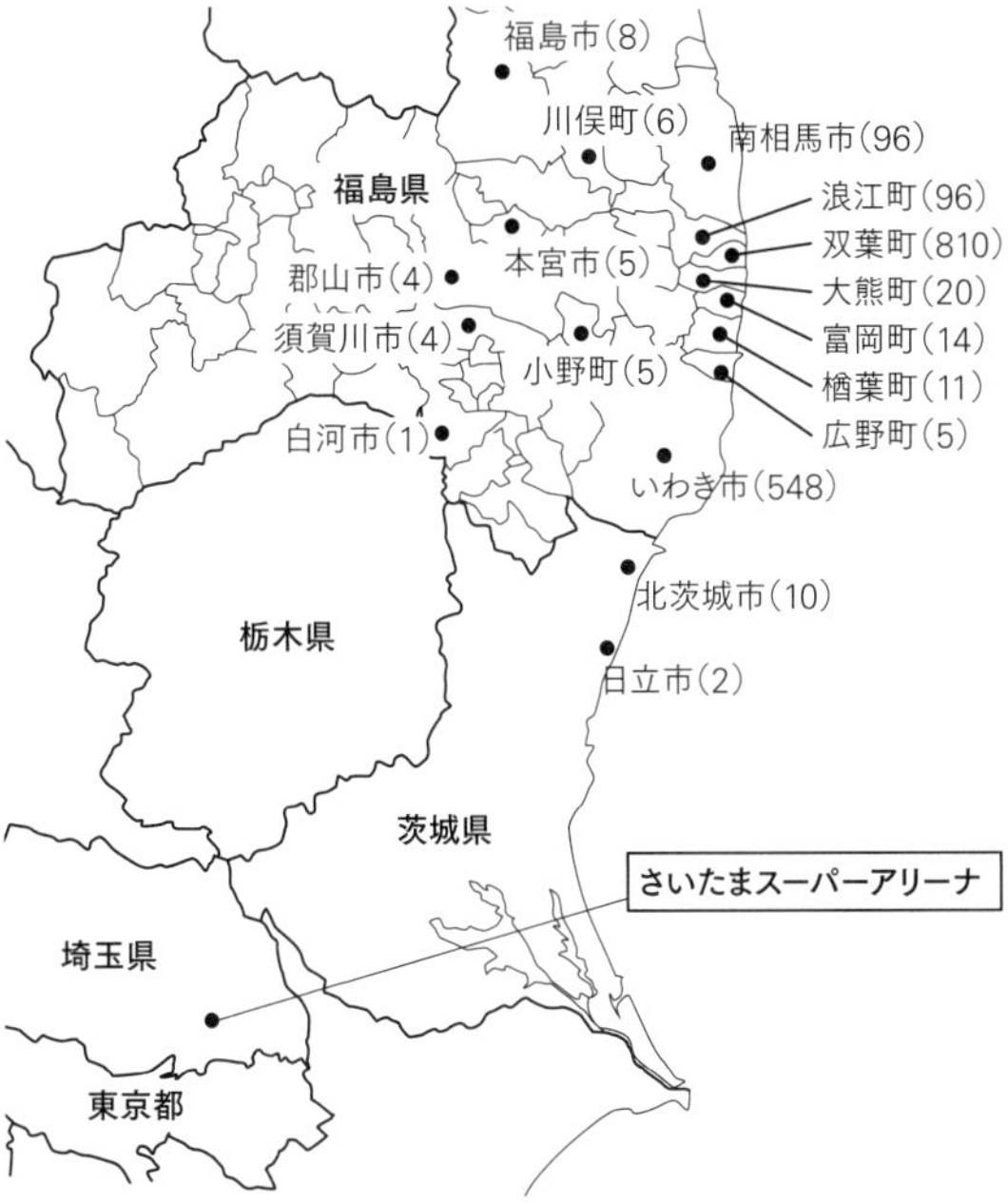

［図 2-1］さいたまスーパーアリーナ避難者の避難元分布

注：アンケート回答者とその家族1,645名について，避難元の市町名と避難者数を表している．

出所：「震災支援ネットワーク埼玉」実施のアンケート調査に基づき，筆者作成（原田 2012: 239）．

ここから示唆されることとして、双葉町民たちにとっては、役場や地域住民が同行しているという強みはあったが、双葉町役場にとっては、福島県内に残った住民たちへの行政サービスも同時並行で行わなければならないという過重負担に追われていた。他方で、双葉町以外からの避難者にとっては、福島県内で移転した役場からの情報が得られにくい上に、避難者同士のつながりが弱いという状況に置かれていた。

スーパーアリーナの支援活動は、三月三一日の避難所閉鎖をもって終了した。避難者たちには、埼玉県によって次の避難場所が用意されることになった。双葉町民は、再び町役場ごと、アリーナから北に向かって四〇キロ近く離れた埼玉県加須市の旧県立騎西高校へと集団移動することになった。その他の市町村から来た人々も、**図2-2**のように、避難元の住所ごとに次の避難場所が決められていった。双葉町の住民は三〇日に四八〇人、三一日に七〇〇人が旧騎西高校に移動し、他の地域の人々も三〇~三一日に一斉に移動を終え、三一日をもってスーパーア

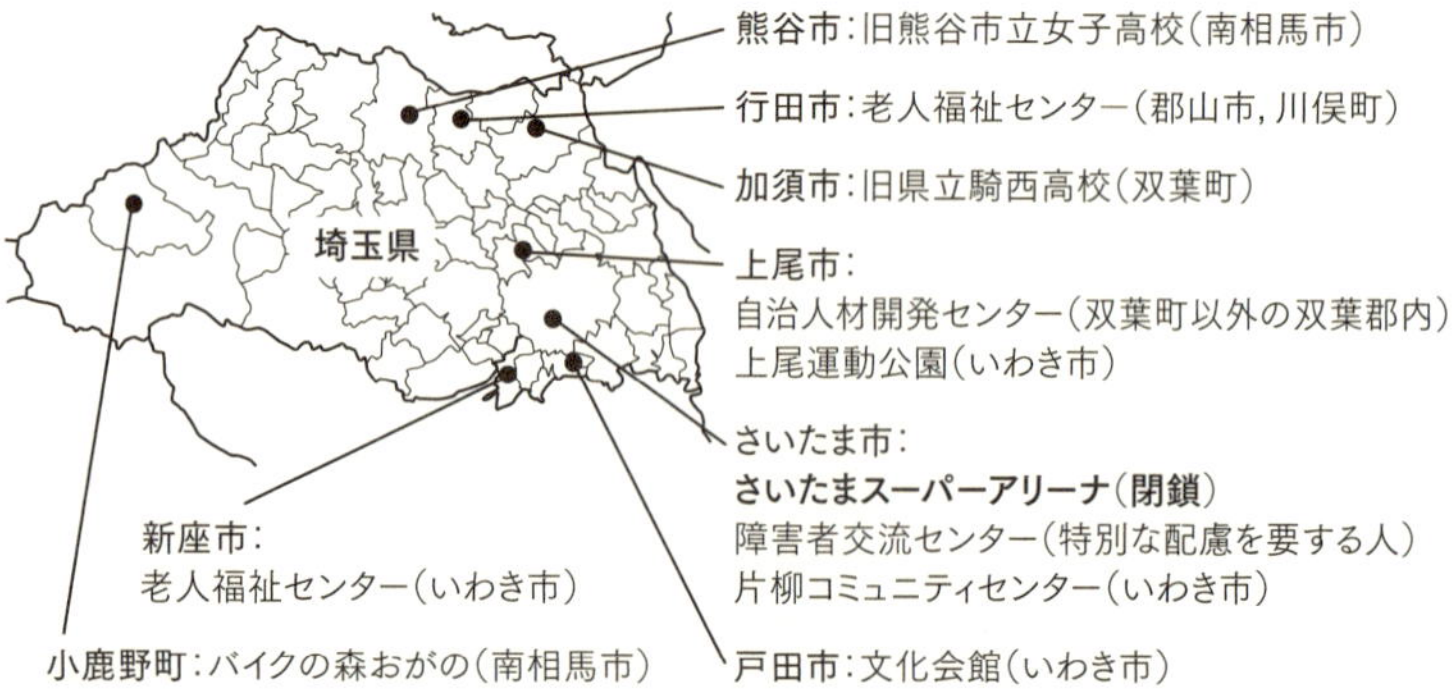

［図 2-2］さいたまスーパーアリーナ避難者の次の避難場所一覧（2011年3月28日17時時点）
出所：埼玉県ウェブサイト（http://www.pref.saitama.lg.jp）掲載情報に基づき筆者作成（原田 2012: 258）.

リーナは避難所機能を終えた。

その後の経過の中で、埼玉県内のほとんどの避難所が閉鎖となり、避難者たちは埼玉県内の市営住宅や借上げ住宅、あるいは福島県内の仮設住宅へと移っていった。旧騎西高校は、二〇一三年一二月に避難者数がゼロになるまで、避難所機能が続くことになる。

1-3 埼玉県杉戸町から福島県富岡町への「対口支援」(4)

富岡町と杉戸町との交流は、一九九六年の少年少女ソフトテニスの交流からスタートし、二〇〇二年からは小学生の国内交流事業として、一年おきに交互に小学生のホームステイが始まった。二〇〇六年には町の役場職員幹部の交流を行い、翌年には杉戸町の町議会議員や役場職員が富岡町を訪問し、友好都市の機運が高まった。その結果、二〇一〇年一一月に国内友好都市となり、商工会議所主催の産業祭でも富岡町のブースが設けられた。両町は、文化交流、スポーツ交流、経済交流、行政課題への統一行動といった点を軸にして友好都市となった。災害協定を締結するには至らなかったが、何か災害があれば対応するということになっていた。

震災直後の杉戸町の対応は、次のとおりである。地震発生翌日の三月一二日、杉戸町はワゴン車二台に食料とおむつ、簡易トイレ、ブルーシートを積み込み、役場職員と町議会議員で富岡町に向かった。杉戸町長の決断と、これまで富岡町との交流に関わってきた町議会議員の働きかけが関係している。一五日に杉戸町役場が義捐金箱を設置したが、富岡町への義捐金は一〇〇〇万円以上集まり、震災全体への義捐金（六五〇〇万円）を上回ったという。この点からも杉戸町民の富岡町に対する支援の大きさがうかがえる。(5) 三月一六日の早朝に福島県富岡町長から埼玉県杉戸町長への応援要請の電話があり、同日午後に杉戸町からバスが七台派遣され、県外への避難を希望する住民二〇〇名が埼玉県へと避難した。その際、隣接する幸手市《さってし》、宮代町《みやしろまち》に応援を頼み、四カ所の避難所を開設した。

杉戸町役場では、秘書政策課に庁内各部署から横断的に職員を集め、支援チーム（一一名体制）をつくり、避難所の対応を行った。杉戸町の防災部局は町内の被害や計画停電への対応に追われていたために、国内交流を担当していた秘書政策課が避難者の受け入れを担当することになったものである。地震により、杉戸町も屋根瓦が壊れた家屋（三七七軒以上）や、停電（一〇〇世帯）と行田《ぎょうだ》浄水場の停電による断水、計画停電、水道水の放射線の問題への対応があり、災害対応に迫られていたのである。

避難所における避難者の健康管理については杉戸町の保健師が対応するなど、避難者対応は杉戸町が一括する形で行われた。加えて、富岡町からも職員が七名同行してきたため、富岡町民に直接的に関わることは富岡町職員が対応し、杉戸町役場としては受け入れ対応はしやすかったという。ただし、富岡町からの避難者からすると、富岡町職員が一つひとつ富岡町役場からの指示を仰ぐ必要があり、その意思決定の遅さには不満の声があがっていた。埼玉にいた避難者は福島県内にいる別の富岡町民から携帯電話等によって、常駐した富岡町職員が伝えられていない情報を迅速に知っていたからである。

また、避難者対応に関連するボランティアの受け入れは社会福祉協議会が行っていた。避難所の食事は、食堂や自治会からの提供のほか、四月下旬頃から埼玉県が災害救助法を適用したため、三食の食事は食堂が提供、米は避難者が炊くというスタイルに変わった。

四月に入り、杉戸町は、住民参加推進課が併任辞令を受けて避難者の対応を担うようになり、杉戸町内にある公営住宅二五戸を富岡町民用応急仮設住宅として借り上げ、入居を開始させた。五月上旬に隣接の宮代町の避難所は閉鎖し、七月上旬には避難所になっていた「すぎとピア」が閉鎖されたが、杉戸町は九月中旬まで避難所を閉鎖せず、これは富岡町民向けの避難所三〇カ所の中で最後の方だった。この施策の背景にも、杉戸町長の「最後まで避難所を残す」という決断があったといわれる。

1-4 埼玉県三郷市から福島県広野町への「対口支援」

次に、三郷市が広野町からの集団避難要請を受け入れた事例を見ていこう。[6] 三郷市の防災関連の職員が広野町のマラソン大会に参加するなどのスポーツ振興や、特産物の販売などを中心とした産業振興を行っていたが、二〇〇八年に災害時における相互応援に関する協定を福島県広野町と埼玉県三郷市は締結していた。[7] もっとも、「三郷市が（広野町に）行くことはあっても、受け入れることはないと思っていた」という三郷市職員の声があるように、三郷市としても避難者の受け入れは「想定外」であった。

さて、三月一一日以降の三郷市の対応を見ていこう。三郷市内においては、地震による被害はそれほど大きくはなかった（軽傷者が二名程度、ブロックが倒れる被害が一〇〇件）が、帰宅困難者と高齢者、外国人向けの避難所の開設を行った（二日間で閉鎖）。一方、三月一一日に、広野町長から救援物資の依頼があり、一二日に食料、毛布を、一三日に給水車を三郷市が広野町に配送した。この時、電話が通じなかったため、ツイッターで情報のやりとりをしたという。一六日に広野町から避難所設置の要請があり、三郷市内の瑞沼《みずぬま》市民センターに避難所を開設、一七日にバスで迎えに行き、九五世帯一七八人が避難した。バス以外にも自家用車で三郷市に向かう広野町民も多く、最大一〇六世帯二九八名が避難所に滞在した（二〇一一年四月一日）。広野町の職員も同行し、常駐職員は四人存在した。

三月一七日以降、ボランティアが大勢集まるとともに、[8]炊き出しも開始され、[9]一八日からは健康ランドの支援により入浴も可能になった。避難所の体育館では、仮設のトイレや洗濯機の設置、授乳や子どもの夜泣きの待避場所の設置など、女性避難者への配慮も心がけたという。そして四月以降は、七月末まで続いた避難所の運営および借上げ住宅への移行に伴い、生活支援や就労斡旋、避難者の見守りを行った。

避難所における支援が円滑に進んだ背景には、阪神・淡路大震災の支援の経験を持った三郷市安全推進課のOBの存在がある。また、災害時の配慮が忘れがちな女性へのケアが可能になったのは、女性職員が配置されたためである。古川（2000）は、災害常襲地域では災害経験のある職員が多数おり、初動体制において迅速・的確な対応が期待できるため、行政の人事当局は経歴をデータベース化し、職員に危機管理業務を何回か経験させるとともに、主要部局には管理・判断能力の高い人物を組み合わせて配置することが必要であることを指摘している。三郷市でも、災害対応の経験者の的確な組織的配置が、想定外の対応が可能になった条件であるといえるだろう。

そして、三郷市の避難者対応を総括したのは、企画総務部安全推進課であった。企画総務部の中で昇格して課になったこと、他の自治体では危機管理部門が対人サービス部門と切り離されている傾向がある中で、企画総務課の一セクションに位置していたことによって、避難者支援の全体像を把握し、柔軟な支援が可能になったのではないかとも考えられる。

1-5 「対口支援」以外の自治体対応――ハードに規定された受け入れ体制

前述した「対口支援」としての受け入れとは別に、各自治体の対応として、避難所の設置と住宅の提供がなされた。田並(2012)による県外避難者に関する全国自治体へのアンケート結果でも、約九割の都道府県、約六割の市町村が公的施設で避難者の受け入れを行っている。市町村での避難者受け入れが約六割となっているのは、県外避難者を受け入れる用意はあったが、実際に避難者は来なかったためであろう。受け入れた公的施設は、公営住宅の割合が高く(都道府県への調査で一〇〇%、市町村調査で七五・〇%)、「民間賃貸住宅(みなし仮設)」も都道府県で六三・九%、市区町村で三七・三%と高い。

このように避難所は公的施設であることが多いが、畳の部屋を提供できたり、入浴が可能になったりする避難所があったのは、避難場所のインフラの違いによる。現存の施設に規定されながらも、どの施設を使えば「着の身着のまま」の避難者を受け入れるのに最適かという判断を自治体は迫られており、その判断の善し悪しが、避難者の受け入れのスムーズさと関連する。

例えば越谷市《こしがや》は、震災直後から東北からの避難者が増加してきたことを受けて、越谷市危機管理課が避難者対策本部を設置し、老人福祉センターなどを避難所とした。だが、「マスコミや支援者がたくさん来るので、プライバシーを守りたい」という避難者の声があったことから、行政は支援の中身について関与しなかったため、市民から集まってくる支援物資も越谷市に避難してきた人々には届きにくいことになった。[10]

また、避難者を受け入れる住宅については、物理的な条件に左右されることが大きい。上尾市《あげお》、東松山市、ふじみ野市、鳩山町《はとやままち》では、公営住宅等に空室があったため、震災発生後の初期に開放され、避難者が公営住宅に避難した。例えば鳩山町では、地域住民から「現在使われていない町内の企業宿舎と独立行政法人宿舎で、避難者を受け入れたらどうか」という声があがり、町が住居清掃等のボランティアを募集、四月から三四世帯を受け入れることになった。ふじみ野市は、市内にある国家公務員宿舎を開放するという情報が入り（二〇一一年三月二〇日頃）、早い段階から仮設住宅（みなし仮設）として避難者が入居した。もっとも、公務員宿舎には生活用品等が何もない状況であったため、市民から布団や暖房器具などの物資が提供され、ふじみ野市と協働して対応した。[11]

自治体独自の対応が見られたのは、狭山市《さやま》である。[12] 狭山市は、二〇一一年一月から、火災時に民間賃貸住宅を敷金礼金なしで提供するという提携を宅建協会（埼西支部・狭山市地区）と締結していた。市営住宅の空きがなかった狭山市では、市内で火災に遭った住民に対して、次の住居が決まるまでの一カ月間、入居が可能な借上げ住宅を持っていた。だが、一軒のみの借り上げであること、使っていない時の家賃負担、火災が重複した時に対応できないという理由で、火災時の民間賃貸住宅システムを構築した。ちょうどできたばかりの火災時の民間賃貸住宅システムを応用する形で、狭山市長が六カ月間一〇〇戸の避難者受け入れを決定した。当初は五万円の家賃補助を予定し、一〇〇戸・六カ月で三〇〇〇万円の予算を市の予備費として考えていた。最終的には家賃を五万三九〇〇円に設定し、家賃がこれを上回る物件も家主と交渉し、この金額で賃貸契約を結ぶことになった。なお、敷金礼金はなしとし、不動産屋の事務手数料は狭山市が負担した。五月中旬までに九九軒の照会を行い、そこで打ち切りとなった。入居した避難者に対しては、保健師を連れて家庭訪問を市として実施し、毎月一~三回、狭山市の広報誌、福島県や国からの情報の提供を行っている。

1-6 「対口支援」と災害緊急時の自治体組織の課題

ここまで二つの「対口支援」の事例と、埼玉県の自治体独自で実施された緊急時の避難者支援の事例について述べてきた。なお、福島県双葉町から埼玉県へ集団避難した住民は、さいたまスーパーアリーナに二〇一一年三月末まで滞在した後（次節で詳述）、四月以降は旧騎西高校に避難し、埼玉県加須市が避難者支援を行った。これは加須市による双葉町への「対口支援」といってもよい（加須市の支援内容については、第3章で議論する）。

さて、「対口支援」の課題について二点指摘したい。第一に、対口支援という体制は、対になっている自治体の住民には支援が行き届くが、対になっていない自治体の住民には支援が届かない可能性があるという、支援の偏在という問題である。杉戸町に避難した富岡町民は、「本当に杉戸町と町の人には世話になった」、「富岡よりも杉戸の方がサービスはいい」という話もあり、対口支援を受けることができた避難者の満足度は総じて高い。だが、「対口支援」を受けることができなかった避難者も確実に存在した。杉戸町では、友好都市協定を提携している富岡町の避難者を避難所の受け入れや宿舎への入居に関して優先させたのに対し、それ以外の地域からの避難者の受け入れを断らざるをえない場合があった。実際に現場対応を行った杉戸町職員は、「同じ避難者であるのに、なぜ対応を分けるのか。非常に辛い対応をせざるをえなかった」と語る。東日本大震災のように、広範囲で大規模、かつ複合災害の場合、想定外の数多くの多様な避難者が存在しうる。その場合、このような「対口支援」という支援のあり方を採用すべきかどうか、緊急時の対応を行政としてどのようにすべきか、今後の大きな行政課題であるといえる。

第二に、避難者の受け入れに関する自治体の体制および職員の負担の問題である。杉戸町では、行政内部の縦割りによって全庁体制の構築に時間がかかった。避難者の受け入れや避難所の設営にあたっては当初、防災部局で対応するべきだという意見があり、役場の部署間の連携がスムーズではなかったからである。一方で、三郷市では、企画総務部安全推進課が避難者対応の全体像を押さえていたものの、三郷市職員はほとんど不眠不休の状態であった時期もあった。結果的に、避難者の受け入れや避難所の運営に関わった職員の業務が加重負担になってしまったという課題が残ったといえる。

この点については、地方自治体の危機管理の問題と接続する。本節で指摘した事例全般において言及できる点は、首長のトップダウンの決断が、避難者の受け入れ体制を比較的スムーズにさせたということである。杉戸町も三郷市も、他の多くの自治体と同様に、自らが被災した場合しか想定しておらず、福島県からの避難者の受け入れについてはまったくの白紙の状態であった。その中で、杉戸町はバスを派遣したことから始まって避難所を長期間設置し、三郷市においても、「三郷市の市長が、広野町長に対して『最後まで面倒をみる』と言ったので、職員としてはがんばるしかない」と三郷市の職員が話すように、さまざまな支援を行った。また、狭山市の住宅提供政策も、首長のイニシアティブによるものである。

首長の積極的なイニシアティブのほかにも、どの行政の部門が避難者支援を実施したか、という点が重要である。実際に、災害担当部局が当該自治体の危機管理に忙殺されると、避難者支援としてはほとんど機能していない事例が見られる。災害防災部局という特定の専門部局は、当該自治体内における被害には対応できても、広域避難者への対応、支援という「専門外」の内容は対応できない。例えば、さまざまな避難者支援のイベントの開催案内のお知らせやチラシが災害担当部局に回っても、避難者支援と切れている場合、そこで情報が止まってしまい、当該自治体の避難者には連絡が行かないことになる。

そもそも、避難者支援の担当部署はすべての自治体に存在しないため、支援施策を統括する部局を設置するか、補完・代替する独自の対応が必要となる。筆者らが調査した自治体の事例では、たまたま初期対応にあたった部局や、「総合行政」に近い業務を担当していた部局が、試行錯誤しながら避難者対応に当たるパターンが多かった。これは行政組織の技術的一体性による対応と言ってもいいかもしれない。自治体組織全体の組織的な位置づけとしては、首長直轄の組織または情報が統合し、さまざまな部門を横断する総務部門のセクションが、避難者支援の柔軟な対応を行っている。例えば、越谷市において震災直後は、危機管理課で避難者対応を行っていたが、支援をめぐって市民団体からの突き上げもあり、その後、市長公室・広報広聴課が担当することになった。三郷市は安全推進課という危機管理部門でありながら、企画総務部の中にあったため、防災部局にとどまらない対応が可能になったと考えられる。

さらに、行政ができること、できないことを区別し、民間との協働体制を確立できたかどうかが、避難者に対する柔軟な対応の可否を決めたともいえる。避難者の受け入れに伴うさまざまな支援、サービスの提供を自治体が行う場合、通常業務で計画運用部門ではなく、対人サービス部門か、もしくはその経験者が担当している場合、被災者や支援者の声を反映しやすく、民間のボランティアとの協働も容易になり、柔軟な対応が見られた。杉戸町は二〇一一年四月以降、担当部署を秘書政策課から住民参加推進課に変更して、避難者支援を担当するようになった。越谷市は市長公室・広報広聴課が担当することで、支援者・被災者の声を聞き、市長公室に位置するために横断的な組織対応が可能となった。東松山市では、地域生活部地域づくり課（市民団体の窓口）が、社会福祉協議会などと役割分担を行うことで、行政と民間が協働して避難者支援をすることが可能になった。つまり、行政組織内で「創発型組織」が生まれるためには、日常から行政組織内部に完結しない、多様な主体との関係性の構築が重要である。市民と行政の「協働」「パートナーシップ」が謳われる中、形骸化された関係性ではなく、日常的に生きた形での行政と市民の協働が、大災害などの危機においてボトムアップの大きな力になることを、自治体の震災対応の事例は示しているといえる。

2　さいたまスーパーアリーナにおける避難所支援

2-1　はじめに

東日本大震災と福島第一原発事故の直後、全国でも最大規模の避難所となったのが、埼玉県さいたま市の多目的ホール、さいたまスーパーアリーナ[13]（以下、スーパーアリーナ）である。二〇一一年三月一六日から三一日までの一六日間にわたり避難所として開放され、町役場ごと避難した双葉町の住民を中心に、最大で約二五〇〇名がこの場所で避難生活を送った。スーパーアリーナは、同時に、支援者の多さという点でも注目を集めた避難所であった。立地の良さなどから多い日には一〇〇〇人を超えるボランティア希望者が殺到した。

スーパーアリーナの避難所支援は一六日間のみであったが、その後の民間の支援を水路づけた。スーパーアリーナで、どのような支援が行われていたのだろうか。まずは、支援組織の展開について、時系列に沿って紹介してみたい。

2-2 支援組織の展開

スーパーアリーナは多数のボランティアが訪れたことで知られたが、三月一六日に避難所を開設した時点での埼玉県の方針は、「場所の提供」と「毛布の提供」に限定しており、食事の提供やボランティアの募集には消極的だった。看護師らが初日から健康相談に回っていたものの、この時点での支援は最低限の生活空間の保障に限定されており、食料・物資等は避難者自身が用意するものと捉えられていた。[14] こうした状況に風穴を開けたのが、ボランティアたちであった。

三月一七日、派遣切りで仕事や家を失った人々への支援活動などを行っている「反貧困ネットワーク埼玉」のメンバーたちが、報道を聞きつけてスーパーアリーナを訪れ、避難者には場所と毛布以外の支援も必要であることを直感する。その日の夜の緊急会議で、同団体を中心に「震災支援ネットワーク埼玉（SSN）」が結成された。SSNは、「反貧困ネットワーク埼玉」関係者を中心に、弁護士会、司法書士会、いのちの電話、夜明けの会（多重債務被害者の会）、NPO法人「ほっとポット」といった団体の有志によって構成される。弁護士、司法書士、社会福祉士、臨床心理士といった専門家による相談業務のほか、臨床心理士会が足湯も実施した。

一八日には、SSNのメンバーや、同様に危機感を抱いていた各種団体のメンバー、埼玉県からの応援要請を受けた埼玉県社会福祉協議会[15]（以下、県社協）の職員らが、スーパーアリーナで顔を合わせることになる。話し合いの結果、県社協職員からの連絡で現地に来ていた災害ボランティアセンター運営経験者が総務となって、「ボランティア・ステーション」（以下、ボラステ）が立ち上がった（図２－３）。ボラステの本部をスーパーアリーナ入口脇のスペースに確保するとともに、役割分担を協議し、炊き出し班[16]、情報班[17]、保育班[18]、ＳＳＮを中心とする相談班、といった機能別の班ができる。また、特定の班に属さない一般のボランティアが物資の移動などの作業を担当し、そのマッチングは県社協が担当することになった。一八日の夕方には、早速、炊き出し班による炊き出しが始まっている。

ボラステでは、翌日以降も朝晩に会議を行い、日々の課題と解決について議論を重ねていった。その過程で、新たな班も加わっていく。一九日に双葉町の住民が到着したことを受け、高齢者対応が必要となると、保育班から福祉班[19]が派生した。また、二一日には、小学生から高校生までを対象に学習指導や遊び場を提供する「みんなの学校[20]」が立ち上がり、ボラステに加わっている。

他方、ボラステの立ち上げから一歩遅れて、県

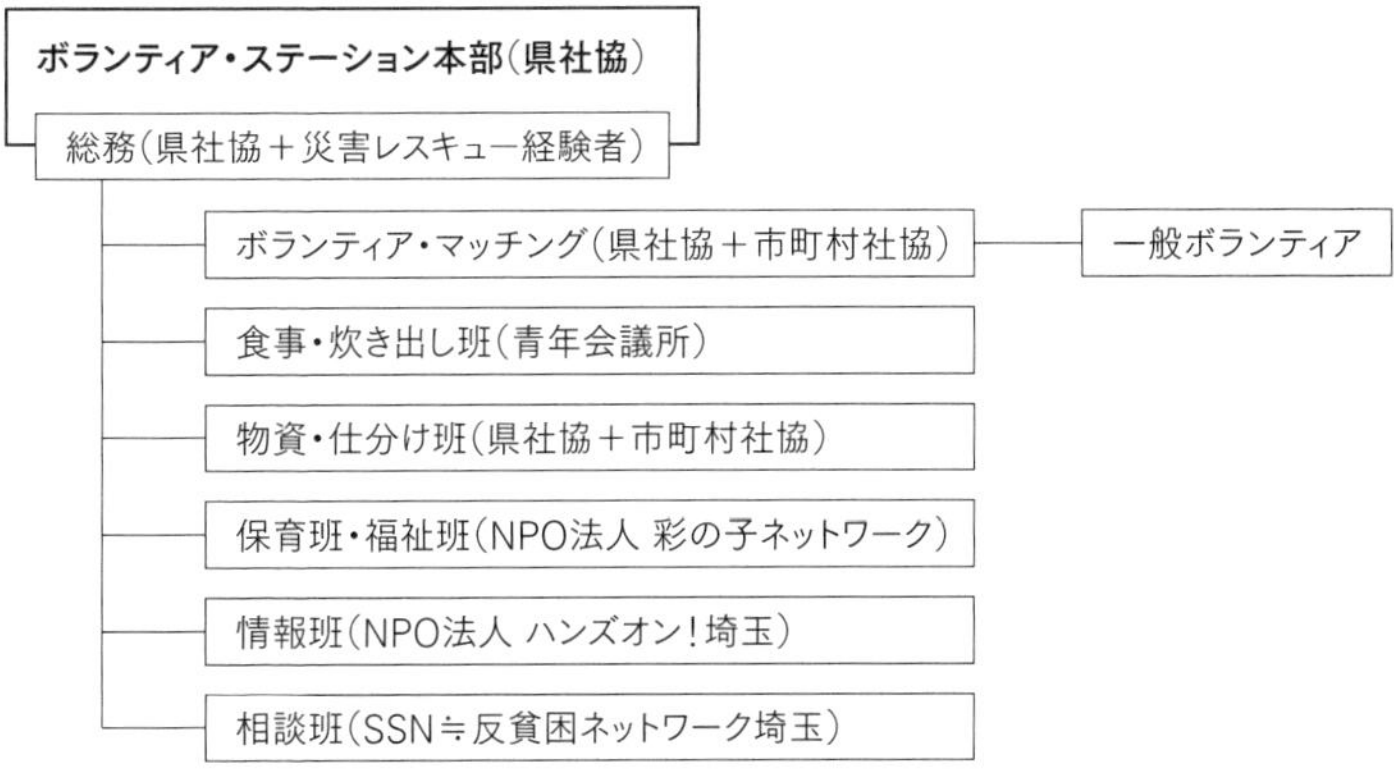

［図 2-3］ 立ち上げ時のボランティア・ステーション組織図
出所：関係者の情報に基づき筆者作成（原田 2012: 245）.

が方針を転換する。双葉町民の避難が決まったことを受け、一九日から食事の手配やボランティアの受け入れに積極的に乗り出すようになったのである。その過程で、ボラステに入っている団体とは異なる性格の支援を行う、一般社団法人情報環境コミュニケーションズが加わることになった。[21] 同団体は、通信事業者とともにパソコンと回線を用意し、「何でもお調べします」という看板を掲げて、避難者の代わりにインターネットで情報を調べた。その一環として、いわき市から来た避難者に、いわき市災害対策本部ウェブサイトの掲載情報を配ったり、双葉町役場からの依頼で双葉町からの避難者の名簿データを作成したりした。すなわち、スーパーアリーナに移転した双葉町の役場と、福島県に残ったいわき市等の役場を、インターネットを使って代替・補完する活動を行ったのである。

こうして、スーパーアリーナにおける支援体制は、開設から数日のうちに急速に拡大していった。

2-3 支援の充実度と迅速さ

前述のような経緯で展開した、スーパーアリーナにおける支援について、内容の充実度と立ち上げの迅速さという点で詳しく見ていきたい。

充実した支援の内容

まず、スーパーアリーナで行われていた支援について、支援内容と支援団体の組織関係を筆者

（原田）なりに図示したものが、図2－4である。

ここで、支援内容のA～Dは、阪神・淡路大震災の先行研究を念頭に置きながら区分したものである。山下・菅（2002）は、避難救援期に発生する社会的問題として、①諸社会システム（行政・市場・ライフライン）の機能不全に伴う諸問題、②生活情報の不足に伴う諸問題、③避難生活の長期化に伴う諸問題（ソフト面・ハード面）の三点を挙げている。ボランティアは、これら三つの問題群と密接に関わりながら存在し、ボランティアの活動そのものに関わる問題も浮上することになる（山下・菅 2002: 9–10）。スーパーアリーナでも、これら三点に対応するような支援が展開していた。

①については、着の身着のままの状態や少ない荷物で福島から避難してきた人々にとっては、生命の維持に必要な社会サービスが必要となった（A）。具体的には、すべての避難者に共通となる食料・物資・医療などのサービスをボランティアが提供しただけではなく（A1）、子どもと高齢者が多かったことで、保育・教育・介護の専門性を持ったボランティアが活躍することになった（A2）。

②に関しては、見ず知らずの遠隔地に避難してきた福島県の人々に対して、館内の生活に必要な情報だけでなく、スーパーアリーナ近隣の銭湯、コインランドリー、スーパーマーケットなどの情報をボランティアが提供することで、スーパーアリーナ内では得られない社会サービスにアクセスするための手助けとなった（B）。

③に関しては、SSNに集結した各種専門家などが、避難生活が続くことによる精神的なスト

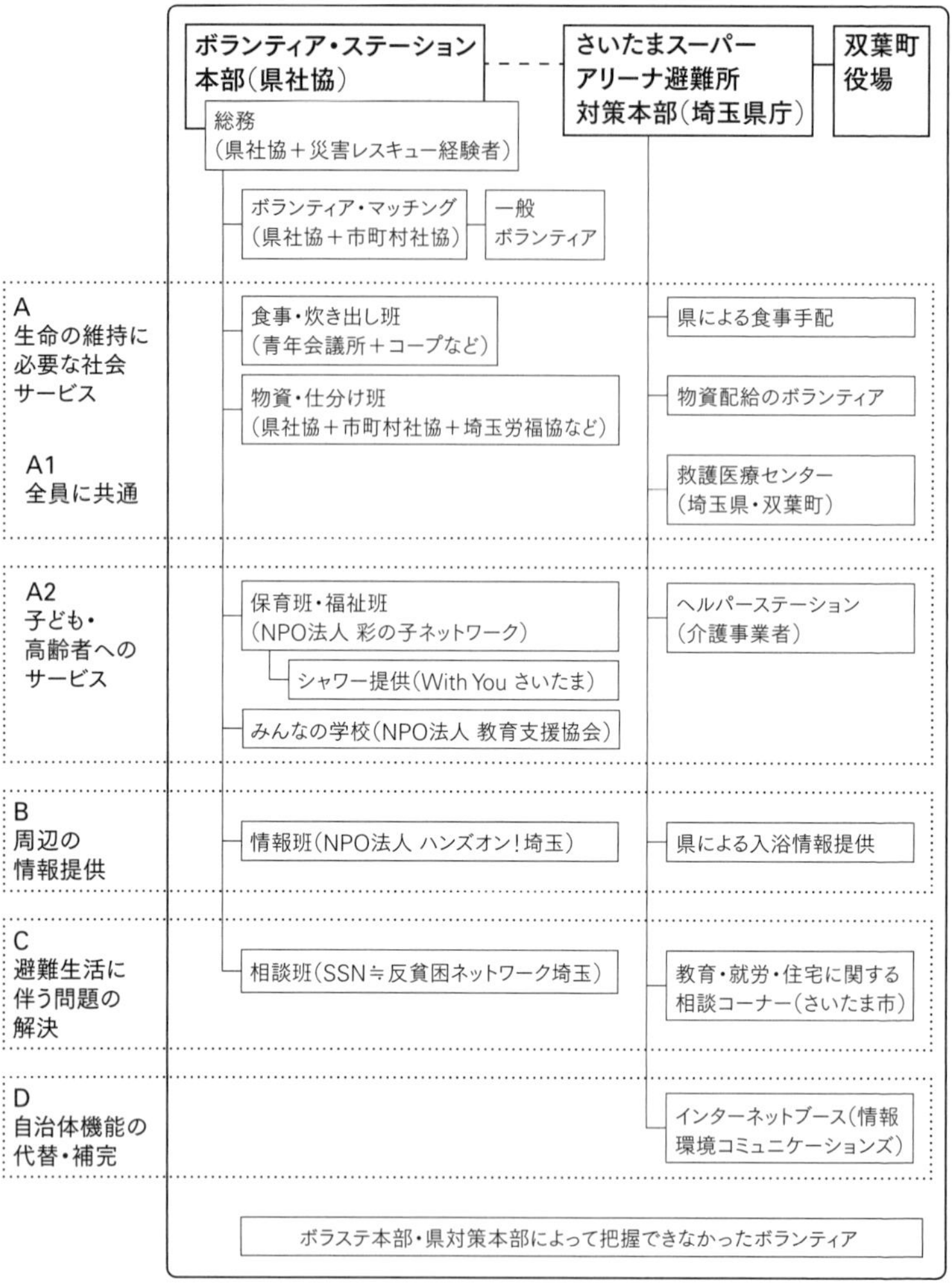

[図 2-4] さいたまスーパーアリーナにおける支援団体の組織関係と支援内容
出所:関係者の情報に基づき筆者作成(原田 2012: 248 を改変).

レスや、預金の引き出し方法、身分証明の方法、ローンの支払い、原発事故による被害の補償、性的被害、といった多岐にわたる相談に応じた（C）。

これらのA〜Cまでの支援は、阪神・淡路大震災等の避難所でも見られた支援の枠組みで説明することができるものであるが、それらが一気に網羅的に展開したのがスーパーアリーナの特徴であった。

ただし、インターネットブースを通した自治体機能の代替・補完（D）に関する支援は、阪神・淡路大震災の枠組みとはやや性格が異なる。むしろ、二〇〇〇年の三宅島噴火災害の折に重要性が指摘された、避難者の情報入手を支援する連絡員の活動に近い（田並 2011）。東日本大震災・福島第一原発事故では、人々が広範囲かつ長期的に避難しており、元の自治体が散り散りになった住民とどのように連絡を取るのかが大きな課題となった。インターネットという手段を活用した支援の取り組みは、スーパーアリーナの支援を考えるという点にとどまらず重要な意味を持っていたと言えよう。

支援の展開の迅速さ

スーパーアリーナでは、以上のような幅広い支援が、避難所開設からわずか数日で急速に展開したという点にも特徴があった。同じ頃に東京武道館や味の素スタジアムなどの都内の避難所ではボランティア受け入れまでに時間がかかったことと比べると（沢見 2011）、対照的であった。なぜ、埼玉県で、ボランティアたちは迅速に力を発揮できたのだろうか。

その背景として、埼玉県が当初、ボランティアを積極的に受け入れないが拒絶もしないという態度を取っていたことが挙げられる。こうしてボランティアが参入する機会が開かれている間に、ボラステが一日で立ち上がったことが、その後の支援が拡大する重要な契機となった。その際に、各団体が震災前から持っていた物的資源や技術を最大限に動員したことが、効果的に働いていた。

例えば、炊き出し班のリーダーを務めた埼玉中央青年会議所のOBは、炊き出しを開始した日について次のように語っている。

新聞で、県の方針として食事は出さないというのを読んで、おかしいと思って見に行ったら、やっぱり「炊き出しは考えていない」という答えだった。午後からボランティアの人たちのミーティングがあると聞いて、現役のJC(青年会議所)の人を連れて参加したんだけど、実はその前に、JCに根回しを進めておいたんですよ。JCは飲食に携わっている人が多いので、「場所は自分が確保するので、食材は確保してくれ」と頼んだら、すぐに二五〇〇食を確保してもらえた。(22)

このように、JCの関係する飲食業界が持っている食材という資源が、即座に炊き出し班に投じられていたことがわかる。

また、相談班として多様な支援を行ったSSNでは、反貧困ネットワーク埼玉が震災前から行っていた仕事や家を失った人々への支援活動や、そこで培われた弁護士・臨床心理士などとの人脈が、避難者支援にも応用されていたことがわかる。加えて、反貧困ネットワーク埼玉は、前年の一二月にスーパーアリーナ周辺で「反貧困・年末大相談会」を開催したという経験も持っていた。反貧困ネットワーク埼玉のメンバーはこう語っている。

もともと反貧困は、全部を失った人を救済する活動なんですよ。災害でも、倒産でも、借金でも、やることは同じ。SSNを立ち上げた時に、「できる」という確信があった。(23)

あるいは、保育班・福祉班の中心を担った、子育て支援団体の「彩《さい》の子ネットワーク」は、ボラステ立ち上げの二日後に、それまでは未経験だった介護の活動にも携わることになった。保育班から派生して福祉班を立ち上げた時のことを、同団体の代表は次のように語っている。

怖かったですよ、それは。だけど、人の動き方がわかるというのと、「人をケアする」という意味では同じだと思ったので。介護職の人たちに教えてもらいながら、普段やっていることが活きましたね。(24)

つまり、子育て支援活動で培ってきた技術を応用し、スーパーアリーナに集まった介護経験者のボランティアたちの力を借りることで、スムーズに福祉班の活動を展開することが可能になったのである。このことは、ハンズオン！埼玉の日頃のまちづくり活動を応用しつつ、そこに集った学生ボランティアが力を発揮した、情報班にも言えることであった。

ただし、これらの班が別々に活動していたのなら、ボランティア・ステーションとして有機的に機能しなかっただろう。その際に、ボラステのコーディネーター役、および各団体と県社協の橋渡し役を担ったのが、災害ボランティアセンターの運営経験者であった。ここで注目できるのは、同氏のような存在は、決して偶然に登場したわけではないということである。同氏は、新潟中越地震などの支援活動に携わったのち、埼玉県内の防災イベントにたびたび呼ばれていた。今回の震災前から県社協職員やハンズオン！埼玉のメンバーとも面識を得ていたことが、緊急事態に対応するための潜在的なネットワークとなり、ボラステを組織する上で活かされたと言える。同じ時期に新潟県の長岡市、小千谷《おぢや》市、三条市、柏崎市などでは、中越地震・中越沖地震の経験が避難者受け入れに活かされたことが指摘されているが（松井 2011）、長らく災害のなかった埼玉県でも、経験者をつなぎ目としながら震災前からの各種団体の活動が相乗効果を果たして、スーパーアリーナの支援が可能になったのである。

付け加えるならば、ボランティア・ステーションに集まった、社協（社会福祉協議会）、ＪＣ（青年会議所）、反貧困運動、各種ＮＰＯといった団体は、普段は活動内容や組織の性格を異にするものである。これらの諸団体が、震災を契機に連携したということは、今後の埼玉県の地域社会のありようを考える上でも重要な意味を持つだろう。

2-4 浮かび上がった課題

ここまでは、スーパーアリーナにおける支援について、充実さと迅速さという側面を挙げてきた。だが、そこで浮かび上がった課題も指摘しておかなければならない。

スーパーアリーナの課題を一言でまとめると、「支援の過剰さ」であった。連日のように、ボランティア希望や物資提供の問い合わせが殺到し、県庁や県社協の職員たちは電話対応で疲弊し、各団体の支援活動にも支障をきたしていた。[25]また、ボラステ本部や対策本部によって把握できなかったボランティアの一部が列をなして避難所を練り歩き、避難者の生活の場を侵害する事態がしばしば生じていた。そのため、スーパーアリーナ入口に、ボランティアの自粛を呼びかける貼り紙を出さなければならないほどであった。筆者も、「『どうですか？』や『がんばってください』という言葉はもう聞きたくない」、「自分たちはボランティアにボランティアしている」という声を耳にした。

なぜ、このような過剰な支援が生じてしまったのか。その要因として、支援者間の連携の不備と、避難者―支援者関係の不均衡という二点を挙げることができる。

まず、スーパーアリーナでは、ボラステによる支援と埼玉県による支援が別々に展開し、最後までその二重体制が解消されることはなかった。ボラステの班長会議に県の担当者は不参加であり、逆にボラステ所属の各団体が対策本部の会議に参加を希望しても許可が下りることはなかった。加えて、県の担当者や、対策本部とボラステのつなぎ役である社協の担当者が毎日のように交代し、課題や情報が必ずしも共有できていなかった。その結果、食料や物資が重複し、情報が錯綜し、ボランティアたちの統制を十分に取ることができなかったのである。

この背景として、狭義の被災地ではない埼玉県では、行政が「通常業務の延長」としてスーパーアリーナの避難所に対応せざるをえなかったという事情がうかがえる。とくに県は、防災関係の部局等ではなく、スーパーアリーナを管理する都市整備課と、福祉課が手探りの対応を行っていた。だが、県が緊急対応をできないのであれば、ボラステが立ち上がった時点や、ボラステが炊き出しを開始した時点で、ボラステが行っている支援はボラステに一任することもできたのではないか。そこには、行政とNPO等との関係性をめぐる問題が露呈してしまったとも言える。近年、行政とNPOとの協働・パートナーシップが盛んに称揚されるが、多くの場合にはNPOが公共的な意思決定の場に参加することが想定されていないことが指摘されている（原田ほか2010: 47）。スーパーアリーナにおいても、ボラステの活動は黙認こそされていたものの、ボラステの所属団体が最終的な意思決定の場に参加することは想定されていなかった。そのことが、支援の二重体制を解消できなかった根源的な問題だったと考えられる。

次に、スーパーアリーナでは、恵まれすぎたタイミングと立地のもと、支援者たちの「善意」が過剰になってしまったことを指摘できる。三月一一日の震災直後は、ちょうど学生たちの春休み期間であった。同時に、被災地の変わり果てた姿や原発事故の状況が刻々と報道されながら、「危険だから素人は被災地に行くな」という警告も発せられていた時期でもあった。その最中に、都心からもアクセスの良い大型施設に避難してきた人々の姿は、首都圏の人々の「善意」を喚起するのに格好の対象だったのだろう。だが、支援者は日帰りで避難者に声をかければ満足かもしれないが、避難者たちはこの場所で生活を送っており、そこには明らかに不均衡な関係性があった。

以上のような意義と課題をあわせ持ったスーパーアリーナの支援活動は、三月三一日の避難所閉鎖をもって終了した。県社協のボランティア・ステーションも埼玉県の対策本部も解散となり、埼玉県の避難者支援は本部機能をしばらく失うことになる。その後、スーパーアリーナに関わった各種団体によって支援活動が継続され、ローカルガバナンスが再構築されていく。

3 小括──緊急期における埼玉県の避難者支援のローカルガバナンス

本章では、東日本大震災と福島第一原発事故が発生した直後における、埼玉県内の自治体と民間団体の支援の状況について述べてきた。最後に、緊急期（二〇一一年三月）における埼玉県の避難者支援のローカルガバナンスの状況を整理したい。

東日本大震災と福島第一原発事故が発生した四日後の二〇一一年三月一五日に、福島県から各都道府県に避難者の受け入れ要請がなされ、埼玉県も県内市町村に受け入れ要請を行った。各市町村では独自の支援が行われ、二〇一一年四月以降もさまざまな公的支援が続くことになる。

一方で、双葉町の住民の受け入れを行うことになったさいたまスーパーアリーナでは、埼玉県内の各種団体が震災以前から培っていた資源・人脈・技術を動員し、支援活動を行うことになった。しかし、スーパーアリーナで活動した支援団体やＮＰＯは埼玉県庁との連携が不足し、この

「支援の連携不足の体制」が、それ以降の埼玉県における避難者支援のガバナンスを規定していたといってよい。この背景には、埼玉県がスーパーアリーナに避難した双葉町民への対応（旧騎西高校への受け入れ）を、「通常業務の延長」として対処せざるをえなかったことがあると考えられる。また、三月一一日直後に避難者支援局を設置した新潟県（松井 2017）とは対照的に、埼玉県庁は避難者支援の部署を置かなかったことも、埼玉県と民間支援団体との連携不足や、避難者支援策の市町村間の格差といった問題が生じた理由であるといえる。このように、さいたまスーパーアリーナにおける支援においては、埼玉県が避難者支援に関わる公的な意思決定の場にNPO等が参加することを想定せず、行政と民間の支援の二重体制を解消できなかったといえる。

さらに、新潟県と埼玉県の対応に差があった背景には、中越地震などを経験している新潟県と、近年、比較的大きな災害を経験していない埼玉県という災害経験の差があるといえる。埼玉県は、近年では大規模な被災経験も避難者の受け入れ経験もない中で、避難者支援に応対せざるをえなかった。埼玉県の自治体は、自らの自治体の住民が避難することは想定していても、避難者を受け入れることは想定外であったからである。だが、その中で、組織規模のレベルは異なるものの、埼玉県内の市町村における避難者支援の行政対応において、首長直轄の部署や「総合行政」が可能な部署の対応がスムーズであったことは、注目に値する。しかしながら、避難当事者からすると、たまたま避難した地域によって、支援内容に差がついてしまうことになった。総じて、緊急期における広域避難者支援の形が、その後の支援のガバナンスを規定し、支援の難しさの構造的な背景となったといえるだろう。

第3章

避難生活の開始期（2011年4月～2012年3月）

——広域避難者への公的支援と民間支援②

越谷市の避難者グループ「一歩会」の交流会（2012年7月）
撮影：原田

本章では、原発事故によって福島県外に避難した避難者（県外避難者）に対して実施された公的支援（第1節）と民間支援（第2・3節）のそれぞれについて、主に二〇一一年四月以降の一年間における展開について整理していく。最後に避難生活の開始期における埼玉県の広域避難者支援のローカルガバナンスの状況を確認する（第4節）。

1 自治体による避難者の生活支援

1-1 避難者に対する生活支援の始まり

第2章において、集団避難に対して行われた二つの自治体による「対口支援」と、個別に避難してきた人に対する、いくつかの自治体における独自の避難所、住宅支援について紹介した。本章では、避難生活の開始を余儀なくされた避難者に対して、自治体が行った生活支援の実態を紹介する。埼玉県への避難者は、双葉町民がさいたまスーパーアリーナから旧騎西高校に集団移住した事例以外は、避難所を出る必要が生まれた。阪神・淡路大震災時において避難所の設置が長期化したことにより、公的施設等が長らく使えなかった経験から、東日本大震災では、避難所の設置期間を縮小する傾向にあったためである。

さて、地方自治体の立場からすると、避難所を閉鎖した後の住宅提供や生活支援をどのように行うべきかが、大きな課題となる。埼玉県では二〇一一年八月から借上げ住宅制度が開始された。また、生活支援については、国による避難者情報システムへの登録と医療費や教育費等の減免措置、日本赤十字社による家電六点セットの提供などが始まった。各自治体は、これらの支援や災害救助法に基づく制度に則って、住宅提供や生活支援を進めていくことになった。ただし、それ以外の支援については、それぞれの自治体や支援団体によって有無や多寡が生まれた。

表3−1は、二〇一四年一

［表 3-1］埼玉県内の市町村における避難者支援

自治体による支援の内容	該当自治体
水道料金の減免	三郷市，草加市，川口市，蕨市，戸田市，和光市，朝霞市，越谷市，松伏町，春日部市，さいたま市，富士見市，ふじみ野市，川越市，狭山市，入間市，上尾市，伊奈町，蓮田市，久喜市，北本市，鴻巣市，熊谷市，東松山市，坂戸市，鶴ヶ島市，嵐山町，小川町，寄居町
戸別訪問・電話連絡	越谷市，草加市，三郷市，狭山市，戸田市，新座市，富士見市，ふじみ野市，坂戸市，鴻巣市，日高市，加須市，小川町
義捐金・支援金や生活用品の配布	さいたま市，川越市，越谷市，草加市，狭山市，新座市，富士見市，鴻巣市，春日部市，小川町，吉見町
循環バスの無料券・割引券の配布	川口市，川越市，上尾市，富士見市，東松山市，坂戸市，熊谷市，桶川市
幼稚園・保育園の補助	さいたま市，川越市，草加市，吉川市，朝霞市，行田市，志木市
交流会の実施	草加市，三郷市，狭山市，富士見市，ふじみ野市，鴻巣市
健康診断・予防接種の補助	さいたま市，吉川市，朝霞市，富士見市，蓮田市，桶川市
商品券・お米券・市民プール無料券・公衆浴場無料券などの配布	川口市，上尾市，富士見市，鶴ヶ島市

注：水道料金の減免は2014年2月現在．その他の項目は2014年1月時点で把握できたものに限る．
出所：筆者作成．

月から二月にかけて、筆者らが関与している『福玉便り』編集部として実施した埼玉県内の自治体に対する調査と聞き取り調査の知見から、自治体による避難者支援の実態を整理した結果である。以下、自治体による避難者支援の具体的な実践について整理していこう。

1-2　上下水道料金の減免、広報誌の配布、義捐金の配布

避難者に対する公的な支援の代表格は、避難先自治体における上下水道料金の減免である。東京都では、一律に水道料金の減免を実施していた時期があったが、埼玉県の自治体では対応が分かれた。避難者に対してどのような生活支援を実施するのかという点は、基本的には各自治体の判断に委ねられているためである。表3-1の内容は、二〇一四年二月時点で避難者に対して水道料金の減免を行っているかどうかを調査した結果である。[1]埼玉県内で避難者を受け入れている五八自治体のうち、二九自治体が水道料金の減免を行っている（第4章第1節も参照）。

一方で、埼玉県内の自治体が実施した生活支援の中で、最も多かった支援内容が「広報の配布」であり、情報誌やイベント案内の配布を実施している自治体も含めると、三九自治体が何らかの情報を避難者に発送していた。なお、『福玉便り』の発送についても、各自治体の避難者向けの郵送物に同封していただける場合もあれば、郵送料（切手代）を負担すれば発送してもよいという対応をされることもあった。

さらに、義捐金については、狭山市、熊谷《くまがや》市、杉戸町で自治体独自の動きが見られた。福島県富岡町への「対口支援」を行った杉戸町については第2章で述べたとおりであるが、狭山市では

集まった寄付金一三〇〇万円を、見舞金や出産祝い金、年越し支援金、小中学生への教育支援という独自の義捐金とした。

さらに、熊谷市においては、官民連携による「東日本大震災オール熊谷自立支援ネットワーク」を設立した。熊谷市から三名の職員を出向させ、事務局を運営、同ネットワークに集められた義捐金をもとに、熊谷市居住の被災者に住宅の提供や職業の斡旋を行っている。二〇一二年一二月時点で、約四八七〇万円の募金があり、居住支援に約一八〇〇万円、生活支援に約一九〇〇万円の支給を行った。

1-3 家電製品の提供

避難者が避難所から借上げ住宅に移動するにあたって必要となる生活用品の提供については、多くの自治体で市民のボランティアに支えられたが、自治体独自の施策も行われた。日本赤十字社が配布した家電六点セットにはエアコンが含まれていなかったため、独自にエアコンの提供が行われた。また、家電製品の配布の対象外となっていた親戚宅等への自主避難者に対して、生活に必要不可欠な家電の供給などが行われた。

ただし、自治体が直接、個人の資産形成に資することはできない。家電製品の提供については、柔軟な対応が求められる。例えば越谷市では、越谷市社会福祉協議会が管理している基金を利用した。狭山市では市民からの寄付の一部をエアコン設置に用い、しかも通常は一家に一台であるエアコンの支給を複数台可能とした。ふじみ野市は埼玉県が宅建協会などに依頼をし、クーラーを付帯設備にした不動産を借上げ住宅にし、市内にある国家公務員宿舎一七戸については、国への対応を待つと時間がかかるため、ふじみ野市がエアコンを一台設置した。さらに、ふじみ野市は、避難先で学校に入学した子どもたちに対して、学用品は社会福祉協議会が提供し、ランドセル、体操着、制服などはPTAと学校（教育委員会）が、卒業生が使っていたものをきれいにして集めて、被災者に渡した。(2)

1-4 戸別訪問・見守り事業①――越谷市の事例

避難者が避難所から借上げ住宅などに住まいを移す際に課題となった点は、避難者の安否確認である。避難生活の長期化が予想される中で、避難者同士や避難先の地域住民との交流、ネットワークが避難者の精神的な支えとして必要なためである。「対口支援」を行った杉戸町・三郷市や、ふじみ野市では、職員や臨時職員が避難者の戸別訪問を実施した。もっとも、行政が実施する月一度程度の在籍確認では、個別の安否確認はできても、避難者同士や地域住民との関係性が構築できない。避難者の中には、他者との交流を拒む人もいたが、本当に交流が不必要なのか、それとも結果的に孤立してしまっているのか、あるいは東北人らしい自己主張を控える性格が交流を拒む結果になっているのではないかなど、避難者の状況の把握は、外側から眺める程度では難しい。行政が避難者に対してどの範囲まで関わるべきなのか、その範域をめぐって、多くの自治体は悩むことになる。

埼玉県内の自治体における避難者の見守り事業の中で、特筆するべき事例としては、まず越谷市の事例が挙げられる。越谷市では、避難者の見守りを避難者自身が行うという事業を市の判断で実施した。

越谷市では、避難所が開設された当初から、食事の提供や、避難者の移転先の市営住宅に家電やカーテンなど付帯設備がないことを受けて生活物資の提供を行ってきた越谷市のボランティアと、避難所で知り合った避難者が「一歩会」という団体を二〇一一年三月に誕生させた。この団体は、避難者同士の親睦や支援団体からの物資を会員（避難者）に配布するだけではなく、市役所へ要望書を提出するなど、多岐にわたる活動を展開する目的で発足した。この一歩会からの避難者の雇用に関する要望や「仕事がない」という避難者アンケート結果を受けて、越谷市が始めたのが、避難者の見守りを避難者自身が行うという事業である。二〇一一年一〇月から避難者四名を臨時職員として採用し、同じ境遇の避難者の生活上の不安、ニーズ、住居の様子、雇用状況、健康状態などを聞いて回った。同事業は二〇一二年度も継続され、二〇一三年度も、規模を縮小しつつ避難者一名が臨時職員として採用されることが決まった。ただし、国の補助事業で行われているため、補助が廃止となった場合は、他の既存相談業務と一体的に実施することになった。

この越谷市と同じ試みとして、新潟県柏崎市においても、避難者数名を中心とした「見守り支援事業」が実施されていることが報告されている（松井 2011）。避難者にとっては同郷の人が聞き手になっているため安心感がある一方で、同郷の支援員自身の心のケアが必要になる。避難者が避難者を支えるという試みは、避難者の避難先における自立にもつながる第一歩としても評価されるだろう。なお、避難者による避難者の見守りは、埼玉県労働者福祉協議会（埼玉労福協）

が浪江町、富岡町、福島県から受託して実施されている復興支援員事業でも見られる。この支援事業については、第4章で議論する。

1-5 戸別訪問・見守り事業②——加須市の事例

加須市においても、福島県双葉町民に対する行政による見守り事業が実施されているが、これは加須市が双葉町民を集団で受け入れたという経緯が関連している。まず、加須市における双葉町民の受け入れの経緯の概略を述べておきたい[3]。

福島県双葉町の町民約六九〇〇人のうち、約二二〇〇人が福島県川俣町の六カ所の避難所に緊急避難していたが、三月一九日に双葉町長からの申し入れによって、約一八〇〇人の双葉町民が「さいたまスーパーアリーナ」に避難することになった[4]。スーパーアリーナを一時避難施設として使用する期限が三月三一日であったため、埼玉県知事は双葉町長の意向を踏まえ、「双葉町民がまとまって地域社会のコミュニティを維持しながら避難生活を送ることができる場所」として、旧埼玉県立騎西高校を活用することにし、三月二〇日に加須市長に対して協力要請を行った。加須市側はこの要請を受け、避難者の受け入れ準備を開始し、三月三〇日から三一日にかけて、合計約一二〇〇人の双葉町民が旧騎西高校に移動した。

加須市は双葉町民を受け入れるにあたり、「加須市双葉町支援対策本部」を設置し(三月二一日)、「福島県双葉町に対する支援の基本方針」を作成している。その内容は**表3-2**のとおりであるが、この4に当たる項目が重要である。つまり、加須市長のイニシアティブのもと、加須市全職員は「県外避難者への支援業務は、加須市民へのサービス以上でも以下でもなく、通常業務の一部として対応する業務である」、「避難者が最後の一人になっても、加須市として支援する」という点が共通認識になっており、これが現在までの加須市の避難者支援の方針を基礎づけているといえる。

そして、加須市による旧騎西高校に避難した双葉町民への支援の具体的な内容は、ボランティア・支援物資の受け付け、入浴送迎などの支援、就労支援、加須市内への保育所入所の支援と子育てサロンの開設、介護保険制度利用のための介護認定審査の支援、加須医師会・加須歯科医師会・埼玉県薬剤師会加須支部による医療支援体制の確立、幼稚園・小中学校への就学支援、ペットへの支援である（二〇一一年四月中旬までに実施）。これらは加須市の支援対策本部[5]が中心となり、数多くのボランティア（約一〇〇〇人）の協力があり、支援が行われた。

また、四月中旬以降は、双葉町の役場機能が回復し、避難所の生活環境の整備も進んだこともあり、ボランティアによる対応から双葉町役場と町民自身の対応へと代わってきた。

［表 3-2］加須市「福島県双葉町に対する支援の基本方針」（2011年3月21日策定）

1. 支援の内容については，双葉町および埼玉県と協議する
2. 市と市民全体の協力のもと，取り組む
3. 市内に突如，新たな町が生まれた状況を想定し対応を考える
4. この度の支援業務は，市において最も重要である通常業務の一部とする
5. 支援業務をより有益的，即応的に行うために市の体制として加須市災害対策本部とは別に，加須市双葉町支援対策本部を設置する
6. 市民の協力は，家族・地域の絆推進運動推進本部を活用する

加須市の支援内容も、畳の敷き詰めや施設の清掃などの避難のための支援から、風呂・エアコンなどの住環境整備、医療や介護の支援、就労支援等の暮らしの支援に移行していった（二〇一一年九月まで）。なお、加須市は、市民と同等のサービスを行うという観点から、避難者への上下水道料金の減免を行っていない。

二〇一一年一〇月以降は、右記のような暮らしの支援のほか、双葉町役場の行政機能の補完的な支援や、選挙事務の支援を加須市は行った。二〇一三年三月三一日付けで、加須市双葉町支援対策本部から加須市双葉町支援会議に移行し、同年四月からは双葉町民に対して借上げ住宅や市営住宅の紹介を行った。[6] そして、二〇一三年一二月に避難所（旧騎西高校）から最後の避難住民が退去している。

その後、二〇一四年二月に加須市双葉町支援会議から加須市被災者支援会議に名称を変更し、年二回の会議と年二回の戸別訪問を行うことになった。加須市被災者支援会議は、加須市役所各部の部長級が集まる会議であり、総合的に避難者の対応を行う会議である。

加須市では、避難住民に係る特例事務（要介護認定、介護予防、保育所入所、児童扶養手当、予防接種、児童生徒の就学などの事務）を継続しているほか、加須市独自の支援策として、地域医療ネットワークシステム「とねっと」参加、デマンド型乗り合いタクシーの登録、体育館・図書館等の施設の利用、毎月の情報提供、各種相談業務がある（戸別訪問もこの加須市独自の支援に位置づけられる）。これらの支援策は加須市総務部総務課が担当し、県外避難者の支援統括を担っている。

さて、戸別訪問は、二〇一一年六月、七月に実施された後、二〇一三年に三回、二〇一四年からは年二回（五月と一二月）実施されている。戸別訪問の目的は、避難者が加須市内で生活する上で困っている事柄の内容を具体的に聞き取り、加須市としてできうる支援につなげることと、加須市の各種事業への参加や地域の自治会等への情報提供、自治会への加入の推進を図るためである。戸別訪問は二人一組で実施し、一回の訪問で九〇名の職員が動員される。この戸別訪問には、福島県の復興支援員（第4章第3節参照）や双葉町役場の職員も参加することもある。

二〇一七年五月現在、加須市に避難している双葉町民は一八七世帯五三三人であるが、定期的な訪問の中で、「避難者として扱ってほしくないから訪問もいらない」という双葉町民もいる一方で、加須市に対して細かい要望を伝える町民もいるという。(7) 二〇一七年五月の段階で自治会に加入した避難者は七割近くになっており、持ち家率も五六・一%となっている。(8)

このように、加須市の戸別訪問事業は非常にきめ細かい内容であり、かつ継続的に実施されていることが特徴である。第2章で特定の自治体同士による支援活動である「対口支援」について指摘したが、加須市は双葉町に対して二〇一一年四月以降に「対口支援」的な支援活動を行い、それが現在も継続している状態であるといえるだろう。

加須市の避難者の八割が双葉町出身であるが、三世代同居が進行し、また双葉町出身ではない福島県の避難者が加須市に移り住んでいるケースもあるという。(9) 二〇一八年五月の段階で、加須市には双葉町一四七世帯（四二六人、同居の川内村出身者を含む）、浪江町一〇世帯（二三人）、南相馬市六世帯（一八人）、富岡町五世帯（一〇人）、楢葉町四世帯（一一人）、大熊町三世帯（一八人）、飯舘村二世帯（五人）が避難していることからも、(10) 加須市は県外避難者が集住している地域であることがうかがえる。

「対口支援」の問題点は、当該自治体の避難者のみへの支援になってしまうことにあるが、加須市が実施している戸別訪問は、双葉町民以外の避難者も対象としていることも特徴であろう。

1-6 交流会の開催支援

阪神・淡路大震災の被災者、とくに高齢者が震災後から孤立したことの反省から、避難者の生活支援に加えて、避難者同士の交流の場が重要視された。東日本大震災においては、さまざまな場所で避難者の交流会が開催された。

この交流会の開催を側面的に支援する自治体がある。例えば、ふじみ野市や東松山市では、ボランティアの支援団体とともに行政がさまざまなイベントの支援を行った。ふじみ野市では、二〇一一年五月に市役所の呼びかけのもとで市民活動支援センターと市社協（ふじみ野市社会福祉協議会）が企画を行い、避難者交流会「おあがんなんしょ」が開催された。市内の雇用促進住宅などで避難者を受け入れてきた東松山市では、二〇一一年夏から自治体による数回の交流会が開かれた。(11) なお、これらの避難者向けのイベントに対する自治体の関与は、徐々に薄まっていき、ボランティアの支援団体が中心となって運営されていくようになる。そして、団体ごとに時期は異なるものの、イベント自体も徐々に、支援ボランティア中心ではなく避難者自身もイベントの運営に関わるような、自立支援型のイベントに変わりつつある。こうした交流の場は、行政の働きかけがあって初めて生まれたものであり、交流の場やイベントを後押しした自治体の役割は大きいといえる。

1-7 就労斡旋

最後に、避難者の就労斡旋については、震災当初は、避難者に対してさまざまな支援があり、その中には地元企業への仕事の紹介もあった。避難者を受け入れた自治体は、ハローワークにおける避難者向けの仕事の斡旋や、自治体の臨時職員の公募などを行い、先に述べた越谷市の見守り事業のように、避難先の自治体が避難者を雇用する事例も見られる。しかしながら、全般的には、震災から一年前後の時点においては、多くの避難者は生活の先行きが見えない状態で、かつ地元（福島）に定期的に行き来する必要がある中で、避難先で落ち着いて就労することができた人は少なかったと思われる。さらに自営業者だった避難者は、地元における自営業の継続をどうするか、財産等も含めた問題を考えながら、同時に避難先で自営業を再開させることを強いられた。また、同様の業種、業態が避難先にあったとしても、それまで行ってきた仕事のペースと異なるため、避難前と同じように就労できるわけではない。

自治体による避難者への就労支援は行われていたが、それほど大きな成果をあげていないと考えられる背景には、避難者が通常の仕事の斡旋を受ける状況ではなかったことがあるためであろう。

2 避難者グループの結成過程とその活動

2－1 旧騎西高校における支援活動

前章で述べたように、さいたまスーパーアリーナでは二〇一一年三月に網羅的な支援活動が展開されたが、その避難所機能が閉鎖されると、県社協（埼玉県社会福祉協議会）のボランティア・ステーションにも埼玉県の対策本部にも、その後の支援の本部機能は引き継がれなかった。そのため、スーパーアリーナに関わっていた各種団体は、四月以降も支援を継続すべきか、継続する場合はどの場所でどのような支援を実施するか、個々の判断を迫られることになった。その焦点の一つとなったのが、スーパーアリーナから双葉町民が町役場ごと移った、加須市の旧埼玉県立騎西高校である。

旧騎西高校では、双葉町役場が四月一日から業務を開始し、二〇一三年六月に双葉町役場いわき事務所に移転するまでの二年三カ月間、役場機能が置かれることになる。また、町民は二〇一三年一二月に全員が退所するまでの二年九カ月間、最大で約一四〇〇人が、高校の教室・体育館などで生活し、東日本大震災後の「最後の避難所」として全国的に知られることとなる[12]。本章第1節で取り上げたように、双葉町民への生活支援にはまず双葉町役場・双葉町社協（双葉町社会福祉協議会）が対応し、その後方支援を行ったのが加須市役所の「双葉町支援対策本部」であった。

こうした状況を受けて、スーパーアリーナでの支援活動に参加した団体は「さいたまスーパーアリーナ班長ふりかえりの会」[13]で再結集することになる。この会議は四月二二日から七月一日にかけて七回開催され、スーパーアリーナの避難所運営の問題点を洗い出すとともに、スーパーアリーナ後の必要な支援について情報交換や議論を行った。そこで大きな論点となったのが、「福玉ネット」（仮）を立ち上げて、旧騎西高校内におけるボランティア・ステーションの開設や、住民の食生活・住環境の改善に取り組むこと、である。これらの議論は、さまざまな関係機関との調整の問題から、「福玉ネット」（仮）としての実現には至らなかったが、代わりに各団体が双葉町役場との関係を構築しながら、旧騎西高校での支援を展開していく。

スーパーアリーナで「相談班」を担当していたSSN（震災支援ネットワーク埼玉）では、旧騎西高校の廊下に週三回の「なんでも相談」のブースを設置し、弁護士会、司法書士会、臨床心理士会から派遣された専門家が心と法律・生活などの相談対応に当たった。これとは別にSSNの女性相談班は、ハンドマッサージとあわせた女性相談会も実施する。また、スーパーアリーナで「福祉班」を担当していた彩の子ネットワークでは、旧騎西高校の傾聴ボランティア活動を実施する。これらの二団体は、双葉町役場、双葉町社協、加須市役所の開く「騎西高校ボランティアスタッフ会議」にも出席して、役場との連携を強化していった。

スーパーアリーナで「インターネットブース」を担当していた情報環境コミュニケーションズは、双葉町役場からの要望を受けて、日本エイサー社から寄付されたパソコン八〇台を町役場用に四〇台、住民用の四〇台を旧騎西高校内に設置するとともに、旧騎西高校やホテルリステル猪苗代での避難者情報データベースの作成に協力した。

スーパーアリーナで「炊き出し班」に協力したさいたまコープは、旧騎西高校内で住民たちが弁当での食事が続いていることを受けて、二〇一一年四月から生徒ホールで味噌汁の炊き出しを開始した。この活動にはさいたまコープの職員・組合員だけでなくパルシステム埼玉やＪＡグループさいたまなども加わり、毎週木曜に継続的に実施されていく。また、旧騎西高校内での子どものケアとして、体育館での「おやこのひろば」も開催するようになった(14)。

そのほか、スーパーアリーナで「物資班」に協力した埼玉労福協は、関連企業から提供された物資を集約し、双葉町役場と調整しながら旧騎西高校に届けていった。

こうした活動は、スーパーアリーナでの経験が応用されたものであり、旧騎西高校の避難者数が減少するのにあわせて徐々に縮小しながらも継続されていく。また、埼玉県内の他の避難所や借上げ住宅の避難者支援にも波及して、その後の広域避難者支援の前提となっていく。これらと関わりながら、埼玉県内各地で避難者の当事者団体や交流会が立ち上がっていった。次項以降でその経緯を詳しく見ていきたい。

2－2 避難者グループの概要

第2章第1節と本章第1節で述べたように、震災直後の避難者受け入れは、さいたまスーパーアリーナ、旧騎西高校や各地の体育館などの緊急避難所でなされたが、その後は各地の公営住宅等に移る避難者も増えていく。そして二〇一一年八月には借上げ住宅の制度が埼玉県でも正式に導入され、民間賃貸住宅などが避難者の受け皿として広がっていく。これによって避難者の生活が改善された一方で、分散した避難者の孤立の危険が大きな課題となっていった。こうした状況のもとで新たに支援の担い手となっていったのが、避難者や行政・ボランティアによって立ち上げられた当事者団体や交流会である。ここではこうした団体・交流会を広く「避難者グループ」と位置づけて、その結成過程と活動内容を詳しく見ていきたい。

筆者らが確認した限り、埼玉県内で二〇一一年三月から二〇一二年三月の期間に、一一の避難者グループが結成されている（図3―1）。

こうしたグループはどのように形成されたのか。阪神・淡路大震災における仮設住宅と三宅島噴火災害に関する先行研究から、以下の二点を導き出すことが可能だろう。

まず、阪神・淡路大震災で指摘されていたの

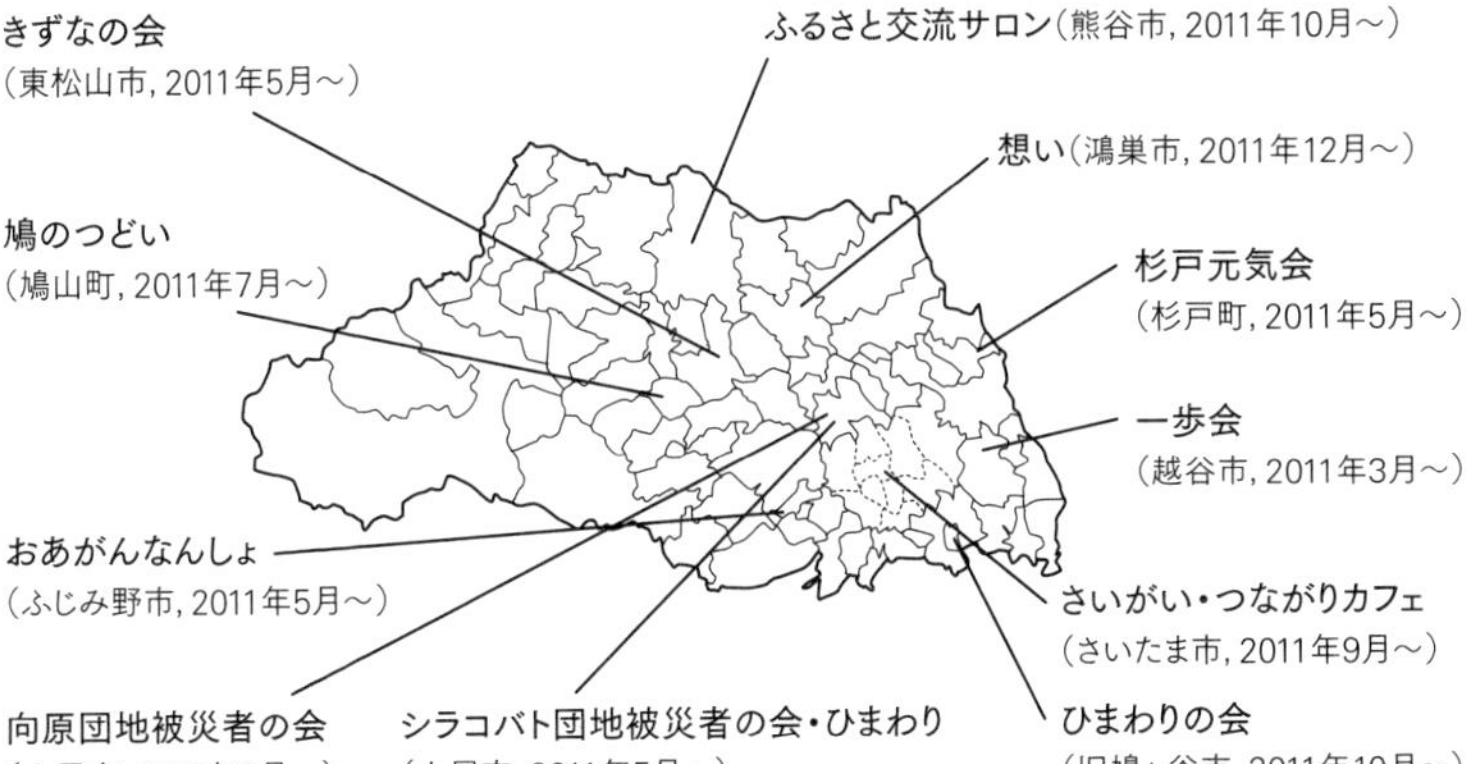

［図 3-1］ 2011年3月から2012年3月に結成された埼玉県内の避難者グループ
出所：筆者作成.

は、被災者同士が集まる拠点の重要性である。仮設住宅に設置された集会所（ふれあいセンター）は、被災者の孤立化を防ぐだけでなく、仮設自治会が行政や周辺の地域住民・ボランティアと連携しながら仮設住宅を運営していく上で重要な機能を果たしていた（山下・菅 2002: 169）。ただし、こうした集会所は、被災者が仮設住宅から恒久住宅へと移る過程で失われることになる。その際には、ボランティアがグループホームや仕事場を開設するなど、被災者同士をつなぐ試みがなされていた（三井 2008: 117）。これらの研究から、「みなし仮設」で散り散りになった原発・県外避難者にとっても、避難者同士が定期的に集まる拠点があることでグループの形成に結びつくことが示唆される。

次に、住民が全島避難を余儀なくされた三宅島噴火災害では、三宅島社会福祉協議会と三宅島・東京災害ボランティア支援センターが、名簿の作成、島民ふれあい集会の開催、情報提供などを通して避難先でのグループづくりに貢献したことが指摘されている（田並 2011: 174）。今回の原発事故において、同種の交流会の開催や情報提供が可能なのは、避難先の基礎自治体である。なぜなら、避難先の自治体は総務省の「全国避難者情報システム」を通して避難者の居場所を把握しているが、避難者同士は個人情報保護の壁によって近隣に避難した人々の所在を確認することができないからである。これは、避難先の自治体の働きかけが、避難者グループの形成に一定の役割を持つことを示唆する。

本項では以上の論点を踏まえながら、埼玉県内の一一の避難者グループを分析していく。

集合住宅における避難者グループの拠点と、避難者が分散した地域のグループの拠点

集合住宅を基盤として避難者グループが立ち上がったのは、鳩山町、東松山市、上尾市、杉戸町の四市町五グループである。これらのグループの拠点は、どのようなものであったのだろうか。

鳩山町は二〇一一年三月末から町内の企業宿舎および独立行政法人宿舎で避難者を受け入れたが、同年七月から、二つの宿舎で「傾聴ボランティア事業（鳩のつどい）」が毎週交互に実施されるようになった。この事業では、両宿舎の空き部屋が、避難者同士や避難者とボランティアが交流する拠点として活用された。

東松山市では、市内の雇用促進住宅などで避難者を受け入れたが、二〇一一年五月から、同住宅の集会所にて避難者同士で交流の場がもたれるようになった。この交流会は翌月から「きずなの会」という名前が付けられ、以降も毎月続けられてきた。交流会には、地元自治会が協力しており、避難者も地元自治会の行事などに参加した。

上尾市では、市内の県営シラコバト団地や雇用促進住宅上尾向原《むかいはら》宿舎（向原団地）で避難者を受け入れてきたが、シラコバト団地では二〇一一年五月から、団地集会所で月一回の交流会が行われるようになった。この交流会は「シラコバト団地被災者の会・ひまわり」（のちに「東日本大震災に咲く会ひまわり」と改名）と名前が付けられ、団地自治会や団地でスポーツ・文化活動を行っているサークルから声がかかるようになり、二〇一八年現在も毎月の会合と、毎年三月一一日の追悼式が続けられている。同様に向原団地でも、二〇一二年三月に黙とうの会を行い、「向原団地被災者の会」として毎月の食事会を集会所で開催するようになった。

杉戸町では、二〇一一年三月に友好都市協定を結ぶ福島県富岡町からの避難者を受け入れ、四月からは町内の国家公務員宿舎を富岡町民に向けた応急仮設住宅として借り上げた。同宿舎では、五月から避難者同士が集会所で交流会を行うようになり、交流会には「杉戸元気会」という名前が付けられた。二〇一二年三月からは地元のNPO法人「杉戸SOHOクラブ」と連携して地域のイベントに参加しているほか、同年八月には杉戸町から宿舎の空き部屋を交流スペースとして借り、毎月の交流会をその部屋で継続した。

以上の四市町五グループに共通しているのが、集合住宅で避難者同士が顔を合わせやすい環境にあったことと、その上でいずれの集合住宅においても、集合住宅内の集会所や空き部屋が交流の拠点として利用される形で、避難者グループが維持されてきたことである。

それでは、集合住宅を基盤とせず、市内の全域にわたって避難者グループが立ち上がったさいたま市、ふじみ野市、旧鳩ケ谷《はとがや》市、熊谷市、越谷市、鴻巣《こうのす》市の六市では、いかなる拠点が形成されてきたのだろうか。

さいたま市では、第2章で詳しく取り上げたさいたまスーパーアリーナをはじめ、片柳コミュニティセンターと障害者交流センター体育館が避難所として開設されたほか、市営住宅等で多くの避難者を受け入れた。だが、さいたまスーパーアリーナの閉鎖後には避難者の存在が見えづらくなっていく。こうした状況を受けて、スーパーアリーナで「福祉班」と連携してシャワー提供などを実施した埼玉県男女共同参画推進センター（With You さいたま）の職員たちが、同センターの和室を利用して、二〇一一年九月に交流会「さいがい・つながりカフェ」を開催することとなった。その後も継続的に月に二回開催され、和室を利用した食事会、お茶会、合唱、体操、ものづくりなどの活動を行って、さいたま市を中心とする避難者の集いの場となっていく。

ふじみ野市では、市内の国家公務員宿舎などで避難者を受け入れた。二〇一一年五月に、市役所の呼びかけのもとで市民活動支援センターと市社協が企画を行い、市民交流プラザにて避難者交流会「おあがんなんしょ」が開催された。翌月以降も「おあがんなんしょ」は毎月継続され、近隣のボランティア団体や市内の高校・大学の学生が運営に参加するとともに、埼玉弁護士会が法律相談、さいたまコープと埼玉労福協が食料・物資の提供に協力している。

旧鳩ヶ谷市（二〇一一年一〇月、川口市に編入合併）では、市内の民間賃貸住宅などに避難者が集まったことを受けて、二〇一一年三月以降、鳩ヶ谷市社協の主催によって社会福祉センターなどで交流会が開かれていた。二〇一一年九月には、この交流会を引き継ぐ形で避難者たちによって「ひまわりの会」が新たに立ち上げられ、社会福祉センターなどで交流会が毎月実施された。

熊谷市では、二〇一一年三月に市内の旧県立高校を避難所として開設したのち、民間賃貸住宅などで避難者を受け入れた。二〇一一年一〇月にボランティアによって「ふるさと交流サロン」が立ち上げられ、さいたまコープが場所や食材の提供などに協力した。その後も、二カ月に一回の頻度で、さいたまコープの集会所にて交流会が開催された。

越谷市では、二〇一一年三月に老人福祉センターを避難所として開放したが、三月末に避難者たちが市内の民間賃貸住宅などに移ることになった。避難所の閉鎖の際に、避難者たちによって「浜通り一歩会」が結成され、市役所の協力のもと、四月に市内の調整池でヨット体験会が開催された。その後、団体名を「一歩会」に改称し、越谷市内各地でイベント・交流会を毎月重ねる中で会員が増え、越谷市を中心に最大で三〇〇人強の会員が所属した。また、地元の農地を借りて一歩会の会員がジャガイモを育てるなど、地元住民との交流も深まった。

鴻巣市では、浪江町から避難したS氏が、二〇一一年一二月に情報誌『想い』を創刊し、この活動と連動しながら、公民館などでクリスマス会や賠償説明会を開催した。

このように、さいたま市、ふじみ野市、旧鳩ヶ谷市では市内の公共施設、熊谷市では支援団体の提供する集会所が、避難者が定期的に集まる拠点になっている。他方、越谷市では避難者同士で市内の各地に拠点を獲得している。

行政主導の交流会をきっかけとする避難者グループと、それ以外をきっかけとするグループ

次に、行政による交流会の有無と、避難者グループの形成との関わり合いを見ていくことにする。

行政主導の交流会をきっかけとして避難者グループが形成されたのは、鳩山町、ふじみ野市、旧鳩ヶ谷市である。

鳩山町で「鳩のつどい」が実施されるようになったきっかけは、二〇一一年五月に、町役場の呼びかけでボランティア実行委員会が結成されたことにある。同委員会のもとに「鳩山を知る楽しむ事業」「傾聴ボランティア事業（鳩のつどい）」「文化活動事業」という三つの事業が企画され、そのうちの「鳩のつどい」が軌道に乗り、継続された。

ふじみ野市で「おあがんなんしょ」が開催されたのは、市役所の呼びかけによるものであったが、この時点で市役所は二回目以降の開催を計画していなかった。しかし、第一回交流会の実行委員会を担った市民活動支援センターの職員が交流会を継続することの重要さを直観し、「おあがんなんしょ」実行委員会を再度立ち上げて、六月にボランティアのみで交流会を実施した。このときのことを、同職員は「市がどう動いても、自分たちでやろうという気持ちだった」と語っている。[15] 七月からは市が再び企画に協力することになり、それ以降、交流会「おあがんなんしょ」が毎月継続されている。

旧鳩ヶ谷市でも、鳩ヶ谷市社協の主催で交流会が開かれていたが、二〇一一年一〇月の鳩ヶ谷市・川口市の合併を前に、鳩ヶ谷市社協も川口市社協に編入合併となり、交流会が打ち切りとなった。参加していた避難者が交流会の継続を望んだことを受けて、鳩ヶ谷市社協の元職員が中心となり、交流会が継続された。

このように、鳩山町、ふじみ野市、旧鳩ヶ谷市の三市では、行政が開く交流会をきっかけとして避難者グループが立ち上がり、交流会が継続する中でグループが徐々に形をなしてきた。

他方で、行政主導の交流会と避難者グループの形成には継続性がない事例、避難者ないしボランティアが主導となってグループが形成された事例も見られる。

東松山市では二〇一一年七月から市役所と市社協によって数回の交流会が開かれたが、すでに五月の時点で、楢葉町から避難した夫妻が、避難者同士が顔を合わせる場所をつくろうと交流会を企画し、人づてで情報が伝わった。そして交流会には地元自治会が協力し、避難者も地元自治会の行事などに参加してきた。つまり、東松山市では行政が交流会を開く以前に避難者グループが形成されており、避難者グループと行政が共働する中で交流会が営まれてきたのである。

熊谷市では、市役所が商工会などと連携して官民連携の「東日本大震災オール熊谷自立支援ネットワーク」を組織し、避難者支援を行ってきたが、同団体は義捐金の配布を中心とし、交流会は一度開催されたのみであった。これに対し、市内在住の社会福祉士が交流会の必要性を感じ、その再開に向けて働きかけを行った。同氏は、二〇一一年三月に避難所となっていた旧県立熊谷女子高校のボランティアに関わり、南相馬市の情報誌を印刷して避難所内に配るといった活動で避難者とのつながりを持っていた。ここでは、行政主導の交流会が継続されない中で、ボランティアの尽力のもとでグループが形成されてきた姿がうかがえる。

さいたま市、上尾市、杉戸町、越谷市、鴻巣市は、行政主導の交流会が開かれなかったにもかかわらず避難者グループが形成された事例である。その中でも、ボランティア主導型と避難者主導型に分けられる。

さいたま市では、前述した「With You さいたま」のスタッフたちが、スーパーアリーナ後の支援のあり方を模索する中で、名古屋市男女共同参画センターの取り組みを知り、それを参考に交流会を立ち上げたものである。その後は実行委員会形式で、同センターのスタッフやボランティアによって運営されていく。越谷市では、二〇一一年三月末に避難所が閉鎖された際、ボランティアに関わっていた元教員が、避難所内で形成された関係性がばらばらになることに危機感を抱き、楢葉町からの避難者とともに「浜通り一歩会」として連絡網を作った。四月以降、両氏が避難者を一軒一軒訪ねていく中で、交流会の必要性を感じ、越谷市に働きかけて四月に第一回交流会が開催された。

上尾市のシラコバト団地では、二〇一一年四月に団地自治会の主催で入居歓迎会が開かれて以降、避難者同士が顔を合わせるようになり、支援物資の融通や情報交換を行っていた。その後、浪江町からの避難者T氏が、一軒一軒を訪ねて名簿を作り、避難者グループを形成していった。同様に向原団地でも、白河市からの避難者が呼びかけて、黙とうの会や食事会を開催したものである。杉戸町では、震災直後は杉戸町内に富岡町の職員が駐在しており、富岡町役場から伝わった情報を共有するため、五月に富岡町からの避難者の呼びかけによって連絡網が作られ、交流会に発展した。鴻巣市では、浪江町で日本料理屋を営んでいたS氏が、震災前からの人脈を活かして避難者同士をつないだり、賠償説明会の開催を働きかけたりして、「想い」の活動に展開していったものである。

このように、上尾市、杉戸町、越谷市では、行政主導の交流会が開かれずとも、避難者自身や避難者とボランティアの働きかけで、避難者グループが形成された。

2-3 避難者グループの形成・維持を支える諸条件とその機能

避難者グループの形成・維持を支える諸条件

前項での議論を踏まえ、避難者グループを、「集合住宅型（集住型）―分散型」、「行政主導型―ボランティア主導型―避難者主導型」という二つの軸で分類すると、表3-3のようになる。この四類型に即して、避難者グループの形成・維持を可能にした条件を明らかにしていきたい。

「集住型＋行政主導型」である「鳩のつどい」では、町役場と町民が協働して支援活動に取り組み、避難者グループを支えることになった。そもそも町長が避難者受け入れの決断をした背景に、町民から「現在使われていない二つの施設を避難者受け入れに使ったらどうか」という要望がなされたことがあったという[16]。このように、一万人規模の自治体が集合住宅で避難者を受け入れたことで地元住民に可視化しやすかったことと、避難者受け入れの過程から住民が関与していたことが、条件として挙げられる。

「集住型＋避難者・ボランティア主導型」である四つの避難者グループの共通点として、行政主導の交流会が開かれずとも、避難者同士が日頃顔を合わせる中で、避難者グループが立ち上げられた。また、いずれの避難者グループにおいても、リーダーとなる避難者が登場している。その過程で、近隣の自治会やNPOが活動の支援にあたり、地元住民との橋渡しを行っている。

［表 3-3］ 2011年3月から2012年3月に結成された避難者グループの類型

	行政主導型	ボランティア主導型	避難者主導型
集住型	鳩のつどい		ひまわり 向原団地被災者の会 杉戸元気会 きずなの会
分散型	おあがんなんしょ ひまわりの会	ふるさと交流サロン 一歩会 さいがい・つながりカフェ	想い

出所：筆者作成.

「分散型＋行政主導型」である二つの避難者グループでは、行政が交流会を企画したことが大きな契機となっている。だが、ふじみ野市では交流会が一回しか企画されておらず、市社協が積極的に乗り出した旧鳩ヶ谷市も、合併によって中断された。こうした中、市の交流会を引き継ぐ形で、市民活動支援センターや社協の職員らの尽力と、地元のボランティアの協力により交流会が継続された。

「分散型＋ボランティア主導型」である三つの避難者グループでは、避難先と避難者をつなぐ支援者が奔走し、避難者グループを形成している。とりわけ「一歩会」では、避難者のリーダーと支援者のリーダーの二人による献身的な働きかけのもと、避難者の見回りや地元の住民や企業と連携したイベントなど、他の避難者グループに先駆けた種々の試みを行っており、越谷市を中心に会員数を拡大した。

このように、避難者グループの形成においては、まず、行政からの働きかけと避難者同士の集住性が重要であることを改めて確認することができた。両者を欠く熊谷市・越谷市においても避難者グループが形成されていたが、いずれも原発事故直後の時期における避難所での経験がその後のグループ形成に活かされていた。避難者の孤立化が起きやすい原発・県外避難においては、避難者の居場所を把握している受け入れ先の行政が、避難先での集会所あるいは交流会などを通して、避難者同士がつながる拠点をつくり出すことが第一の要件であった。ただし、行政からの働きかけと避難者同士の集住性を補完するものとして、支援者の重要性も改めて浮かび上がった。阪神・淡路大震災の先行研究で三井（2008）が指摘していたのと同様に、行政からの働きかけがない分散型の地域（熊谷市・越谷市）や、行政の働きかけが中断した地域（ふじみ野市・旧鳩ヶ谷市）において、支援者が避難者同士をつなぎ直す役割を担っていたと言える。

避難者グループの機能

それでは、前記のような条件のもとで成立した避難者グループは、どのような関係性をつくり出しているのだろうか。

まず、いずれの避難者グループにおいても、避難者同士や避難者と近隣住民が集まるきっかけとなっている。例えば、筆者（原田）が参加した複数の避難者グループの交流会において、初めて顔を合わせた参加者同士がまず語り合うのが、「三月一一日にどこで地震に遭い、それからどのようにして埼玉県に避難してきたのか」であった。こうして避難生活上の苦労や故郷の思い出などを語り合うことで、精神的な負担を軽くし、孤独化を防ぐ機能を避難者グループが果たしている。また、支援物資を融通し合ったり、さまざまな情報を交換したりするなど、避難者の相互扶助団体のような機能も見受けられる。

次に、避難者グループの存在が、埼玉県全域で活動を行っている支援団体と避難者を結びつける機能を帯びている。埼玉県では、二〇一一年三月にさいたまスーパーアリーナで多様な支援が形成されたことを契機として（第2章参照）、その後も埼玉弁護士会、さいたまコープ、埼玉労福協といった団体が、各地での賠償説明会、法律相談会や避難者への食料・物資の提供も行っている。避難生活が長期化し、避難者が東京電力の賠償問題や生活物資の不足などに直面する中で、これらの団体の支援活動は重要な意味を持っており、現在は避難者グループを通して支援が実施されている。

さらに、いくつかの避難者グループでは、避難先自治体に対する避難生活の改善要求も行っている。例えば、鳩山町では、企業の旧職員寮の入居期限が当初は二〇一二年三月末と定められていたことから、避難者自身とボランティア実行委員会が署名活動を行い、一年間の延長を可能にした。また、越谷市では、一歩会の働きかけによって二〇一一年一〇月から見守り事業が開始され、避難者四名が臨時職員として毎月の見守りに回ることになった。杉戸町においても、杉戸元気会が町役場に働きかけた結果、公営住宅内の空き部屋を交流スペースとして確保した。阪神・淡路大震災において、ボランティア団体が被災者の声を代弁する「アドボカシー活動」を行っていたことと同様に（西山 2008: 62）、個々の避難者の要望を集約して行政に届けることも、避難者グループが担うようになった機能である。

このように、避難先を基盤として避難者グループが形成されたことによって、孤立化を防ぎ、避難生活を少しでも改善するための関係性がつくられている。

ただし、避難先でグループが形成されたことに伴う課題についても述べておきたい。今回の震災・原発事故においては、放射能汚染と政府による警戒区域などの区分けによって、地域社会と、そこで生活してきた人々の関係性がさまざまに分断された。その中でも、避難者グループの今後に影響を及ぼす最たるものは、強制避難者と自主避難者の分断と、避難元／避難先の地域社会の分断であろう。

まず、同じ福島県から埼玉県への避難者でも、警戒区域からの避難者と、それ以外からの自主避難者では、政府からの補償や東京電力からの賠償などが大きく異なる。埼玉県の受け入れ自治体や避難者グループでは、基本的に出身地域を問わずに避難者を受け入れてきたが、「避難者」という括りでまとまっていた避難者の間に亀裂が走る危険性を常に抱えている。例えば筆者（原田）は、ある避難者グループの交流会で、避難区域に指定されていない地域からの避難者が警戒区域からの避難者に向かって、「あなたの町は避難区域に入っていいわね」と何気ない一言を発したことで、その場の空気が変わる瞬間に居合わせた。あるいは、別の避難者グループでは、「あの交流会は強制避難者のみの集まりだ」といった根も葉もない噂が立ち、自主避難者が参加しにくくなってしまったという出来事もあった。さらに、避難区域が再編される中で、同じ町からの避難者同士にも「故郷に帰れる避難者／帰れない避難者」といった分断が生じる危険性がある。

また、埼玉県で形成された避難者グループは、「被災県外への避難者」のグループであることに加えて、内部に複数の地域からの避難者を抱えているため、避難元の復興に対して情報を集めたり声をあげたりしにくい状況にある。唯一、町役場ごと埼玉県に避難した双葉町も、町民の過半数は福島県内で避難しており、町役場を福島県に戻すかどうかの議論が続いた（二〇一三年六月にいわき事務所を開所し、役場本体機能は福島県いわき市に移転）。こうした状況が長引けば、広域避難者のグループは、避難元の地域社会の復興から置き去りにされてしまう危険性もある。

以上のように、埼玉県の避難者グループは、避難者の孤立化を防ぐのに寄与している反面、内外にいくつかの分断の危険性を抱えている。このことは、避難先を基盤とした広域避難者への支援の取り組みが、避難元の地域社会の復興と必ずしも結びつかないことを意味している。その双方を視野に入れた支援については、その後の課題となっていく。

3 広域避難者支援の部分的なネットワーク

埼玉県内各地で避難生活が開始された二〇一一年四月から二〇一二年三月の時期には、本章第1節で見たように各自治体が独自の避難者支援を実施したほか、第2節で見たように民間団体によって旧騎西高校での支援や、避難者グループの結成がなされた。これらをつなぐネットワークも部分的に形成され、その媒介となったのが埼玉弁護士会主催の「震災対策連絡協議会」であった。本節ではこの会議の経緯と概要についても述べておきたい(17)。

さいたまスーパーアリーナの避難所閉鎖直後の二〇一一年四月四日、「相談班」を担当したSSN(震災支援ネットワーク埼玉)が埼玉県知事に「相談体制等、東北関東大震災の埼玉県内における今後の支援体制の構築について(要望)」を提出し、「官民共同の対策本部の設置」「多様なニーズに継続的に対応する官民共同の全県的な相談体制の構築」「特に配慮を求める事項」の三点を要望した。この一点目に対する県の回答が、連絡協議会の開催の提案であり、呼びかけ団体をSSNと連携関係にある埼玉弁護士会が担当することになった。

こうして、五月一二日に第一回目の「震災対策連絡協議会」が開催され、表3－4のような行政担当者、民間団体、士業団体が出席した。

震災対策連絡協議会は七月までは毎月、それ以降は二〇一二年八月までほぼ隔月で開催され、その後は不定期に開催されたのち、二〇一三年六月の第一三回で事実上の最後となった。この会議の意義は、埼玉県・各市町村と、民間団体、士業団体が一堂に会して、避難者支援の状況を共有したことにある。他方で、埼玉弁護士会から「官民協同の支援体制づくり」として「個別避難者を支援するための支援情報窓口の設置」「あらゆる分野の相談に対応できる総合的な相談体制の構築」「官民連携型の協議会の定期的な開催」の三つのモデルが提案されながら[18]、実行力の伴った連携体制は実現しなかった。この課題は、その後の時期にも引き継がれていくことになる。

他方で、この震災対策連絡協議会にも参加していたSSN、ハンズオン！埼玉、情報環境コミュニケーションズの三団体は、二〇一一年四〜七月の「さいたまスーパーアリーナ班長ふりかえりの会」の総括として、七月二四日にさいたま市内でシンポジウム「『支援』のいまと

［表 3-4］第1回震災対策連絡協議会の出席者の肩書一覧

行政	埼玉県危機管理防災部・福祉部・教育局，上尾市市民部，川口市災害対策室，北本市くらし安全課，熊谷市市長公室，戸田市総務部・危機管理防災課，鳩ヶ谷市総務部，ふじみ野市改革推進室，蕨市市民生活部
民間団体	震災支援ネットワーク埼玉，NPO法人ほっとポット，情報環境コミュニケーションズ，NPO法人ハンズオン!埼玉，埼玉県生活協同組合連合会，パルシステム埼玉，医療生協さいたま，コープネット事業連合，さいたまコープ，埼玉県労働組合連合会，埼玉県労働者福祉協議会
士業団体	埼玉弁護士会，埼玉司法書士会，埼玉県臨床心理士会，埼玉県社会福祉士会，関東信越税理士会埼玉県支部連合会，埼玉県社会保険労務士会，埼玉県不動産鑑定士協会，中小企業診断協会，日本公認会計士協会埼玉県会

出所：筆者作成.

これから――『アリーナ（避難所）』から地域（わたしのまち）へ――」を開催し、一二〇人の参加者を集めた。第Ⅰ部でさいたまスーパーアリーナとその後の避難者の状況が紹介され、第Ⅱ部では強制避難者・自主避難者と福島県内に留まった人が登壇（一部代読）し、第Ⅲ部では一歩会、おあがんなんしょの関係者が登壇して活動を紹介した。こうした支援団体と避難者グループの連携は、のちの『福玉便り』と「福玉会議」につながっていくことになる。

4　小括――避難生活の開始期における埼玉県の避難者支援のローカルガバナンス

本章では、避難生活の開始期（二〇一一年四月～二〇一二年三月）における広域避難者に対する公的支援と民間支援の実態を整理してきた。最後に、避難生活の開始期における埼玉県の避難者支援のローカルガバナンスの状況を整理しよう（図3－2）。

避難生活の開始期においては、国、日本赤十字社、埼玉県、埼玉県下の市町村がそれぞれ支援活動を行っていたため、支援内容の多様さは確認できるものの、それぞれが連携せずに支援を行っていた。

一方、民間支援については、埼玉県内の当事者・支援者団体に対して、埼玉労福協（一般社団法人埼玉県労働者福祉協議会）が生活物資の提供を、さいたまコープ（現コープみらい埼玉県本部。二〇一三年三月、ちばコープ、コープとうきょうと統合し、コープみらいが発足）が食材や弁当の提供を行うなど、物資面の支援を中心に行っていた。また、SSN（震災支援ネットワーク埼玉）は、双葉町民が避難した旧騎西高校やその他の避難所において、避難者の相談会を開催し、弁護士会、臨床心理士会、司法書士会の災害担当者などの専門家の派遣を行った。

さらに、二〇一一年五月から埼玉県弁護士会主催の震災対策連絡協議会が開催され、民間の支援団体、埼玉県の士業団体に加えて、埼玉県危機管理防災部や、上尾市、川口市、北本《きたもと》市、熊谷市、戸田市、旧鳩ヶ谷市、ふじみ野市、蕨《わらび》市なども参加していた。震災対策連絡協議会は二〇一三年六月の第一

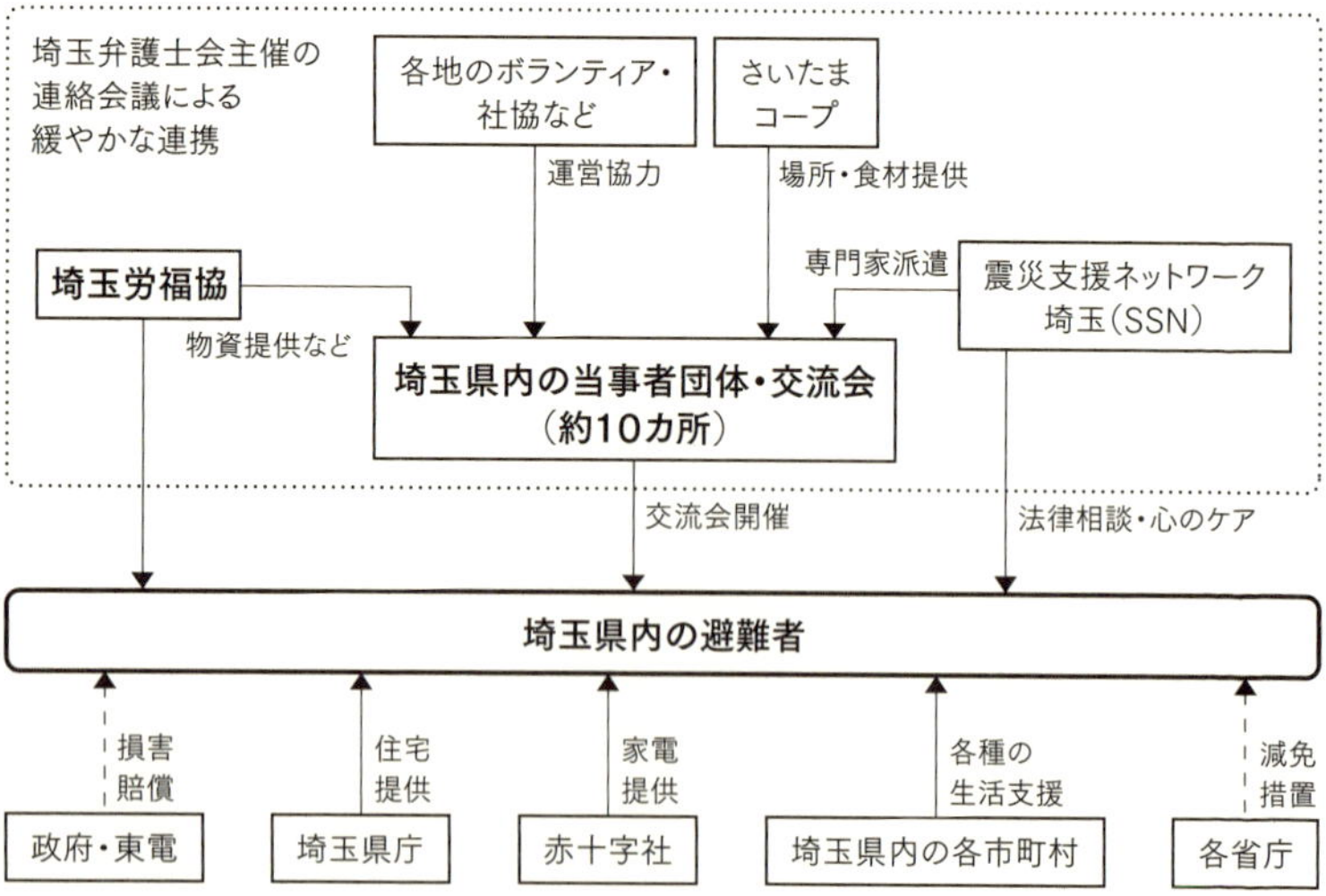

［図 3-2］ 避難生活の開始期における避難者支援ガバナンス
出所：筆者作成.

三回が事実上の最後となったが、各自治体と民間団体、士業団体が避難者支援の状況を共有することができ、緩やかではあるが埼玉県における官民による支援ガバナンスが、民間支援団体主導で形成されていたといえる。ただし、実行力の伴った連携体制の構築が課題として残った。

第4章

避難生活の長期化期（2012年4月~2017年3月）

——広域避難者への公的支援と民間支援③

第1回「福玉会議」（2012年7月）
撮影：原田

本章では、二〇一二年四月以降、自主避難者の住宅供与が打ち切りとなる二〇一七年三月までの期間における広域避難者に対する公的支援と民間支援について考察する。まず、埼玉県内の自治体の支援内容の変遷とその背景について考察する（第1節）。次に民間支援については、筆者らが関わっている『福玉便り』の刊行や、支援者・当事者団体が集まった「福玉会議」の開催から見えてくる民間支援の課題について考察する（第2節）。

また、避難生活の長期化に伴い、避難元自治体は広域避難者に対する支援策として、復興支援員事業を展開することになった。埼玉県では浪江町、富岡町、双葉町、富岡町、福島県の復興支援員事業が展開されたが、その成果と課題について考察する（第3節）。さらに、筆者らも設立に関わった、NPO法人埼玉広域避難者支援センター（通称、福玉支援センター）の設立の経緯を述べ、避難生活の長期化期における民間支援の課題について考察する（第4節）。

最後に、避難生活の長期化期における埼玉県の広域避難者支援のローカルガバナンスについて整理する（第5節）。

1　避難者支援の自治体対応の変化と自治体の苦悩

1−1　自治体による生活支援の変化

第3章において、埼玉県の基礎自治体による避難者支援の具体例を見てきたが、ここでは自治体による支援の変化について言及していきたい。

避難者に対してどのような生活支援を実施するのかという点は、基本的には各自治体の判断に委ねられている。だが、実際の政策は、当該自治体独自のものもあれば、周囲の自治体の政策から影響を受ける場合もある（伊藤2002）。広域避難者に対する行政からの支援はさまざまあるが、政策的な波及および自治体によって対応が分かれたものが、水道料金減免である。例えば、東京都では一律で水道料金の減免を実施しているが、埼玉県全体ではそのような支援は実施していないため、結果として、埼玉県内の自治体の中で水道料金減免の実施の有無に差がつくことになった（第3章第1節も参照）。

図4－1は、『福玉便り』にも掲載した、埼玉県における水道料金減免の状況である。二〇一四年二月の時点で、埼玉県内で避難者を受け入れている五八自治体のうち、二九自治体が水道料金の減免を行っている。もともと実施していなかった自治体が一八、すでに打ち切った自治体が一一となる。また、水道料金の減免を実施中の二九自治体の中でも、全額免除が一五自治体、基本料金免除が九自治体、基本料金以外免除が一自治体（未記入四自治体）と、減免の内容には自治体ごとの違いが見られた。さらに減免期間についても、「打ち切り時期は決まっていない」が一九自治体、「二〇一四年三月に打ち切り予定（延長検討中も含む）」が一〇自治体となっている。

つまり、水道料金減免の施策を行った自治体と行わなかった自治体や、減免の施策の継続の期間が自治体ごとに異なり、結果として避難先によって、水道料金の減免を受けることができた避難者と、できなかった避難者が存在した点が改めて確認できる。水道料金の減免に限ったことではないが、避難者にとってはたまたまその自治体に避難したにもかかわらず、支援に差があることは理不尽さを感じることになる。

　さらに、避難生活が長期化する中で、自治体ごとの避難者支援の差はより顕著になっていった。筆者らは埼玉県内の自治体に対する支援の状況についてのアンケート調査を、二〇一四年一月から毎年実施しているが、その結果を示したのが図4－2である。ただし、東日本大震災と福島第一原発事故の発生三年

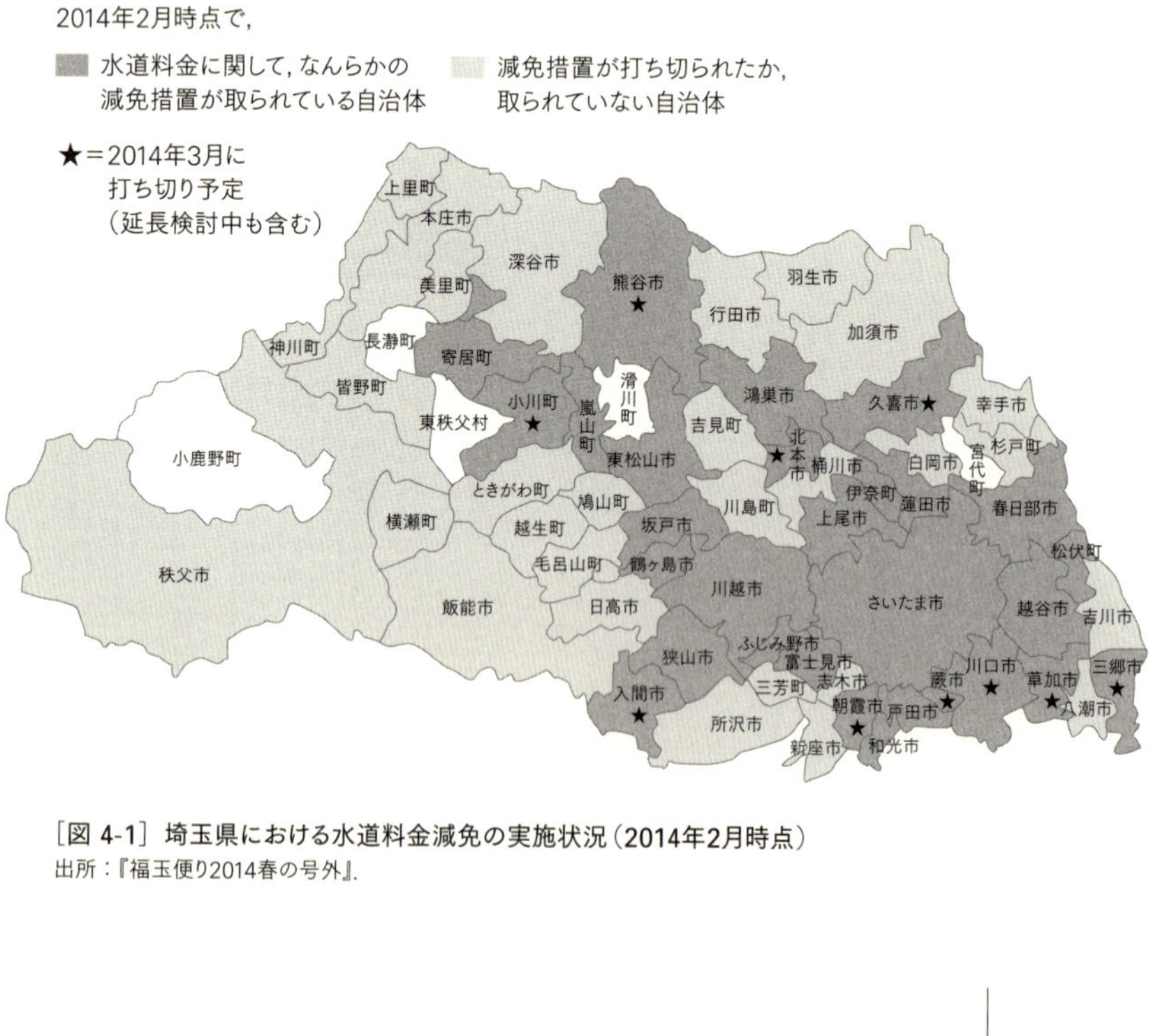

［図 4-1］埼玉県における水道料金減免の実施状況（2014年2月時点）
出所：『福玉便り2014春の号外』.

後以降のデータであるため、第3章で議論した震災直後の自治体の支援内容やその広がりは捉えることができない。

図4－2から埼玉県の自治体が行っている避難者支援の内容の変化を見ると、二つの傾向を確認できる。まず、「情報誌・イベント案内の配布」「健康診断・予防接種」「戸別訪問・電話連絡」については二〇一四年から二〇一五年にかけて実施する自治体が増えているなど、二〇一五年から二〇一六年ぐらいまでが、自治体の避難者支援が多くなされていることがわかる。

一方で、東日本大震災と福島第一原発事故から五年を経た二

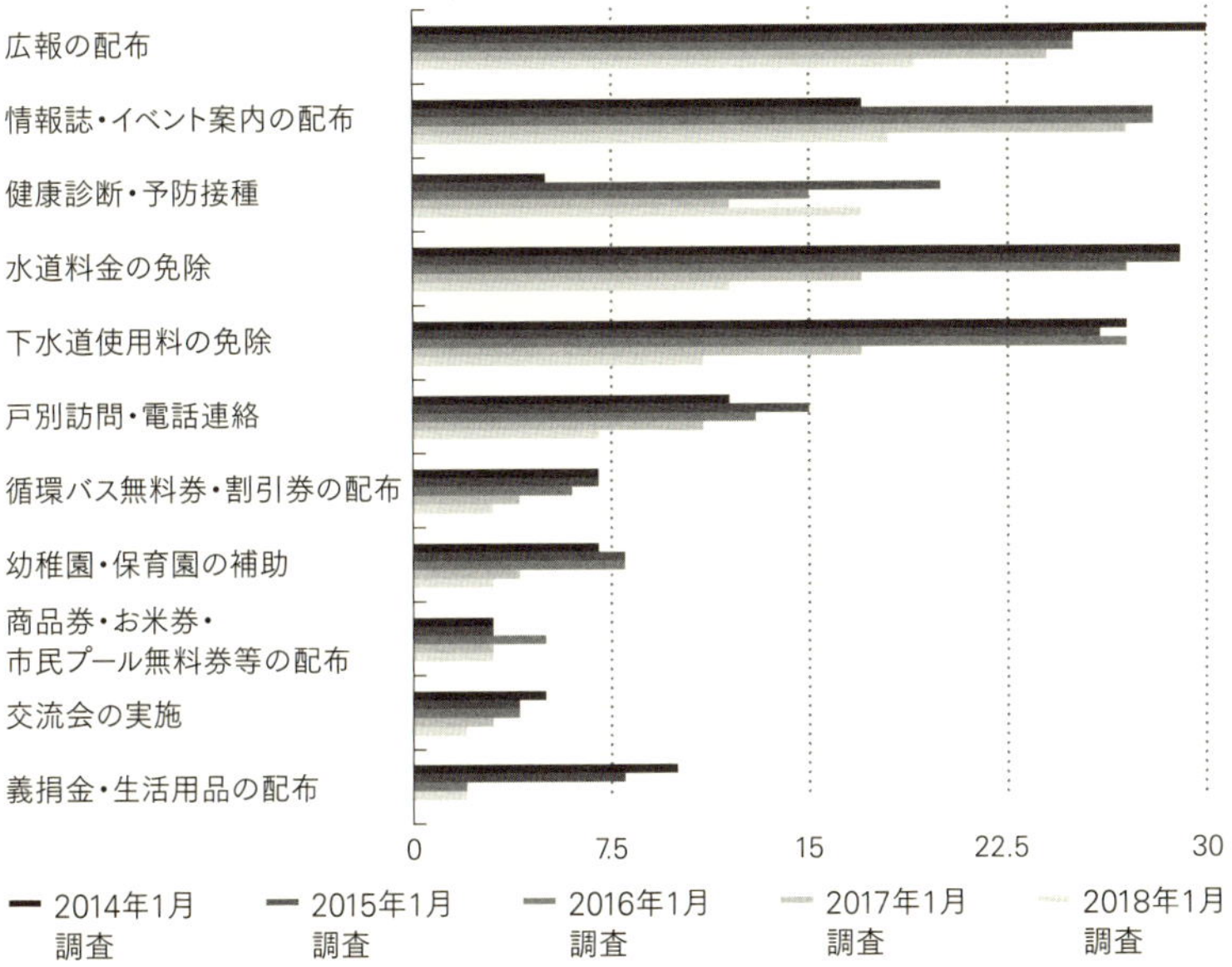

［図 4-2］ 自治体による生活支援の実施状況（2014年以降）
出所：筆者作成.

〇一六年以降、自治体支援策の実施数が減少していることも見受けられる。ただし、二〇一七年までは、上下水道料金の減免や義捐金・生活用品の配布といった、避難者向けの特別の金銭的な支援策が減る中で、情報誌・イベント案内の配布、広報の配布、健康診断・予防接種の実施など、避難先の生活サポートの支援策は継続していることがうかがえた。しかしながら、二〇一八年一月調査の結果からは、健康診断・予防接種以外の生活サポートの支援策も減少傾向にあることがわかる。

避難者に対する「特別な」支援を実施するか否かは、各自治体の裁量である。だが、避難者や、避難者支援の立場から見ると、一時的であるかもしれないが避難者は避難先自治体の「住民」であり、当該自治体はその地に良好に住まうための住民サービスを提供する義務があるという主張に正当性があると考えるだろう。一方で、自治体による生活支援は、避難者の避難生活の負担軽減だけでなく、受け入れ自治体が避難者を把握する手段でもあり、かつ「避難者を忘れていない」ということを避難者に対して示す重要なメッセージにもなる。

1-2 避難先自治体の苦悩と対応

すでに述べているように、埼玉県内の自治体による避難者への支援は多様な展開を見せたが、東日本大震災と福島第一原発事故から五年を経た以降から、徐々に支援策は減少傾向になった。だが、それは自治体が避難者支援を一方的に打ち切ったということではなく、やむなく支援を打ち切らざるをえない状況があること、そして広域避難者支援を避難先自治体で行うことが構造的に難しい状況がある。これらの点について、筆者らが『福玉便り号外』（二〇一四～二〇一八年）で実施した自治体アンケートの自由記述欄から、具体的な自治体の声を見ていこう。

第一に、自治体が避難者の情報の把握に苦労していることが指摘されている。

私は震災当初から借上げ住宅への避難者の支援を担当しているが、震災から三年が経ち、避難者の中から地元に戻れないのではないかとの思いが伝わってくる。避難者として居住するか、このまま埼玉県民として居住するか判断が難しいが、そういう時期になっているように感じます。また、個人情報保護により避難者の情報が自治体内でも公開となっていないため、支援の足かせとなっている気がする。（二〇一四年一月調査）

個人情報保護が重要視されすぎているため、避難者と市民の交流が行われていないと思います。また、避難者もすべて避難先自治体へ避難者情報を届出していないことも問題があると思います。（二〇一五年一月調査）

個人情報の保護は重要であるが、支援の現場において自治体や支援団体に避難者の個人情報がないために、潜在的な避難者に対する支援が行き届いていないことが見いだせるだろう。また、避難者の情報に関して最も難しい問題が、避難者の定義と避難者数の把握である。基本的に避難者数の全体の把握は、避難者自身が避難先自治体へ届け出ることと、総務省の全国避難者情報システムに登録することによって行うしかないが、避難元自治体における避難者の動向と照合することを行えていない。

総務省管轄の全国避難者情報システム上で、避難されているという方において転出等の住民異動が発生したものの、本人世帯から全国避難者情報システム上の変更届が出されない場合、永続的に間違ったデータが掲載されたままになっている。……今後、転出などあきらかな住民異動があった場合や、本人からの確認がとれた場合は、届出がなくても修正・削除ができるような体制にできないか、国や県で検討してほしい。(二〇一八年一月調査)

避難者の定義を明確にできるなら定めてもらいたい。避難者の登録システムもしくはソフト等を構築してもらいたい。(同前)

このような声があるように、国、福島県、避難先都道府県が連携して避難者数や避難者の動向を把握するべきであるが、それができていないことのしわ寄せが、避難先自治体に来ているのである。結果として、潜在化した避難者に対して必要な支援が行き届かなくなる可能性が指摘される。

また、避難区域の再編によって、避難者の定義や避難者の状況が変化することで、避難先自治体が避難者をどのように扱ってよいのか迷っている状況もある。例えば、二〇一七年三月に自主避難者（区域外避難者）の住宅支援が終了するのに伴って、借上げ住宅から引っ越しをした避難者が避難者ではなくなるという誤解から、避難先自治体で避難者数の計数から漏れることもあった。避難者の定義、避難者の把握の仕方について、統一的に集約できていないことが、避難者問題の行政対応の根本的な課題であることがわかる。

第二に、避難者支援のための財源やマンパワーの不足、自治体の規模による避難者支援の対応の困難さが見いだせる。

支援事業として、まごころ昼食会の開催や年越し支援金一人一万円を一二月に支給している。教育支援金として小中学校の新入学児童へも入学準備金を用意しており、交流事業としてバスハイクも実施しております。しかしながら寄付金等も激減しており、平成二六（二〇一四）年度以降の支援策等については現状を維持することさえ危ぶまれる。（二〇一四年一月調査）

他の自治体の活動や取り組みについて良い事例を共有したいので、教えていただきたいと思います（とくに規模が小さい自治体）。人数が少ないため独自に行うことが難しいので、広域的に取り組めたらと思います。（同前）

避難者の居住を含め生活実態を把握するためには、訪問等が必要と考えられますが、他の

業務もあり、全居宅への訪問ができていないのが現状です。（二〇一七年一月調査）

さらに、二〇一七年一月調査においては、水道料金の減免を行いたいものの、財政的な負担がかかるという回答があった。避難者は避難先自治体の「住民」であり、当該自治体はその地に良好に住むための住民サービスを提供する義務があるのではないかと先述したが、一方で、「住民」ではない避難者の方々への支援を自治体の予算で実施するには限界もあり、支援の継続が難しい現状も確認できる。

第三に、避難者の立場の分散が大きく、避難者個々人にそれぞれ対応しなければならないという状況に避難先自治体が置かれている点である。震災後三年を迎えようとしている時期（二〇一四年一月）の調査において、

すでに当町へ住民票を移し、被災者として支援を受けることに抵抗を感じ、そっとしておいてほしいと願っている方もいます。またほとんどの方が就職し、定期的に訪問する際に面会できないのが現状です。今後は一律的な支援を行うのではなく、避難者それぞれのニーズを把握し支援を行っていくことが課題となっています。

という自治体からの回答があるが、避難指示区域からの避難者と避難指示区域外からの避難者の違い、もともとの生活状況の差、年齢や家族構成の違いなど、さまざまな要因が関連して避難者

の立場の分散は大きい。したがって、自治体としては避難者に個別に対応しなくてはならない。第3章で述べた加須市における支援では、定期的に戸別訪問を行っている避難者個人の情報を一元化し、個別に対応している。だが、自治体によってはこのような対応が困難な場合もある。

以上の点を敷衍すると、避難先自治体からすると、国（復興庁）や県レベルにおける避難者支援のガバナンスの不在に対する不満が見て取れる。つまり、全体としてどのように避難者への対応を基礎自治体が行えばよいのかが、自治体の裁量に任されているという点である。たしかに、埼玉県としては、危機管理防災部消防防災課が、東日本大震災による埼玉県への避難者の総合的な相談に応じる担当課（室）を整理し、関連情報の通達を行っているほか、住宅支援に関しては先進的な取り組みを実施している。例えば、埼玉県営住宅への入居に関して、自主避難者の優先枠を設置し、また特別県営住宅（上尾シラコバト団地）の応募要件を撤廃し、自主避難者であれば誰でも応募できるような施策を行った。筆者らが関わるNPO法人埼玉広域避難者支援センター[1]（福玉支援センター）が開催する避難者向けの住宅説明会には、埼玉県の住宅課は積極的に協力し、丁寧な情報提供を行っていただいている。

しかし、埼玉県として、避難者支援のガバナンスをどのように行うべきかという点については、まだ十分に展開されていない。そもそも、国レベルでの避難者支援のガバナンスが脆弱であることが根本的な問題である。だが、結論を先取りすれば、国による支援政策は復興庁が存在しつつも各省庁による縦割りで行われているため、復興庁がなくなった時（東日本大震災から一〇年となる二〇二一年三月末までに廃止予定とされている）、避難者支援の全体の舵取りは、都道府県レベルのガバナンスになると考えられる。その時に埼玉県としてどのような避難者支援策を講じればよいのか、そのためにどのような体制をつくればよいのかという点は考えておく必要があるだろう。

さて、避難者支援のガバナンスの不在という状況の中で、埼玉県では民間支援団体が、復興支援員制度や復興庁・福島県による県外相談事業を受託することによって、広域避難者支援を制度的に実施する動きも出てきた。この新たな支援の段階については、本章第3節で議論することにする。

2　避難者グループの増加と情報誌の刊行

第3章第2節では二〇一一年における県内の支援団体の活動と避難者グループの立ち上げについて、また本章第1節では避難長期化期の二〇一二年から二〇一六年の自治体対応について、明らかにした。本節では、二〇一二年から二〇一六年における民間支援として、避難者グループの増加、避難者向け情報誌の発行という二点について詳しく見ていきたい。

2−1　避難者グループの増加・再編

第3章第2節で見たように、二〇一一年四月以降、さいたまスーパーアリーナに関わったいくつかの団体が埼玉県内で各種の支援活動を開始した。この中でもとくに、SSN（震災支援ネットワーク埼玉）、さいたまコープ、埼玉労福協（埼玉県労働者福祉協議会）の三団体は、二〇一二年以降の避難の長期化に対して、継続的な支援活動を展開していく。

ＳＳＮは、早稲田大学災害復興医療人類学研究所と共同で、二〇一二年三月から毎年、埼玉県や東京都で「避難者状況調査」を実施し、結果を分析・公表するとともに、二〇一六年調査からは相談希望欄を設けて、個別の電話相談や専門機関への接続などを実施するようになった。また、旧騎西高校での法律相談が二〇一三年三月で終了となったことを受けて、「避難者・支援者　なんでも相談ダイヤル」の電話相談を開始した。そのほか、ウェブサイトでの情報発信、被災者支援オーガナイザー・ワークショップなどを実施している。

埼玉労福協では、企業等から届いた物資の配布を継続するほか、「ときがわ山の学校」「東京サマーランドにご招待」「ミステリー列車ツアー」など、避難者が楽しめるような各種イベントを開催していく。さらに、避難した母親たちが息抜きできるような「ママランチ」、中学生・高校生たちとその親に向けた「進学・教育相談会」など、ニーズにあわせたイベントも不定期で実施していく。さらに、二〇一三年二月、三月には福島県と埼玉県を無料で往復する「福玉バス」を実施し、その後もゴールデンウィークや夏休みに継続された。

コープさいたまも、パルシステム埼玉、医療生協さいたま、ＪＡ埼玉などと共催していた旧騎西高校での炊き出し活動は二〇一三年五月で終了となるが、同年七月から旧騎西高校の避難所閉鎖まで、生徒ホールで週一回の「おしゃべりサロン」を開催した。また、子ども向けの「あそびのひろば」も、旧騎西高校閉鎖時まで継続した。

そして、これらの三団体が避難者個人の支援と並行して取り組んだのが、避難者グループの後方支援である。第3章第2節で見たように、二〇一一年三月から二〇一二年三月の一年間に埼玉県で一一の避難者グループが結成されたが、この動きは二〇一二年四月以降も続いていく。筆者らが確認した限りでも、二〇一二年四月以降に一八のグループが結成されている（図4－3）。こうしたグループの結成や活動の背景には、前記の三団体による後方支援や、後述する『福玉便り』を通した情報交換があり、埼玉県内では最大で約三〇の避難者グループが各地で交流活動などを展開することとなった。

ここで、図4－3に示した一八団体の結成過程を、第3章第2節で分析し

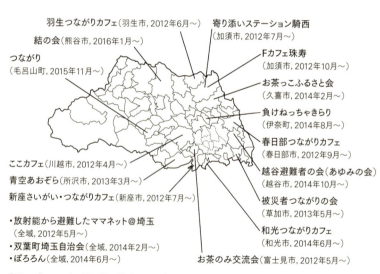

［図 4-3］ 2012年4月以降に結成された埼玉県内の避難者グループ
出所：筆者作成.

た表3－3に対応させたのが表4－1である。

これらの結成過程を確認しておくと、第3章第2節で分析した条件と同様に立ち上がったものとして、川越市でライターの吉田千亜氏が立ち上げた「ここカフェ」がある。市役所経由で案内を送っていたところ、徐々に参加者が増えていき、いわき市から川越市への避難者と南相馬市から坂戸市への避難者がのちに代表を務めるようになった。また、久喜《くき》市では、富岡町からの避難者が親戚や友人たちとお茶会を開始し、埼玉労福協の協力により「ネット21久喜事務所」を使って毎月の交流会「お茶っこふるさと会」を開催するようになった。

こうしたグループとは別に、二〇一二年四月以降の避難者グループの結成において大きな要因となったのが、支援団体や他市からの波及効果である。

SSNとさいがい・つながりカフェでは、交

［表 4-1］ 2012年4月以降に結成された埼玉県内の避難者グループの類型

	行政主導型	ボランティア主導型	避難者主導型
集住型		新座さいがい・つながりカフェ*	Fカフェ珠寿*
分散型	お茶のみ交流会* 被災者つながりの会* 和光つながりカフェ*	（ふるさと交流サロン）→ （一歩会）→ ここカフェ＠川越 羽生つながりカフェ* 春日部つながりカフェ* 寄り添いステーション騎西	結の会 あゆみの会 放射能から避難したママネット＠埼玉* 青空あおぞら* お茶っこふるさと会 負けねっちゃきらり* つながり* 双葉町埼玉自治会 ぽろろん

＊：支援団体や他市からの波及効果あり.
出所：筆者作成.

流会が開かれていない地域の避難者に向けて、二〇一二年に巡回型のカフェを開催した。この二団体の働きかけをきっかけとして立ち上がったグループが五つある。新座《にいざ》市では国家公務員宿舎に多くの避難者がいたことから、巡回型のカフェを開催し、その開催後に地元ボランティアが引き継ぐ形で同宿舎の集会所で毎月の交流会が開かれるようになった。のちに東松島市からの避難者が代表となる。所沢市では、浪江町からの避難者と、その同級生で所沢市に在住していた双葉町出身者が震災後に再会し、「新座さいがい・つながりカフェ」に参加したことで面識を得たSSNスタッフのサポートを得ながら、「青空あおぞら」を立ち上げた。さらに、羽生《はにゅう》市、春日部市でも同様に「つながりカフェ」が立ち上がることとなった。加須市では先述のとおり、旧騎西高校内に多くの双葉町民が避難していたが、生徒ホールで町民が「Fカフェ珠寿」を立ち上げて、SSNスタッフが補助にあたることになった。旧騎西高校の避難所閉鎖後も、「Fカフェ珠寿」の運営メンバーが双葉町社協の施設を使って、「双葉町民によるボランティアカフェ」と名前を変えて交流会を継続していく。

他市の避難者グループからの波及効果を受けたものとしては、上尾シラコバト団地の「被災者の会・ひまわり」のメンバーで、同団地から伊奈町《いなまち》に転居した石巻市の避難者が立ち上げた「負けねっちゃきらり」、いわき市から毛呂山町《もろやままち》に避難し、「ここカフェ」などに参加していたK氏が毛呂山町で新たに立ち上げた「つながり」がある。

市役所や社協が関わって立ち上がった避難者グループも、隣接する他市からの波及効果がみられる。富士見市では富士見市役所と富士見市社協の働きかけにより、草加《そうか》市では市内の避難者三名からの要望を受けて草加市役所の支援により、和光市では和光市社協ボランティアセンターの働きかけにより、それぞれ交流会が開始した。その立ち上げ時に、富士見市ではふじみ野市のおあがんなんしょ、草加市では越谷市の一歩会、和光市では新座市の新座さいがい・つながりカフェという近隣の避難者グループのボランティアスタッフが、協力や助言を行っている。

また、この時期には、それ以前には見られなかったタイプの避難者グループとして、常設型の施設と、県内全域を対象としたグループも立ち上がっている。

双葉町民が多数避難した加須市では、地元でボランティア活動を行っていた任意団体の「加須ふれあいセンター」（のちにNPO法人格取得）が施設を借りて、常設型の「寄り添いステーション騎西」を立ち上げた。安価な昼食の提供や、朝市の開催などを行い、旧騎西高校の避難所閉鎖後も双葉町民の集いの場となっていく。

避難元を同じくする人々が、避難先の地域を超えてグループを結成する例もみられる。自主避難者に特化したグループとして、二〇一一年七月に東京で結成された「つながろう！放射能から避難したママネット@東京」の埼玉支部として、「放射能から避難したママネット@埼玉」が二〇一二年五月に結成された。また、二〇一四年六月にも自主避難者のグループ「ぽろろん」が結成されている（本章第4節で後述）。強制避難者のグループとしては、二〇一三年一二月に旧騎西高校の避難所が閉鎖されたことを受けて、「双葉町埼玉自治会」が結成され、避難者同士の見守りや、追悼式や夏祭りの開催などを行っていく。

さらにこの時期には、避難開始期に先駆的に結成された避難者グループが、再編して活動を継続していく例も見られた。越谷市では楢葉町からの避難者と地元ボランティアの元教員の二人によって「一歩会」が結成されたが、前者が福島県内に転居して以降は、地元ボランティアの主導する活動や越谷市外での活動が増えていった。そこで、浪江町から避難したI氏を中心に「越谷一歩会」として避難当事者に特化した活動を新たに実施するようになり、「越谷一歩会」が「一歩会」から卒業して「越谷避難者の会」、さらに名前を変えて「あゆみの会」となった。I氏は越谷市の臨時職員、その後は浪江町の復興支援員コーディネーターを務めている経緯から、越谷市内の避難者とつながりを持っており、地元の自治会とも協力しながら活動を継続している。熊谷市では地元ボランティアの社会福祉士を中心に、さいたまコープの協力のもと、「ふるさと交流サロン」が開催されていた。その後の状況の変化を受けて、震災から四年を経過した二〇一五年二月末に、「最後のサロン」を開催して活動を一旦閉じることになる。しかし、サロンに参加していた避難者から、小規模でも活動を継続したいという声があがり、南相馬市から避難した夫妻を中心に、二〇一六年一月に「結の会」として再結成し、地元の社会福祉士が再び事務局として後方から活動を支えることになった。

このような条件が折り重なりながら、避難者グループが県内各地で活性化し、活動を展開していったのが、埼玉県内の避難者支援の多くの特徴である。

ただし、それでも避難者グループが結成されなかった地域もあり、さらにさまざまな理由から避難者グループの交流会に参加しない・できない避難者も多く存在する。これらの避難者を支えるものとして、避難者向け情報誌が刊行されるようになった。

2-2 避難者向け情報誌の刊行

第2章第2節で述べたように、さいたまスーパーアリーナではハンズオン！埼玉を中心とする「情報班」が情報掲示を行うとともに、東北からの避難者と埼玉県民がメッセージを寄せ合う「福玉ボード」（第2章扉写真）を作っていた。この活動は、避難所における「生活情報の不足に伴う諸問題」（山下・菅 2002）に対応するものであった。だが、避難所閉所とともに、こうした情報提供機能も消失する。ハンズオン！埼玉の西川正氏や筆者（原田）は、避難所閉鎖の直後から、分散していく避難者に情報を届ける「情報班」の広域版ができないか、という議論をしていた。

他方で、第3章第2節で述べたように、各地で避難者のグループや交流会が立ち上がっていく。これらのグループと接点を持っていたのが、交流会での物資や会場の提供を支援していた埼玉労福協の永田信雄氏である。また、これらのグループの聞き取りをしていた筆者らに対して、他所のグループや交流会の様子を教えてほしいという声が届くようになった。

そのタイミングで二〇一一年一一月、うつくしまＮＰＯネットワークが福島県内で避難者向けに『ふくしま絆新聞』を創刊し、各地の交流会や避難者の声を名前・写真付きで紹介しているということが伝わってきた。これらの経過から、永田氏・西川氏・筆者（原田）の間で「『ふくしま絆新聞』の埼玉版を作る」という構想が始まり、二〇一二年二月に三名でうつくしまＮＰＯネットワークの視察を行い、『福玉絆新聞』（仮）の創刊が具体化していった。

そして、同年三月二五日に、埼玉労福協主催によるスパリゾートハワイアンズ（いわき市）への日帰りバス旅行が企画された。埼玉県内の避難者に広く参加を呼びかけ、各地の交流会の主催者がバスの添乗員として協力した。これに合わせて、旅行参加者に「発刊準備号」を配布したのち、二〇一二年四月に正式に第一号を発行することになる。創刊直前に、「お便り」として届けるという意味を込めて、誌名を『福玉便り』に変更した。発刊準備号の挨拶文には、西川氏が次の文章を寄せている。

もっと東北・福島と埼玉の人が「出会ってよかった」と思える機会があって欲しい。出会いから、たくさんの『福の玉』が生まれてほしい。避難者と支援者をこえて人と人としての関係になれたらいいなと思いました。そんなわけで、このささやかな「お便り」を出すことにしました。「このお便りのおかげで、誰かと話せた。」そう言っていただけるような話の種、友達の種、明日の種をたくさん飛ばすことができたらいいなと思っています。春のタンポポのように。この「お便り」が必要でなくなる日まで、どうぞよろしくお願いいたします。

誌面は、西川氏による温かみを重視したレイアウトで、筆者（原田）が調査した各地の交流会情報の地図とカレンダー、埼玉労福協に届いた支援物資情報などを掲載することから出発した。創刊当時は埼玉労福協のコピー機で印刷し、発行ペースも不規則であった。

二〇一二年七月の第三号から、「富士ゼロックス埼玉　端数倶楽部」[2]が社会貢献活動として印刷を担当することが決まり、毎月五〇〇〇部を発行するようになった。それ以降、埼玉労福協の読者登録、自治体経由、各地の交流会経由の三ルートで、なるべく網羅的に配布していく。二〇一二年夏には、川越市で「ここカフェ」を立ち上げたライターの吉田千亜氏が加わり、自主避難や子育て・健康・住宅に関する記事を担当。二〇一二年九月に初めて編集会議が開かれてようやく編集体制が整い、同年一一月の第七号からページ数が八ページに増量した。二〇一三年五月からは、赤い羽根「災害ボランティア・NPOサポート募金」の助成を受けて、発送費等に活用することになる。

こうして軌道に乗った『福玉便り』は、各地の交流会や避難者向けイベントの報告・告知を中心に、子育て・健康・就労に関する情報や埼玉の地域情報、甲状腺検査や賠償等、原発避難者に必要な情報などを掲載していった（表4-2・4-3）。また、筆者ら編集部メンバーが埼玉県内の避難者に聞き取りを行い、顔写真・名前付きで紹介する「ひろば」のコーナーも二〇一三年三月から不定期で掲載し、分散した避難者の声を届けるようになった。

このような『福玉便り』の機能は、第一には、情報提供である。広域避難者は避難元・避難先のどちらの自治体からも情報が届きにくい状況にあり、両者の広報誌の中間のような立ち位置で、福島県や東北の情報と埼玉県の情報を提供した。第二に、各地で立ち上がった交流会・グループの後方支援であり、各地の交流会を地図とカレンダーで可視化することで、参加を促したり、他の地域でも交流会の形成を喚起したりした。第三に、避難者への「承認」のメッセージが挙げられる。埼玉県には多様な立場の避難者が存在する中で、編集部では、なるべく特定の立場の避難者に偏らないよう配慮することを常に議論していた。そして、さまざまな被害と剝奪の経験を受

[表 4-2]『福玉便り』に掲載した特集記事(抜粋)

第4号(2012年7月)	埼玉冒険遊び場マップ
第7号(2012年11月)	【埼玉県で受けられる健康検査】医療生協さいたま埼玉協同病院
第8号(2012年12月)	避難ママへ―埼玉県の子育て支援情報―
第8号(2012年12月)	埼玉県の初詣情報
第9号(2013年2月)	甲状腺検査レポート ―「何もわからない」状態から今の状態をつかむために―
第12号(2013年5月)	原子力損害を巡る賠償の枠組みと現状について
第13号(2013年6月)	東京電力が公表した財物賠償の仕組みについて
第14号(2013年7月)	福島第一原発事故による損害賠償請求権の消滅時効について
第18号(2013年11月)	ご存知ですか? 避難指示区域外(自主避難区域)の原発ADR
第26号(2014年7月)	埼玉県の高校入試のしくみ
第29号(2014年10月)	田村市都路を訪問してきました
第30号(2014年11月)	NHK受信料の免除について
第39号(2015年8月)	楢葉町　解除前のいま

出所:筆者作成.

[表 4-3]『福玉便り』に掲載した連載記事(抜粋)

第10号(2013年3月)〜	「ひろば」(埼玉県内の避難者の方々を顔写真・名前付きで紹介)
第14号(2013年7月)〜 第26号(2014年7月)	「福島から」 (福島県内の仮設住宅で自治会長を務める方々などの声を紹介)
第15号(2013年8月)〜 第43号(2015年12月)〜	「復興支援員さん」 (復興支援員に着任した方々を顔写真・名前付きで紹介) 「復興支援員さんから」 (埼玉県内の復興支援員事務所のリレー記事)
第23号(2014年4月)〜	「避難住宅を考える」(住宅をめぐる法制度や政治の動きを紹介)

出所:筆者作成.

けている避難者に対して、「どんな選択を取っても、今はここにいても良いんだよ」という「承認」のメッセージを送り続けることを心がけていた。
　こうした『福玉便り』の機能は、避難者である読者の以下のような感想から、ある程度の成果を確認することができる。

震災に遭ってから、未知の地で本当に『福玉便り』には助けられました。何よりも地域を知ることができ、ひとりぼっちだったのが（主人は亡くなりました）同じ被災者のことを知る情報源にもなり、毎回楽しみにしていました。回を重ねるごとに皆さんが自立し、強く生きていることを知り、自分の力にもなりました。福島の方の車でコンサートや交流会にも出かけ、仲間ができ、今までお陰様でつながりが続いています。まさに福の宝珠（玉）のようなお便りでカラーで見やすくわかりやすく、感謝申し上げます。長い間ありがとうございました。（宮城県山元町→さいたま市、六〇代女性、二〇一七年一月アンケートより）

集まりへのお誘いがあっても参加できないことが多く申し訳なく思っていますが、『福玉便り』をいただくことで、何か皆様の一員であるかのような気がしています。『福玉便り』は心の平安を保つ糧となっています。いつも楽しみに待っています。ありがとうございます。（双葉町→越谷市、七〇代女性、二〇一八年一月アンケートより）

私たちへの優しい気遣いをありがとうございます。「ひろば　避難中の方々の声を伝えるコーナー」は毎回心が痛みます。でも一生懸命さが伝わり、最後は何かほっとします。私たちの悲しみは本当に同じ立場の者でないと解りませんから。（福島県→川越市、六〇代女性、二〇一八年一月アンケートより）

私はイベントなどに参加しませんが、いつも『福玉便り』を読ませて頂いています。自主避難であり、今住んでいるところでは「避難してきた」とは言えず（「なぜ？」と言われる）、地元では残った友達もたくさんいる。複雑な気持ちをずっと抱えています。いろいろな方の意見や考え方に触れることができる『福玉便り』が助けになることもあります。いつもありがとうございます。（福島県→新座市、三〇代女性、二〇一八年一月アンケートより）

『福玉便り』はその後、二〇一八年度からは隔月にペースを落としながらも、刊行を継続している。二〇一三年三月からは、毎年三月に『福玉便り春の号外』も刊行して、避難者の現状や支援の課題を提起するようになっていった。その詳細については、本章第4節で改めて見ていきたい。

3 二つの復興支援員事業による広域避難者支援

3-1 復興支援員制度の概要

復興支援員制度は、被災者の見守りやケア、地域おこし活動の支援等の「復興に伴う地域協力活動」を通じ、コミュニティ再構築を図るために設立されたものである。[3]

復興支援員事業の事業内容は、大別すると二つに分類することができる。一つは地域のまちづくり、活性化に関わる事業であり、例えば、地域情報発信、観光に関わるさまざまな事業、六次産業化などを含めた地域事業の開発などが挙げられる。もう一つは、仮設住宅などの見守りやケアのために復興支援員事業が用いられている場合である。津波や原発事故によって避難した被災者が仮設住宅や復興公営住宅に移住した際に、避難者の見守りを行ったり、仮設住宅や復興公営住宅のコミュニティ形成を担ったりする事業である。

本書で議論している広域避難者支援に対する復興支援員事業も、主に後者に該当する。だが、全国的に興味深い点は、埼玉県では、福島原発事故によって避難区域に設定された浪江町、富岡町、双葉町、大熊町、そして福島県から復興支援員事業が展開されたことである。復興支援員事業は、地方自治体から受託された団体によって運営されるが、埼玉県では震災以降、埼玉県内における広域避難者支援活動をリードしてきた埼玉労福協が受託団体となって展開された浪江町、富岡町、福島県の復興支援員の活動と、岩手県などの津波被災地の復興活動を担ってきた一般社団法人RCFによる双葉町と大熊町の復興支援員事業が展開された。以下、それぞれの活動の展開を記述、考察していきたい。

なお、復興支援員に関する調査研究は端緒についたばかりである。本書の対象となる、広域避難者に対する復興支援員に関しては、櫻井（2015）が、福島県浪江町の復興支援員制度の導入状況について議論し、中間支援組織の重層構造から人材育成を中心とした地域コミュニティの再生の可能性を指摘している。ただし、地域コミュニティ支援における中間支援組織の意義を自明のものとしているため、広域避難者の実態を踏まえた、避難者支援のためのガバナンスのあり方として、復興支援員制度がどのような位置づけにあるのかが議論されていない。また、熊上（2016）は、福島県双葉町の復興支援員に関する事例研究を行い、埼玉県双葉町に避難した双葉町民のコミュニティの分断状況と、コミュニティをつなぐための施策を事例報告しているが、双葉町の復興支援員については事実関係の記述にとどまっている。

一方で、桜井ほか（2016）は、原発事故後に指定された警戒区域の中で最も早く解除が行われた地区である、福島県田村市都路《みやこじ》地区の住民に対するアンケート調査を実施し、さまざまな活動を展開する復興支援員の活動に対する認知度や満足度を把握している。そして、地域住民の復興支援員による取り組み（情報発信、ボランティアの受け入れ、雪かき・草刈り、住民座談会、戸別訪問、イベント支援など）の効果を測定し、復興支援員事業の効果が一定程度あったと結論している。本書でも広域避難者支援に対する復興支援員事業の効果を同様の方法で調査するべきであったが、本書が対象とする復興支援員事業は、復興支援員の対象が、埼玉県、日本全体に避難した人々に対するものであり、同様の調査は困難である。したがって、主に復興支援員の活動内容やその展開に対する調査から、広域避難者支援に対する復興支援員事業を分析、考察していく。

3-2 埼玉労福協による復興支援員事業の展開と課題

二〇一二年から福島県浪江町は、福島県外に避難した町民を「つなぐ」ために、交流・話し合いの場をつくる、避難町民と町行政をつなぐ連絡・調整、避難町民の主体的コミュニティ活動の支援を目的として、復興支援員制度を援用した広域避難者支援を開始した。具体的な体制としては、二〇一二年七月から復興支援員を千葉、山形に三名ずつ試験導入し、二〇一三年度から東北圏地域づくりコンソーシアムがコーディネート組織となり、山形・千葉・埼玉・新潟・京都に支援員を配置し、二〇一四年度からは全国一〇カ所（二八名）の体制となり、主に福島県外に避難した浪江町民を戸別訪問する活動を行った。埼玉県において浪江町の復興支援員事業を受託したのは、これまで埼玉県において広域避難者の民間支援団体の中心的な存在であった埼玉労福協（埼玉県労働者福祉協議会）であった。その具体的な活動内容について見ていこう。

東日本大震災と福島第一原発事故以降、埼玉労福協は避難者に対する物資の提供を行うほか、二〇一二年七月から埼玉労福協の呼びかけによって「福玉会議」を隔月に開催し、そこでは埼玉県内の当事者団体・支援者団体、復興支援員などの関係者が出席し、広域避難者やその支援に関する情報の共有が行われた。

また、避難者の支援活動を通して福島からの避難者と接点を多く持っていた埼玉労福協は、浪江町の復興支援員事業による広域避難者への戸別訪問には、福島弁を語る復興支援員が不可欠であると判断していた。そして、埼玉労福協の支援活動や「福玉会議」でのネットワークから、復興支援員に浪江町からの避難者を採用することができた。これは、避難者自身の雇用にもつながることになった。

戸別訪問を行うと、福島弁を語る復興支援員の訪問によって何時間も話をする避難者は数多い。浪江町復興支援員の語りからは、「訪問すると、『二年半前の三月一一日以来、初めて福島の人と話ができた』とか、『避難生活を始めてから、町の様子も状況もわからないから、買い物には行くけれど、それ以外は出ない』と言う方も結構いらっしゃいます」(二〇一三年一二月九日、『福玉便り2014春の号外』)、「われわれが回っていて、一二月にも『初めて浪江の人と話しました』という方が二人いたんですね」(二〇一五年一二月二五日、『福玉便り2016春の号外』)といった指摘が繰り返し出されたくらいである。さらに、埼玉労福協が手がけた復興支援員事業は、戸別訪問だけではなく、広域避難者の交流会(福玉サロン)や、その交流会に参加できない避難者への個別対応なども行った。戸別訪問を中心とした支援は、避難者自身は理解できないが、第三者には理解できる「庇護ニーズ」(上野 2008: 14)の発見につながったり、緊急性を要する支援が必要な避難者の発見にも寄与したりしている。このように埼玉労福協による広域避難者に対する復興支援員事業は、広域避難者のニーズを捉え、実効性が伴ったものであったといえる。

なお、他地域における浪江町の復興支援員事業は、受託団体が広域避難者支援の経験が浅い場合は、支援活動そのものを模索していく必要があった。また、NPOなどの復興支援員事業の受託団体の構成員が復興支援員になることは、戸別訪問・見守り事業において避難当事者とは「遠い存在」となり、かつ復興支援員事業が避難者の雇用につながらない。これらの点も踏まえると、埼玉労福協が実施した戸別訪問・見守りを行う復興支援員事業は、実効性が高い実践であったと評価できるだろう。

このような戸別訪問を中心とした復興支援員事業は、その後、福島県が二〇一四年一一月に、富岡町が二〇一五年一月に復興支援員埼玉事務所を設置し、埼玉労福協が受託団体となり、広域避難者の戸別訪問を行うことになった。浪江町は「全国どこに住んでも浪江町民」という町長の意向もあり、日本全国を一〇ブロックに分けて復興支援員を配置し、埼玉労福協が雇用した復興支援員は埼玉県と東京西部を担当した。一方で、富岡町は、埼玉事務所の復興支援員四名が全国の広域避難者を担当した。また、福島県は、広域避難者が多い八都県に復興支援員を配置し、戸別訪問を実施していない福島県民の避難者への戸別訪問を実施した。

しかしながら、埼玉労福協が主導した戸別訪問事業を中心とした復興支援員事業にも課題がある。第一に、戸別訪問による復興支援員の精神的疲弊とそれに伴う支援員のケアの必要性である(川上 2015)。広域避難者でありながら復興支援員になることは、当該自治体の臨時職員という立場となる。よって、復興支援員は訪問先の広域避難者からは行政批判の矛先となり、自身も避難者である復興支援員は、同じ立場の避難者からの批判を浴びることになる。

他方で、同じ広域避難者という立場の共通性は、たしかに戸別訪問をスムーズに進行させた。

例えば、東京都の復興支援員は福祉系の専門家を配置したが、埼玉県の復興支援員による戸別訪問と比較すると、広域避難者の反応は同郷の復興支援員の訪問の方がはるかに良いものであった。つまり、最初の戸別訪問の際には、同郷である復興支援員の方がスムーズにいく。ただし、戸別訪問を行う復興支援員が、訪問を受ける避難者にとって非常に近い関係である場合、逆に相談ができないという声もあることは留意しておく必要がある。その際には、福島県の職員など第三者的な立場の訪問の方がよい場合もある。

さらに、復興支援員は戸別訪問を行っていく中で、見守り以上のことができないという活動のジレンマを抱えることになった。ある復興支援員の語りを見ていこう。

私は支援員の仕事を、町への思いから始めたんですが、最近では町への思いはもちろんのこと、人への思いも持つようになってきました。一人ひとりの苦しんでいる姿を見ると、「この人をどうするのか」という気持ちになります。さまざまな事情で、どうしても誰にも相談できない、つなげられないという方もいらっしゃいます。我々にだけしか話せないと言われると、どうやってこれからサポートしていけばいいのか、例えば支援員事業が終わってしまったらそういう方々ってどうするんだろうか、と感じています。（浪江町復興支援員、二〇一五年一二月二五日、『福玉便り２０１６春の号外』）

この証言は、広域避難者を復興支援員として配置した場合、避難者の話を聞くことはできるが、その後の専門的な支援をどうすべきかという課題を抱えていることを示している。つまり、専門家を復興支援員に配置する場合は、広域避難者との接点が持ちにくくなるという側面はあるものの、戸別訪問による見守りを行うには専門的な知識をもった人も必要であり、避難元出身者と専門家の組み合わせが戸別訪問を円滑に行う要件であることが見いだせる。

3−3 RCFによる復興支援員事業の展開と課題

震災前はベンチャー企業の設立と事業拡大を支援してきた一般社団法人RCFは、震災後、岩手県の仮設住宅支援員のサポートや、釜石市におけるコミュニティ支援（企業と地域の間に入り、互いの利害を一致させる「コーディネーター」としての役割など）を復興支援員事業として行っていた。

RCFは双葉町からの依頼で、二〇一三年八月から郡山市といわき市を中心に、自治会支援やコミュニティの場づくり、避難先地域との交流を促進するための活動として復興支援員事業を開始した。そして二〇一四年四月から埼玉県（加須市）にも事務所を置き、避難中の双葉町民同士の絆の維持、発展を図るコミュニティ支援、コミュニティ紙の発行などを行うことになった。

前述したように、双葉町は原発事故後に四回も役場機能を移転し、双葉町民は埼玉県には、さいたまスーパーアリーナと、旧騎西高校がある加須市に集団で避難した経緯がある。旧騎西高校の避難所は二〇一三年一二月まで設置されたが、旧騎西高校に避難した双葉町の住民は、加須市周辺に住むことも多かった。また、双葉町の役場機能が加須市にあったこともあり、双葉町からの避難者の見守りは、双葉町の社会福祉協議会と加須市役所が実施していた。したがって、双葉町側は復興支援員の役割として、情報発信と加須市に避難している双葉町民のコミュニティ支援を求めることになった。RCFとしても、岩手県におけるコミュニティ支援のノウハウを用いることができた。双葉町の復興支援員の具体的な活動としては、双葉町民の住民団体（「東京ふれあい双葉会」、二〇一六年二月現在で六六名）の結成や、双葉町の既存の町内会（自治会）のサポートや、避難者の中でも比較的若い世代の活動のサポート事業（「ふたさぽ」）を実施した。さらに、復興支援員が加須市周辺に住む双葉町民から聞き取りを行い、聞き書き集も作成している。

一方、大熊町は、二〇一六年四月からRCFが受託団体となった復興支援員事業を開始した。その目的は、「避難先で近くに避難している町民を知りたい、会いたい等のニーズを受け、交流会などを通じて、各地に避難している町民同士をつなぎ、避難先での町民コミュニティの立ち上げ、および活動を支援」するものである。二〇一四年に埼玉県さいたま市にコミュニティ支援事務所を開設し、大熊町の復興支援員は、埼玉県に避難した大熊町民による団体（会員数六九名）を設立させて、避難先における避難者のコミュニティ支援を行った。だが、二〇一五年度末に復興支援員の埼玉事務所はいわき事務所に統合され、埼玉県での活動は二年間のみであった。

以上のように、RCFが行った復興支援員の活動は、広域避難者の避難先での町民コミュニティ再構築を目的とし、広域避難者主体の活動に対する中間支援としての活動である。広域避難者が、避難先で一時的にしても定住化する中で、広域避難者のネットワークの形成は、避難者の孤立防止の観点からも重要である。しかしながら、避難元自治体が同じ人同士の団体・ネットワークの形成のためには、その団体やネットワークをとりまとめる人材が不可欠であり、復興支援員など外部の支援者の働きかけだけでは成立しない。広域避難者が点在して居住している場合は、とくに団体やネットワークの形成が難しくなる。

例えば、ある福島県復興支援員は、

双葉町の方っていうのは、加須市に双葉の人がいるという思いがあって、どこか心の拠り所にしている気がするんですね。だから、人がそこに集まっているっていう拠り所は必要だと思います。逆に大熊町の方は、拠り所がないので、個人で抱え込んでいる方が多い気がします。ただ、常にその場所で集わなければならないかというとそうでもなくて、いろいろな人生の側面があるので、集まるときはそこで集いましょう、という投げかけを、できる形でしていくしかないのかなと感じています。(福島県復興支援員、二〇一五年一二月二五日、『福玉便り2016春の号外』)

と語っている。大熊町の広域避難者のように分散して居住している場合は、広域避難者の団体・ネットワーク形成のためには、戸別訪問による見守りを行うことがやはり重要になっているのではないか。換言すれば、点在している広域避難者による住民団体・ネットワーク形成のためには、当該の場所や土地に根付いた形でまちづくりを行う手法ではなかなか難しいということを示唆しているといえるだろう。

3－4　広域避難者に対する二つの復興支援員事業の比較

図4－4と表4－4は、埼玉県で展開された広域避難者支援の復興支援員事業の活動内容を比較したものである。両者の比較から敷衍できる点は、受託団体の元来の支援活動内容に、復興支援員の活動内容が規定される点である。つまり、広域避難者支援のノウハウをもつ団体が事業の受託団体である場合の方が、復興支援員事業も円滑になる。

また、受託団体の支援活動の内容の差が、復興支援員の活動内容を規定し、支援の対象となる避難者が異なることが見いだせる。戸別訪問は社会的弱者の支援であり、広域避難者の団体・ネットワーク形成は、とりあえず定住を決意した避難者への支援となる。双方の支援が広域避難者支援に必要であることは言うまでもないが、避難元自治体や復興支援員事業の受託団体の支援経験によって支援の形が異なることから、復興支援員による支援からこぼれ落ちる広域避難者の存在があることは、改めて確認しておく必要があるだろう。

例えば、大熊町からの広域避難者の中で、形成された大熊町の町民団体のネットワークに入っていない避難者は孤立している可能性がある。双葉町からの避難者は、加須市内に居住している場合は、旧騎西高校が避難所であった時期からの民間支援団体による支援、双葉町の町民による自治体活動、加須市役所が定期的に実施している見守りなど、手厚い支援を受けている。しかし、同じ双葉町民でも、加須市以外に避難、定住した場合は、この限りではない。

このように多様な広域避難者が存在する中で、広域避難者のための復興支援員事業の受託団体

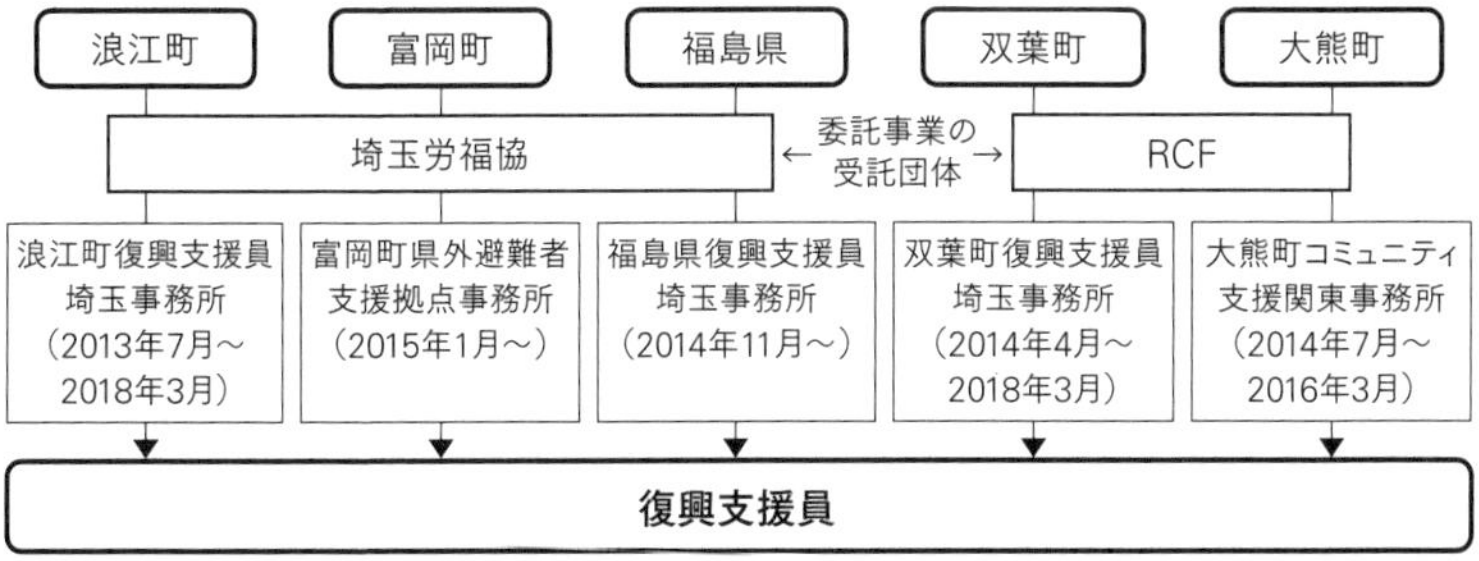

浪江町：全国を10のブロックに分けて復興支援員を配置し，埼玉・東京西部を埼玉事務所が担当
富岡町：埼玉事務所の支援員4名が全国の県外避難者を担当
福島県：県外避難者が多い8都県に復興支援員を配置
双葉町：いわき市・郡山市・埼玉県（加須市）に事務所を置いて支援員を配置
大熊町：コミュニティ支援事務所をいわき市と埼玉県に開設して，支援員を配置
（→2015年度末，埼玉事務所がいわき事務所に統合）

［図 4-4］ 埼玉県における復興支援員事業の概要
出所：筆者作成．

［表 4-4］ 埼玉県における復興支援員事業の比較

復興支援員の対象	浪江町，富岡町，福島県全体	双葉町，大熊町
受託団体	埼玉労福協	RCF
受託団体の震災以降の活動内容	埼玉県における県外避難者支援（物資の配給，情報提供，イベント開催）を実施 →社会的弱者に対する「社会運動」としての位置づけ	コミュニティ形成，情報発信の実施 →まちづくり系の「社会的企業」としての活動
復興支援員の活動内容	戸別訪問による見守り	同郷者のグループづくり， コミュニティ形成
復興支援員の属性	地元出身（当事者）	地元以外の出身（支援者）
活動内容の課題	社会的弱者の発見と，その後の対応． 戸別訪問後の展望の難しさ．	同郷者のグループはできたが，社会的弱者の支援は別組織に依存． 孤立している避難者へのアクセスが難しい．

出所：筆者作成．

の少なさが、広域避難者支援を質的、量的に限定してしまっている構造も指摘できる。

復興支援員事業は二〇一七年度から全体的に縮小傾向であるが、広域避難者支援に関わる復興支援員事業も収束傾向にある。例えば、二〇一八年三月末に埼玉県における浪江町と双葉町の復興支援員事業が終了し、広域避難者への復興支援員事業は、福島県と富岡町の事業のみとなった。とくに浪江町の復興支援員事業の縮小は、埼玉県に避難している浪江町民に対しては衝撃的な出来事であった。「全国どこに住んでも浪江町民」というスローガンを掲げてきた馬場有《たもつ》浪江町長のもとで、広域避難者に対応する復興支援員を配置してきたが、福島県外への避難者がなかなか浪江町に帰還しない中で、浪江町外の福島県内に避難する避難者への働きかけをする方針の変更があったようである。なお、二〇一七年一二月から馬場町長は体調不良で入退院を繰り返し、二〇一八年六月一三日に辞職願を議会に提出、六月三〇日付けで辞職が決まっていた中で、六月二七日に逝去した。

復興支援員事業の継続／中止は当該自治体の判断で行われるものであるが、広域避難者の問題が十分解決していない中での支援員事業の縮小は、賛否が分かれるところであろう。その一方で、広域避難者支援に関わった復興支援員事業の機能的等価物を、他の制度や仕組み、支援の実践の中に埋め戻すことが必要である。

4 避難者支援のネットワークと浮上した支援の課題

4−1 「福玉会議」「福玉リーダー会議」と『福玉便り春の号外』

「福玉会議」「福玉リーダー会議」の開催

第3章第3節で述べたように、埼玉県内の避難者支援の連絡会議としては、埼玉弁護士会主催の「震災対策連絡協議会」が開催されていた。だが、既存の行政・士業団体の連絡交換の場という要素が強く、新たに立ち上がった避難者グループには参加しづらかった。他方で、『福玉便り』の創刊後、避難者グループから相互に情報交換したいという声があがる。そこで、二〇一二年七月に埼玉労福協の呼びかけで「福玉会議」がスタートした。開始後の約三年間はほぼ隔月で開催され、その後は開催頻度を減らしつつ、二〇一八年六月までに二七回が開催されている。

当初は埼玉労福協、『福玉便り』編集部と避難者グループが一〇団体ほど参加する小規模な会議であったが、会議が定期的に開催される中で参加者が増え、多い時には五〇人以上が出席するようになった。第一回から第二七回にかけて、二回以上出席した主な団体は表4−5のとおりである。

この参加者について、震災対策連絡協議会との比較を念頭に置きながら特徴を挙げると、次のように言える。まずは、避難者グループと、そのバックアップを行う支援団体、さらに復興支援員が中心を占めている。避難者グループのリーダーや復興支援員を務める避難当事者も多く参加し、活動の課題や、避難者の置かれた状況などを共有するなど、エンパワメントの場となっていた。次に、福島県の団体や、近隣県の避難者支援団体、全国のネットワーク団体もアドバイザーとして参加している。こうした団体とは、JCN（東日本大震災支援全国ネットワーク）主催の「広域避難者支援ミー

［表 4-5］「福玉会議」の主な出席団体（2回以上出席の主な団体）

埼玉の支援団体	埼玉労福協（主催），『福玉便り』編集部（協力），震災支援ネットワーク埼玉，すぎとSOHOクラブ，連合埼玉，NPO埼玉ネット，さいたまコープ，パルシステム埼玉，生活クラブ埼玉，埼玉生協連，臨床発達心理士会埼玉支部
避難者グループ	上尾シラコバト団地ひまわり（上尾市），おあがんなんしょ（ふじみ野市），杉戸元気会（杉戸町），ひまわりの会（川口市），鳩山町ボランティア実行委員会（鳩山町），想い（鴻巣市），放射能から守るママネット埼玉（全域），ふるさと交流サロン（熊谷市），加須ふれあいセンター（加須市），さいがい・つながりカフェ実行委員会（さいたま市），一歩会（越谷市），あゆみの会（越谷市），ここカフェ（川越市），向原団地被災者の会（上尾市），Fカフェ（加須市）
復興支援員	福島県復興支援員事務所，浪江町復興支援員事務所，富岡町復興支援員事務所，大熊町復興支援員事務所，双葉町復興支援員事務所，宮城県東京事務所
福島県・全国・他県の支援団体	福島県連携復興センター，ふくしま就職応援センター，RCF，JCN，みちのく未来基金，東北圏地域づくりコンソーシアム，ふうあいねっと（茨城県），かながわ避難者とともにあゆむ会（神奈川県）
行政	福島県庁避難者支援課，大熊町役場
東京電力	東京電力埼玉補償相談センター
国	内閣府被災者支援チーム

出所：筆者作成．

ティング」などでも交流し、支援のノウハウの共有などにつながった。さらに、福島県庁の避難者支援課が継続的に出席し、福島県庁の支援策などを逐一提供する。他方で避難当事者から福島県庁への意見を投げかける場にもなった。さらに、「想い」（鴻巣市）のＳ氏の声かけにより、内閣府と東京電力が参加していたのは特異な点であろう。会議の場は、政府や東京電力の責任追及よりも、避難指示の再編・解除や賠償の仕組みがどうなっているのかという情報提供と、それに対する意見を出す場にもなった。

他方で、この会議に埼玉県庁や埼玉県内の市町村が参加しなかった点は、震災対策連絡協議会との違いでもあり、この時期の避難者支援の限界でもあった。

こうした出席者のもと、議題として取り上げられたものとして、まずは避難者グループ・支援団体の活動報告と、交流会運営のノウハウの共有である。「個人情報の壁」への対処や、助成金情報など、各グループのリーダーが情報交換を行い、活動を継続するためのエンパワメントの場となっていた。

また、開催する時期に応じて、避難者支援の課題が提起されていった。例えば、避難先を基盤とする交流会だけでなく、避難元を基盤とする交流会や、世代ごとの交流会を求める声もあがり、これらは埼玉労福協主催による「南相馬の集い」や、各種の子ども向けイベント、「ママランチ」、教育相談会などへとつながっていく。

ただし、「福玉会議」は回を追うごとに参加者が増えて、各団体の活動報告だけで時間がとられるようになっていった。他方で避難者支援を取り巻く課題は多様化、複雑化していき、「福玉会議」では本質的な議論をするのが困難になっていく。そこで、少人数で議論を深めようと新たに立ち上がったのが、「福玉リーダー会議」である。当事者主体で会議が運営されることを目指して、当座の主催団体として埼玉労福協が呼びかけを行い、二〇一四年六月に第一回が開催された。二〇一六年一月までに一〇回開催されたのち、二〇一六年四月からは「福興・彩り会議」と名前を変えて同年八月まで三回開催された。ここでは避難者グループでリーダーを務める当事者たちが率直な議論を交わしていったが、そこから避難者のリーダーが新たな動きを立ち上げるところまで導くことはできなかった。この点もまた、埼玉県の避難者支援のローカルガバナンスにおける課題として、その後も継続することになる。

『福玉便り春の号外』

前記の「福玉会議」「福玉リーダー会議」とも連動しながら、情報誌というメディアを使って支援のネットワークとなったのが、『福玉便り春の号外』である。本章第2節で述べたように、『福玉便り』は二〇一二年四月に創刊し、毎月発行として情報発信してきたが、震災から二年、創刊から一年という区切りにあたる二〇一三年三月に『春の号外』を発行した。その目的は、避難者支援の現状と課題を整理するとともに、その内容を埼玉県民にも広く知ってもらうことである。筆者らが監修を行い、六〇〇〇部を印刷して、『福玉便り』の通常の発送ルートだけでなく関係機関に幅広く配布した。それ以降も二〇一八年三月まで、毎年三月に『春の号外』の発行を行った。その内容は表4－6のとおりである。

まず、多くの誌面を割いて掲載したのが、筆者らが中心となって『福玉便り』編集部と共同で実施した、二つの調査である。一つ目に、二〇一三年から二〇一八年にかけて毎年一月に、埼玉県内の全六三市町村を対象とした質問紙調査を実施した（以下、「自治体アンケート」）。「各自治体内の受け入れ避難者数と、避難元の内訳」「実施している生活支援」などを尋ね、ほぼすべての自治体から回答があ

［表 4-6］『福玉便り春の号外』の内容

掲載年	内容
2013, 2014, 2015, 2016, 2017, 2018	埼玉県内における避難元・避難先ごとの避難者数
2014, 2015, 2016, 2017, 2018	自治体による生活支援の現状と課題，住宅支援の現状と課題
2013, 2014, 2015, 2016, 2017, 2018	福玉マップ（埼玉県内の避難者グループの地図）
2015, 2016, 2017	この1年，県内各地の活動から
2013, 2014, 2015	避難者グループリーダー座談会
2013, 2014, 2015, 2016, 2017	自主避難者座談会，自主避難者の声の紹介
2014	支援者座談会
2016, 2017	復興支援員座談会
2013, 2014, 2015, 2016, 2017, 2018	『福玉便り』読者アンケートから
2016, 2017	学生の声として
2014, 2015, 2016, 2017, 2018	西城戸による「社説」

出所：筆者作成.

った（二〇一六年調査の蕨市のみ未回答）。避難者の人数については、次項で後述するように、埼玉県の集計の不備を発見するきっかけとなった。また、避難元自治体ごとの避難者数については、避難指示区域内の一部の自治体はウェブサイトや公報で公開しているものの、それ以外の自治体では非公開となっており、埼玉県における避難者の内訳を把握することが可能になった。序章に掲載した内訳や、本章第1節で論じた自治体の生活支援の分布も、この調査で明らかになったものである。二つ目に、二〇一二年から二〇一七年にかけて毎年一二月に、『福玉便り』の読者である避難者を対象に質問紙調査を実施した（以下、「読者アンケート」）。「住まいについて」「生活支援について」「今後の生活の予定」などの項目について経年比較するとともに、自由記述を重視して、回答の背後にある避難者の声を『福玉便り春の号外』で詳細に掲載した。(4)

「福玉マップ」は埼玉県内の避難者グループを地図化したものであり、各団体の活動報告も織り交ぜながら紹介した。また、避難者グループのリーダーの座談会、復興支援員の座談会、自主避難者の座談会、支援団体関係者の座談会を実施し、その記録を掲載することで、避難者の心情やそれぞれの活動の成果と課題などを広く共有した。あわせて、福島県と宮城県出身の原田ゼミの学生が、強制避難した子どもたち、自主避難した母親と子どもたちに聞き取りを行い、その成果も掲載した。

さらに、筆者の一人（西城戸）が巻末の「社説」を執筆し、「四年目の県外避難者『支援』を巡って」（二〇一四年）、「五年目の県外避難者『支援』を巡って」（二〇一五年）、「多様な価値、多様な選択を認めた支援を――埼玉広域避難者支援センターの設立の狙い――」（二〇一六年）、「避難者問題は、私たちがどういう社会を望むのかという問題です」（二〇一七年）、「私たちはどう生きるか？―埼玉広域避難者支援センターの一年と今後―」（二〇一八年）というテーマで、問題提起を行った。

このように、埼玉県内では、筆者らも現場に関わりながら、会議や情報誌の媒体を使って、避難者支援の課題を幅広く共有してきた。そこで浮上した課題の中でも六点を取り上げて、以下、項を分けて順に見ていきたい。

4-2 「避難者」の定義と集計に関する問題

支援活動の中で浮上した課題の第一が、そもそも「避難者」とは誰かという、根本的な論点である。

都道府県ごとの避難者数については、各都道府県の集計をもとに復興庁ウェブサイトで公表されていたが、埼玉県の避難者数は少なすぎるのではないかという議論が支援団体の間でなされていた。その中で、埼玉労福協が自治体ごとにイベントの案内や支援物資の提供をしていたところ、各自治体が把握する避難者数と埼玉県発表の避難者数が異なることに気づく。そこで埼玉労福協から依頼を受けたSSN（震災支援ネットワーク埼玉）のスタッフが二〇一二年六月に埼玉県内の各自治体に電話で聞き取りをしたところ、その合計は七一七五人という数字となり、埼玉県と復興庁が同月時点で発表する四四九五人との大きな乖離が明らかになった。この調査を引き継ぎ、筆者らを含む『福玉便り』編集部で、二〇一三年一月から毎年一月に「自治体アンケート」を実施することになった。二〇一三年一月時点で埼玉県・復興庁発表の四〇八八人に対して六七五〇人、二〇一四年一月時点で埼玉県庁・復興庁発表の二九七一人に対して五八九六人という数字が明らかになり（図序-7参照）、この結果は『福玉便り春の号外』に詳しく掲載した。

その後、『福玉便り』編集部の吉田千亜氏が調査したところ、埼玉県の集計では、埼玉県が窓口として災害救助法の適用を受けている住宅（県営住宅、民間賃貸住宅、国家公務員住宅）と各市町村が窓口として災害救助法の適用を受けている住宅（市町村営住宅、国家公務員住宅、UR住宅、雇用促進住宅、民間賃貸住宅、民間賃貸社宅）のみが対象であり、災害救助法が適用されている人数が「避難者」と定義づけられていることが明らかになった。ここでは、自ら民間賃貸住宅を借りた避難者や、親戚・知人宅等に住む避難者は「避難者」の定義・集計から漏れることになる。

それに対し、二〇一四年一月の「自治体アンケート」で、各市町村に避難者の集計方法も尋ねたところ、総務省の全国避難者情報システムへの登録数や、避難者からの自己申告、借上げ住宅の入居者数、社会福祉協議会や市民団体からの情報提供など、複数の手法で実態の把握が試みられていることが明らかになった（西城戸・原田2014）。

これらの一連の調査はマスメディアでも注目を集めることになり、「朝日新聞」埼玉版では継続的に取り上げられた[5]。さらに「毎日新聞」の日野行介記者の取材を受けて、埼玉県が二〇一四年七月に県内市町村に照会を行ったところ、五〇四四人という数字となり、同月三〇日の「毎日新聞」朝刊一面で「原発避難二四〇〇人把握せず」と大々的に報じられた。日野記者は同年八月四日の「毎日新聞」でもこの問題を取り上げ、国が指針を示さずに避難者数の把握を自治体に丸投げし、集計方法は都道府県ごとにまちまちであることが指摘された。この報道を受けて、復興庁は同日、避難者数を極力把握するよう求める事務連絡を各都道府県に送ることとなった。その結果、埼玉県だけでなく同様に集計していた神奈川県でも、避難者数の集計方法が変更された[6]。こうした経緯を経て、二〇一五年、二〇一六年、二〇一七年の調査では、県の公表数と「自治体アンケート」の結果が一致することとなった。

ただし、二〇一八年調査では、再び若干の乖離が発生した。この背景には、二〇一七年三月の自主避難者への借上げ住宅の提供終了に伴い、他の住宅に移った避難者が、埼玉県・復興庁の集計から漏れた可能性を推測できる。この結果は再び「朝日新聞」埼玉版で報じられた[7]。

4-3 避難者の「ニーズ」に関する問題

前記の「避難者」とはそもそも誰かという課題とも重なりながら、支援活動で浮上した第二の課題として、避難者の「ニーズ」をどのように把握し、それに対する支援をどこまでどのように実施するのか、というものがある。この課題が顕著な形で浮上したのが、自治体の実施する水道料金の減免であった。

第3章第1節と本章第1節でも見たように、埼玉県では水道料金の減免措置は一律には実施していなかったため、自治体ごとに水道料金減免の実施の有無に差がつくことになった。これは避難者の立場からすると、どの市町村に避難したかによって、受けられる支援の格差が生まれることとなる。この問題に気づいたのが、鴻巣市の避難者グループ「想い」のリーダーS氏であった。

同市では二〇一三年三月に水道料金減免が終了するが、近隣の市町村では減免措置が継続していた。Ｓ氏は鴻巣市役所の担当課と交渉して同年九月の行政懇談会の開催に至り、それに先立って近隣市町村での水道料金減免の有無を地図で色分けし、あわせて復興特別交付税などについても調べた。この懇談会の結果、鴻巣市では水道料金の減免措置が再開されることとなった。Ｓ氏はこの経過を「福玉会議」で共有・問題提起するとともに、『福玉便り』一八号（二〇一三年一一月発行）に「住民票はなくても、『住民』だから…。鴻巣市との行政懇談会を開催して」として手記を寄せた。

この調査を引き継ぐ形で、『福玉便り』編集部では、翌年一月からの「自治体アンケート」（前項参照）にて全市町村に水道料金減免の実施の有無を調査し、『福玉便り春の号外』に掲載した。この結果を受けて、いくつかの市町村では、避難者グループが自治体に水道料金減免の実施・再開を求める動きにもつながっていく。ただし、避難者に対する「特別な」支援を実施するか否かは各自治体の裁量であり、減免を打ち切った自治体も対応に苦慮してきたことは、本章第１節で論じたとおりである。

このような水道料金の減免は、一律に実施可能な避難者への支援であり、他市との比較を通して、「ニーズ」が顕在化しやすいものであった。だが、個々の避難者が抱える「ニーズ」はさまざまであり、それをどのように把握して支援に結びつけていくかは、常に大きな課題となった。

例えば、筆者らが『福玉便り』で実施した「読者アンケート」において「期待する生活支援」を毎年尋ねたところ（図４－５）、全般的に生活支援へのニーズは減少していくが、避難生活と密接に結びつく「住宅に関すること」「避難元との交通に関すること」「生活情報の提供充実」は高い値を示した。また、「心のケア」「健康増進に関すること」は、調査で一貫して二〜三割を維持しており、心身の健康の支援に対するニーズが引き続き一定数存在することがわかる。他方で、「特別の支援は必要ない」を選択する者も、増減がありつつ二割弱を推移した。つまり、「まだ、避難直後から変わっていない」人もいれば、すでに新たな生活をスタートさせ、「もう避難者とは呼ばれたくない」という人も存在しており、避難者の「立場やニーズの分散」

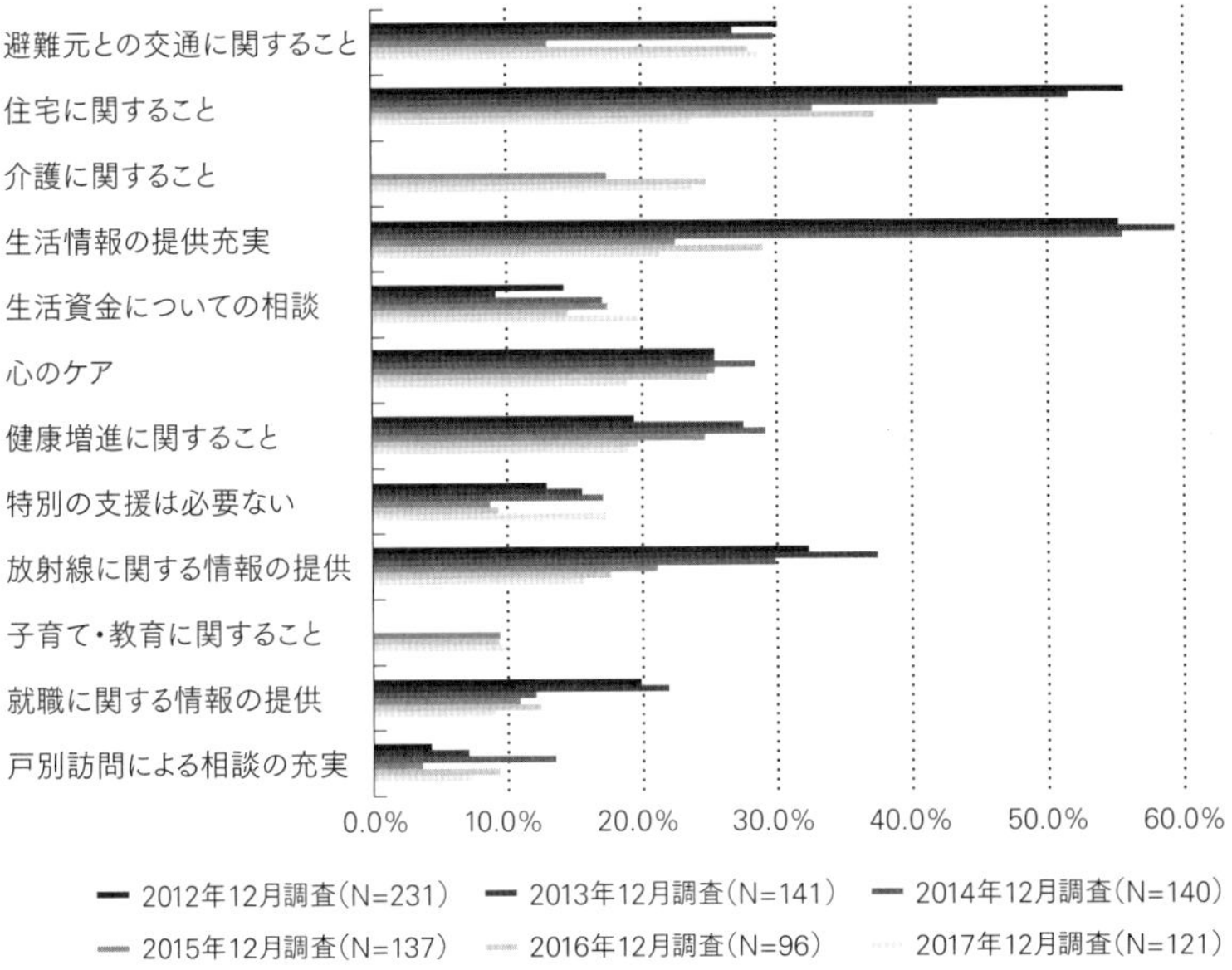

［図 4-5］ 避難者が期待する生活支援（複数回答）
出所：『福玉便り』の「読者アンケート」で得られた回答をもとに筆者作成.

が年々大きくなることが明らかになったのである。また、「今後の生活の予定」についても毎年尋ねたところ、「地元県に帰る予定はない」の割合が徐々に増え、その中でも「現在の住まいに定住したい」、「埼玉県で新しい住まいに定住したい」の希望が増加していったが、自由記述からは、「地元県に帰る／帰らない／わからない」のいずれを選んだ避難者にも、一定数で迷いや苦悩を抱えている人がいることがわかった。(8)

この調査結果は、筆者らが「福玉会議」や「福玉リーダー会議」などの場で逐一還元して、その課題を共有していった。例えば、二〇一五年二月三日の第四回リーダー会議では、「読者アンケート」の結果をもとに、避難者グループのリーダーと復興支援員に議論をしてもらった。そこでは、リーダーや復興支援員の実感としても、交流会やサロンは同じ顔触れであり、参加できない人々にどうアプローチすべきか、心・健康・介護・仕事・賠償などの問題で悩んでいる避難者も多い、次の生活の基盤をどこにするかが家庭の事情によって異なる、といった意見が出された。その結論として、「各地のサロン・交流会の活動と復興支援員事業の連携」、あるいは「楽しくなきゃ人は来ない」と「でも、それぞれ避難している人が表には出せないけれど、いろいろ悩み・疑問・困り事を抱えている」の二つをどう解決していくか、という論点が示された。(9)

このように、避難者の「ニーズ」をどのように把握し、それに対する支援をどこまでどのように実施するかは、広域避難者支援にとって大きな課題であり、本章第2節で述べた支援団体と避難者グループ、本章第3節で述べた復興支援員の活動の中で取り組まれていった。そして、第5章で後述する相談センターの活動にも引き継がれていくことになる。

4-4「自主避難者」という問題

前述した二つの課題は、個々の「避難者」をめぐるさまざまな定義とニーズの問題であった。それとは別に、同じ「避難者」の中でも背景によって異なる集団が存在し、課題として浮上したのが、「自主避難者」への支援であった。

序章で述べたとおり、埼玉県内の避難者は「強制避難者」と「自主避難者」と「津波避難者」が七：二：一という比率で存在してきた。自主避難者はそもそも声をあげにくい存在であるのに加えて、埼玉県ではさいたまスーパーアリーナ、旧騎西高校に双葉町民が集団で避難した経緯などもあり、同じ福島県からの避難者でも、強制避難者がマジョリティ、自主避難者はマイノリティであった。

こうした中で、「つながろう！放射能から避難したママネット@東京」の埼玉支部として「放射能から避難したママネット@埼玉」が二〇一二年五月に結成されたものの（本章第2節）、支援団体の対象はどちらかといえば強制避難者に偏りがちであった。このことは『福玉便り』編集部でも課題として挙がり、同年九月には、川越市で「ここカフェ」を立ち上げた吉田千亜氏が自主避難などの記事担当として加わるとともに、編集部と「ママネット」のメンバーで「自主避難者への対応を考える会議」を開催するに至った。こうした活動の中で自主避難の母親たちから出てきたニーズを受けて、本章第2節で言及したように、埼玉労福協が「ママランチ」「進学・教育相談会」などの開催に至っている。

その後、二〇一二年一二月と二〇一三年一月、二〇一四年二月に、自主避難の母親たちを招いた座談会を開催し、それぞれ『福玉便り2013春の号外』『福玉便り2014春の号外』に掲載した。そこで挙がったのは、「福島と埼玉の間で落ち着かない気持ち」「福島に残った家族や地元の自治体との関係」「夫との関係」「仕事のこと」(『福玉便り2013春の号外』)や、「『避難の判断』を理解されない悩み」「暮らしの悩み」「放射能への不安」(『福玉便り2014春の号外』)などであった。[10]

こうして自主避難の母親たちの声を拾い上げながら、二〇一四年度には具体的な活動へと展開していく。「福玉便り編集委員会」名義で「タケダ・赤い羽根　広域避難者支援プログラム」助成金を申請し、「自主避難者ネットワーク活動事業支援」として、自主避難者対象の交流の場(イベント)の開催と、『福玉便り』の読者のうちとくに自主避難者をターゲットとするメッセージ、サポート情報等を掲載した特別号『福玉便りママ版』(仮)の発行を目指すことになった。編集部の吉田千亜氏やハンズオン！埼玉のメンバーがバックアップを行いながら、自主避難の母親たちによって二〇一四年六月に準備委員会が立ち上がり、同年七月から毎月の「ぽろろん♪カフェ」の開催、一〇月から年二回の情報誌『お手紙ですよ　ぽろろん♪』の発行に至った。情報誌では**表4－7**のようなテーマで座談会や投書を掲載し、交流会とあわせて、自主避難者の母親たちの心情を共有する活動を行っていく。

こうした活動を通して、「ぽろろん」のスタッフを担う母親たちが、新たに参加する母親たちの悩みを聞き、セルフケアの場として機能するようになる。その一環で、二〇一六年、二〇一七年の夏には、埼玉広域避難者支援センター（本節第7項で後述）主催の「教育相談会」で、埼玉で子どもの高校受験を経験した自主避難の母親が、これから受験を迎える母親たちに経験談を伝えるなどの活動も展開された。

さらに、『お手紙ですよ　ぽろろん♪』を『福玉便り』に同封して強制避難者にも発送したところ、強制避難者の読者からも共感が示されたことがある。例えば、二〇一五年の「読者アンケート」では、「『お手紙ですよ　ぽろろん♪』の車のナンバー話に共感しました。避難しているママにしか伝わらない複雑な気持ちを読んで、悩んだり心配するのは自分だけではないんだ～とホッとしました。」（富岡町→鴻巣市、四〇代女性）といった声が寄せられた。避難指示解除の進行に伴い、「強制避難者」と「自主避難者」の境界がなくなっていく中で、「母親」というフレーミングでの連帯が可能になったのである。

［表4-7］『お手紙ですよ　ぽろろん♪』の内容

1号（2014年10月24日発行）	「クルマのナンバーどうしてる?」
2号（2015年3月11日発行）	「『転勤』と『自主避難』はどう違うの?」
3号（2015年11月20日発行）	「『聞いていいの?』『話していいの?』福島から避難してきたこと」
4号（2016年3月31日発行）	「たった1枚の住民票だけど…」
5号（2016年11月1日発行）	「子どもたちはいま…」
6号（2017年3月11日発行）	「16歳のあなたへ」「ひなんしてきたときの，こどもたちのきもち」
7号（2017年秋）	「自然災害と原発災害の違い ～みんなのきもち～」
8号（2018年春）	「埼玉と福島とわたし　7年前と今」

出所：筆者作成.

このように埼玉県では、相対的にマイノリティに位置する「自主避難者」に対して、事後的にさまざまな支援が展開することとなった。ただし、さらにマイノリティに位置する、一割の「津波避難者」に対しては、特化した支援を実施することは難しかった。このことは、課題として指摘できる。

4-5 賠償問題

前項は主に「自主避難者」に特化した課題であったが、「強制避難者」と「自主避難者」の分断をつくり出し、同時にその双方に通底している問題が、賠償問題であった。

序章で述べたように、原発事故の賠償の仕組みにはさまざまな問題点が含まれているだけでなく、原発事故の被害を償うための賠償が、生活再建の手段として政府に利用されているという矛盾（山下ほか2013）がそもそも存在している。とはいえ、避難者の側からすれば、生活再建の手段として原発賠償を利用せざるをえない状況にあり、その複雑な手続きに直面することとなった。

さらに事態を複雑にさせたものとして、東京電力に損害賠償を請求する手続きとしては三つの手段があることである。一つ目が、被害者が東京電力に対して直接、損害の支払いを請求することである。被害者が簡便・迅速に支払いを受けることができる利点はあるが、東京電力が認めた限度でしか賠償金が支払われない。二つ目が、原子力損害賠償紛争審査会（原賠審、文部科学省）のもとに設置された、「原子力損害賠償紛争解決センター」（ＡＤＲセンター）への申し立てである。ＡＤＲセンターでは、仲介委員が中立・公正な立場から和解手続きを行い、東京電力は、直接請求で支払いを受け付けていない損害についても、和解案で認められれば支払いに応じる。三つ目が、裁判所への訴訟提起であり、原発事故の損害を東京電力に強制的に支払わせる手段として有効であるが、最終的な解決までに数年は要するため、迅速な被害救済を図るという意味では必ずしも十分であるとはいえない（江口 2015a）。これらのどの手段を選択するかは、それぞれの避難者の置かれた状況や、東京電力や原発に対する立場の違いによって異なることになる。

こうした状況に対して、埼玉県では、賠償に対する三つの手段を支援する取り組みが、避難者グループや弁護士・司法書士などによってなされることとなった。

一つ目の直接請求については、「一番このシステムを理解しているのは、東京電力自身だ」、『賠償が進むこと』は、私たちにとって生活再建の資金になり、私たちが前に進むための一つの方法だ」[11]という趣旨のもと、鴻巣市の「想い」主催の東京電力福島原子力補償相談室埼玉補償相談センターによる賠償説明会・個別相談会（二〇一三年二月）、二〇一四年三月にも同団体主催により北本市で説明会・相談会が開催された。また、原子力損害賠償支援機構による原子力損害賠償説明会が二〇一四年二月以降に埼玉県内各地で開催されたほか、二〇一五年四月からは同機構の委託により埼玉弁護士会の無料訪問相談が実施された。

二つ目のＡＤＲ（裁判外紛争解決手続き）については、各地で弁護士・司法書士の有志が相談に乗ったほか、二〇一三年一〇月に向原《むかいはら》団地被災者の会（上尾市）主催で司法書士を交えた「ＡＤＲのための勉強会」、二〇一四年七月、八月に「ぽろろん」立ち上げ準備と並行して弁護士を交えた「自主避難の方へのＡＤＲ説明会＆集団訴訟説明会」、二〇一五年一〇月にはここカフェ＠

川越主催で弁護士を交えた「原発ADR&原発訴訟について、ざっくばらんに教えてもらおう！」が開催されるなど、避難者グループによって勉強会が開催された。

三つ目については、「原発事故責任追及訴訟埼玉弁護団」が結成され、二〇一四年三月、埼玉県に避難した六世帯一六名が原告となって、さいたま地方裁判所に国と東京電力を被告とする損害賠償請求訴訟を提起した（福島原発さいたま訴訟）。この訴訟の目的は、①国と東電の責任の明確化、②真の生活再建に足る損害賠償請求、③事故の再発防止であり、その後の提訴と合わせ、原告は三〇世帯九九名となった[12]。

そして『福玉便り』では、これらの三つの動きをまんべんなく掲載することを目指すようになる。その出発点として、第一二号（二〇一三年五月一日発行）ではSSN所属の広瀬隆司法書士による「原子力損害を巡る賠償の枠組みと現状について」を掲載し、賠償請求には前記三つの手段があることや、直接請求による損害賠償の状況、時効に関する問題などを解説してもらい、第一三号、一四号でも続報を掲載した。また、賠償説明会、ADR勉強会、訴訟・報告集会のそれぞれについて案内と報告記事を逐一掲載した。このように、賠償をめぐるさまざまな問題点を共有しながら、複数の選択肢を提示したことに、避難者支援活動の試行錯誤が見られた。

4-6 住宅問題

前記のさまざまな問題に加えて、広域避難の長期化に伴って、すべての避難者が一つの大きな問題に直面することとなった。それが住宅問題である。

序章でも述べたように、借上げ住宅制度の導入が避難者の生命を救ったが、他方で災害救助法を根拠としているため、供与期間は原則として二年間であり、二〇一三年から単年で延長が繰り返された。そのため広域避難者たちは、「いつまで今の借上げ住宅にいられるのか」という不安の中で、不安定な立場に置かれ続けることとなった。

これに対する打開策として、埼玉県内の避難者グループと支援団体の一部から巻き起こったのが、「埼玉県内に復興公営住宅を建設する」という運動であった。復興公営住宅は、原発避難者向けの災害公営住宅であり、国の復興交付金を財源として、大半は福島県、一部は市町村が整備するものである。二〇一二年一〇月に先行モデルとして、いわき市、郡山市、会津若松市で計五〇〇戸の建設計画が発表され、二〇一三年六月には二〇一五年度までに県内一〇市町村で三七〇〇戸を建設する第一次整備計画が発表された（町田 2015）。この復興公営住宅を、特例的に福島県外に建設することを求めるというものである。

その舞台となったのは、双葉町民を多く受け入れた加須市と、富岡町民を「対口支援」で受け入れた杉戸町であり、それぞれ、避難者グループの加須ふれあいセンターと杉戸元気会を中心に、地元の支援者なども巻き込んで二つの署名活動が展開した。関係者らの働きかけにより、加須ふれあいセンターで上田清司埼玉県知事との対話集会（二〇一三年四月）が開かれたのち、双葉町役場と双葉町民有志の話し合いがもたれ（二〇一三年九月）、富岡町議会では杉戸町での復興公営住宅建設が議論されるに至った（二〇一三年九月）。

これらの運動は「福玉会議」でも頻繁に紹介され、『福玉便り』ではどのような立場を取るかが問われることとなった。『福玉便り』では創刊以来、「多様な避難者の立場を尊重する」ことを重視し、政治的なテーマを掲載する際には、それが避難者間の分断を助長することのないよう、編集部メンバーで常に議論を重ねていた。それは、前述の原発賠償の掲載方法にも表れている。復興公営住宅をめぐる二つの署名運動も、対象は双葉町民と富岡町民に限られるため、それ以外の地域からの避難者に配慮する必要があった。そこで、二つの署名運動を支援しつつ、広域避難者全体の問題として住宅問題の改善へのメッセージを強めていくことになる。二〇一三年末には、埼玉労福協の永田信雄氏の文責として、第一八号（二〇一三年一一月）に「長期化する避難生活を支えるには住環境の改善が必要」、第一九号（二〇一三年一二月）に「富岡町の災害公営住宅を埼玉県杉戸町に建設するため、福玉の協力体制を構築しよう！」という記事が掲載された。

しかし、前記の二つの運動は実現のハードルが高く、次第に終息していくことになる。ここで判明したのは、福島県や福島県の各市町村を経由した県外での住宅支援にはさまざまな制約があることであった。そこで、現状を把握しながら、次の打開策が模索されることになる。『福玉便り』では、編集部の吉田千亜氏による「避難住宅を考える」の連載を第二三号（二〇一四年四月）からほぼ毎号のペースで開始した。吉田氏の精力的な取材により、住宅制度の仕組みが明らかになり、第二五号（二〇一四年六月一日発行）の「避難住宅、どこの管轄でどうなっているのかご存知ですか」、三一号（二〇一四年一二月一日発行）の「供与期間と住み替えの問題を考える」などで詳しく報じられたほか、他県の組織による院内集会や署名活動の動きなども取り上げられた。こうした流れの中で、二〇一五年六月、自主避難者への住宅提供が二〇一七年三月で終了することが発表されると、吉田氏の取材はさらに加速し、三八号（二〇一五年七月一日）に「『自主避難、一七年三月で終了』の発表をうけて」、四〇号（二〇一五年九月一日）に「自主避難者の住宅問題…『二〇一七年度で打ち切り』の報道後の他県の様子」が掲載された。そこで明らかになったのは、新潟県や島根県では受け入れ自治体の独自判断で住宅支援を表明していることであり、埼玉県でも同様の支援が可能ではないかということであった。

こうした動きは『福玉便り』誌面や「福玉会議」「福玉リーダー会議」で共有され、やがて埼玉県に対する要望活動へとつながっていく。その中心となったのが、上尾市の「東日本大震災に咲く会ひまわり」代表のT氏であった。T氏自身は浪江町からの強制避難者だが、同団地には自主避難者や津波避難者などさまざまな背景の避難者が存在し、二〇一五年六月の自主避難者への住宅提供終了の発表は他人事ではなかった。そこでT氏は、同団地の避難者宛てに「家賃を払ってでもシラコバト団地に住み続けたいか」のアンケートを取ったところ、三〇世帯中一六世帯から「希望する」という返事が届いた。この結果を受けて、同団地を管轄する埼玉県住宅供給公社に交渉を試みたものの返答がなく、知人の紹介で埼玉県議会議員に働きかけることとなり、この過程で『福玉便り』編集部の吉田氏や毛呂山町で「つながり」の代表を務める自主避難者のK氏も加わっていく。県議会で超党派の連携は難しいことが判明したため、埼玉県都市整備局住宅課と交渉を続けた結果、二〇一六年四月に、自主避難者が県営住宅に優先入居できる支援策が発表された。この支援策は同年四月募集から始まり、年四回の募集でそれぞれ優先枠が設けられ、この政策は二〇一七年度以降も継続となった。この政策は、次項で述べる埼玉広域避難者支援センター（通称、福玉支援センター）における一つの主要な取り組みにもなっていく。

4―7 組織問題（NPO法人埼玉広域避難者支援センターの設立へ）

以上のような支援活動を展開する中で浮上した六点目の課題が、支援活動の組織的な限界であった。

埼玉県では前述のように、埼玉労福協が、物資提供・イベント開催などの支援活動にとどまらず、復興支援員事業の受託や「福玉会議」の主催などを通常業務の延長として実施し、過重負担が続いていた。他方で、それまでの支援活動の経緯から、埼玉県や各市町村、福島県、政府などへの働きかけが必ずしも十分に行われてこなかった。そこで、支援団体の関係者の間で、新組織を立ち上げて支援活動を整理する必要性が浮上してきた。二〇一四年末から『福玉便り』編集部と埼玉労福協、SSNの関係者で議論を行い、二〇一五年三月には西城戸が図4―6のような新体制のイメージ図を作成し、同年六月の「福玉リーダー会議」で発表した。

その後、さまざまな調整を経て、二〇一五年一二月に設立総会を開催し、さいたま市役所にNPO法人の認証申請を行った。二〇一六年二月に設立シンポジウム「震災から五年、広域避難者の生活と支援を考える」を開催、そして二〇一六年四月にNPO法人格を取得した。設立趣旨書に掲げられた新組織設立の趣旨は、以下のとおりである。

（前略）これまで私たちは、『福玉便り』や「福玉会議」を通して、避難者の方々と出会い、

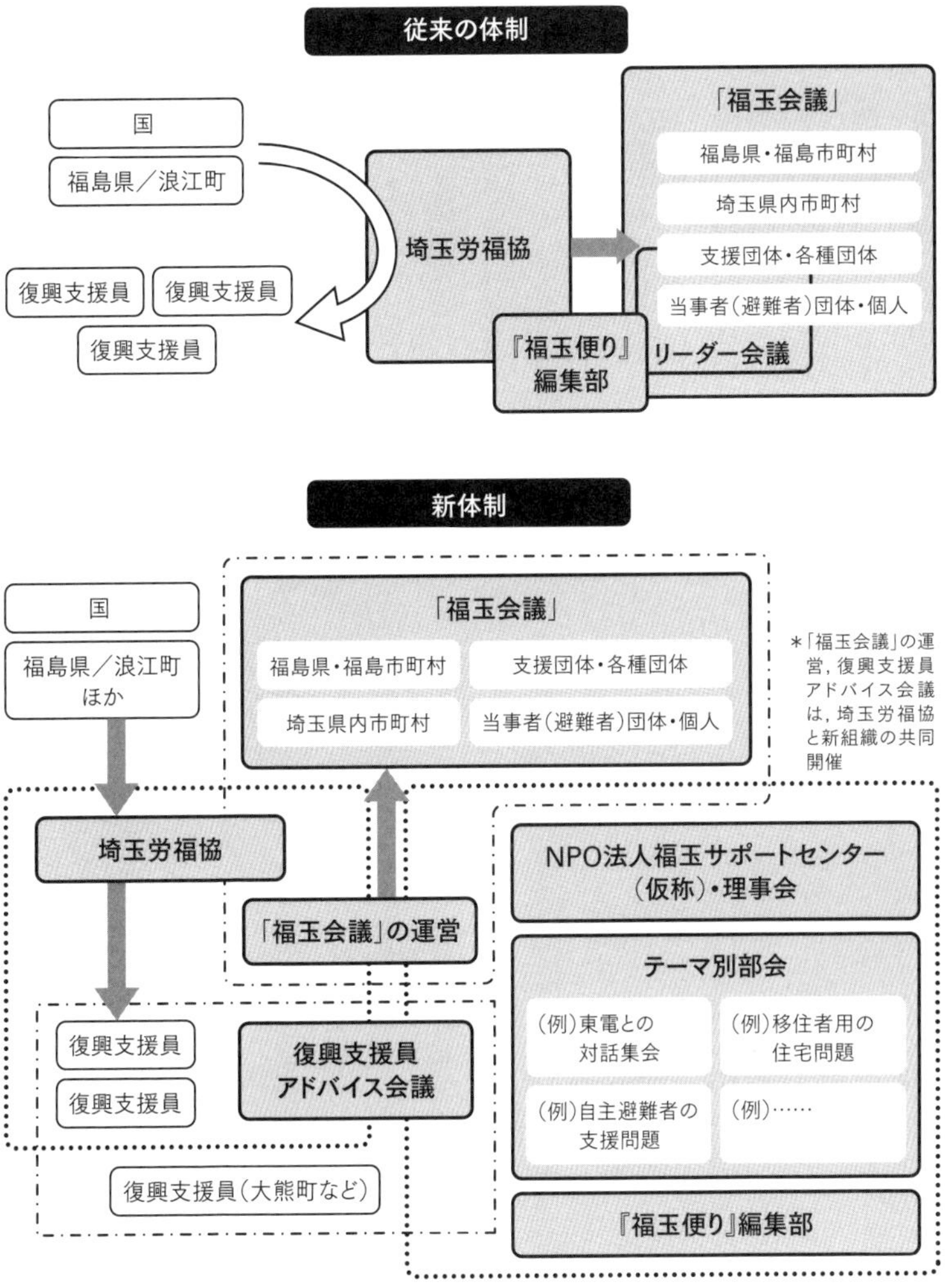

［図 4-6］ 埼玉県における避難者支援の新体制のイメージ図
出所：筆者作成.

話し、ともに悩みながらさまざまな支援活動を行ってきました。その中で、支援の内容、方法も常に変化し、かつ多様な支援を模索する難しさも感じてきました。そして、残念ながら、原発事故による避難者の問題は、そう簡単に解決できるものではありません。

今般、これまで培った支援活動を発展させ、NPO法に基づく法人格を取得することとし、特定非営利活動法人埼玉広域避難者支援センター（略称：福玉支援センター）を設立することといたしました。この組織は、埼玉県内に避難している人々が避難元地域の状況や帰還・移住の選択を問わず生活を再建し安心して暮らせる社会を目指して、避難者への支援および行政・民間団体・当事者団体との連携を推進することを目的としています。また、避難者や被災者の支援のためだけではなく、さまざまな人々が、それぞれの人生を生き、多様な人々が多様に生きていくことを認めていく社会を模索していくための組織でもあります。そして、何より一刻も早く、避難者の支援が不必要となり、この組織が解散できるように、努力していきたいと考えます。

ここで同法人の理事となったのは、筆者らと、『福玉便り』を中心に活動する埼玉県の支援団体の関係者、監事となったのはSSN（震災支援ネットワーク埼玉）や埼玉弁護士会、埼玉司法書士会を通して避難者支援に尽力してきた専門家二名であった[13]（表4－8）。

この理事構成を決める際に議論になったのが、「福玉リーダー会議」の経緯を踏まえて、理事の中に避難当事者も含めるかどうかであった。しかしながら、さまざまな立場の避難者がいる中

［表 4-8］特定非営利活動法人「埼玉広域避難者支援センター」の理事（結成時）

役職	人名
代表理事	西城戸誠（法政大学）
副代表理事	薄井篤子（さいがい・つながりカフェ実行委員会）
常務理事	永田信雄（埼玉県労働者福祉協議会）
理事	愛甲裕（震災支援ネットワーク埼玉），西川正（ハンズオン！埼玉）， 原田峻（立教大学），吉田千亜（ライター）
監事	岡本卓大（弁護士），広瀬隆（司法書士）

出所：筆者作成．

［表 4-9］特定非営利活動法人「埼玉広域避難者支援センター」の活動内容（2016年度）

定款の事業名	事業内容
避難者への情報提供活動	情報誌『福玉便り』（月1回）と 『お手紙ですよ　ぽろろん♪』（年2回）の発行
官民協働の連絡会議の開催	「福玉会議」の開催（年4回）
他の支援団体や 当事者団体への中間支援	当事者団体の組織運営の相談（6団体）
	「テーマ部会」の開催 住宅　「住宅説明会」の開催（年3回） 教育　「教育相談会」の開催（年1回） 健康　勉強会「臨床医に教えてもらう『甲状腺』と 　　　原発事故の健康影響のこと」の開催（年1回） 解除　シンポジウム「震災から6年，広域避難者の生活と 　　　支援を考える ～いま，埼玉の市民と行政に 　　　できること～」の開催（年1回）
交流会・親睦会の開催	「ぽろろん♪の時間ですよ」の開催（月1回）
避難者支援に関わる調査研究	自治体アンケート（2017年1月）
	避難者アンケート（2016年12月）
避難者支援に関わる政策提言	『福玉便り2017春の号外』の発行（年1回）

出所：筆者作成．

で誰を「代表」として選ぶべきか、発言のできる避難者とそうでない避難者の分断を助長するのではないかといった懸念から、理事は支援者のみの構成とし、事業ごとに避難者に加わってもらう形とした。ここには、支援団体が支援者や当事者をどのようにコーディネートすべきかというガバナンスの難しさが表れている。

法人一年目の二〇一六年度は、「埼玉県共助社会づくり支援事業補助金」と「タケダ・赤い羽根 広域避難者支援プログラム」の助成なども受けながら、定款記載の事業ごとに、表4－9のような事業内容を実施した。

そして二〇一七年度から福島県の事業を受託したことにより、さらなる展開を見せることになる。以上の課題を踏まえつつ、二〇一七年四月以降にどのような支援が行われたのか、次章で詳しく見ていくことにする。

5 小括――避難生活の長期化期における埼玉県の避難者支援のローカルガバナンス

最後に、避難生活の長期化期（二〇一二年四月〜二〇一七年三月）における広域避難者支援のガバナンスを見ていこう（図4－7）。この時期における民間の避難者支援をリードしていたのは、埼玉労福協である。埼玉労福協は埼玉県内の労働者の福祉活動の推進と、労働者の生活の安定・安心、社会的地位の向上に寄与するために活動をしているが、震災直後から避難者や支援団体に生活物資の提供を行ってきた。

そして、さいたまスーパーアリーナの情報班のメンバーや支援者が集まり、『福玉便り』編集部を編成し、二〇一二年四月から発行が始まった。筆者らもこの『福玉便り』の発行に携わったが、『福玉便り』の発送作業や、発送先の名簿の管理を行っていたのが、埼玉労福協であった。『福玉便り』の刊行にあたっては、富士ゼロックス端数倶楽部が印刷を代行したり、「タケダ・赤い羽根共同募金」の助成金などによって印刷費用をまかなったりしたが、印刷物の管

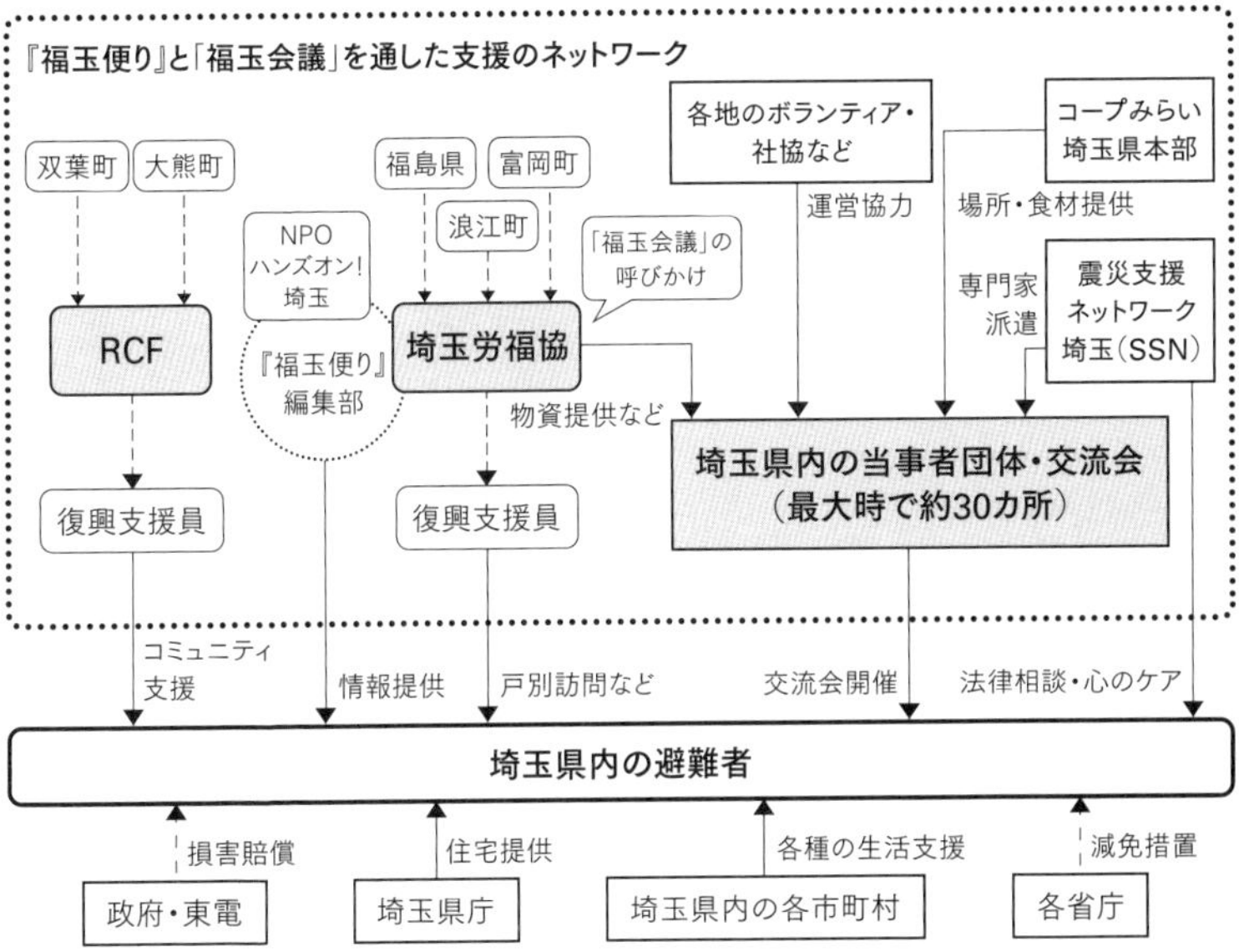

［図 4-7］避難生活の長期化期における避難者支援ガバナンス
出所：筆者作成.

理などを主導してきたのは、埼玉労福協であった。

また、支援者、当事者、行政など、広域避難者支援に関わる団体が一堂に会する場として、二〇一二年七月から「福玉会議」が埼玉労福協主催で開催された。この会合には、埼玉県に避難した当事者や、支援団体のリーダーだけではなく、福島県避難者支援課の職員や、広域避難者支援に関わる復興支援員、東京電力の関係者なども参加した。「福玉会議」では、各団体の活動状況の報告がなされ、とくに当事者団体、個人の声は、広域避難者支援団体にとって「何が支援に求められているのか」という点を知る上で、重要な機会であった。また、福島県の避難者支援策の情報なども共有される場であった。ただし、残念ながら、埼玉県危機管理防災部の職員はこの「福玉会議」には参加することはなかった。

埼玉労福協は、他の民間支援団体と比較して組織基盤が頑強で、資金的にも余裕があったこともあり、震災当初から広域避難者支援に関わり、その中で広域避難者の実情を把握したことによって、新たな避難者支援も展開していった。その一つが本章第3節で指摘した復興支援員事業である。埼玉労福協は、福島県浪江町、富岡町、福島県の復興支援員事業を受託し、広域避難者の支援員による戸別訪問や交流サロンを実施した。他の地域の復興支援員事業による戸別訪問よりもスムーズに展開したのは、それまでの広域避難者支援のノウハウが蓄積されていたためである。

このように避難生活の長期化期においては、埼玉労福協を中心とした、民間主導の広域避難者支援のガバナンスであったといえる。だが、広域避難者支援の体制に課題がなかったわけではない。例えば「福玉会議」は、多様な支援団体が関わり、情報の共有がなされたが、参加団体が多くなり、それぞれの活動報告だけで時間がなくなり、その後の広域避難者支援をどうするべきかという議論までなかなか進まなかった。避難当事者から提起された具体的な課題（例えば、埼玉県内に復興公営住宅を造る、自主避難者の問題など）に向けて、「福玉会議」のテーマ別部会を設営するという案もあったが、実質的にはなかなか進行しなかった。いくつかの理由が考えられるが、「福玉会議」に集まった支援者や支援団体が、避難当事者側の意向をくみ取って、新たな活動を展開する余裕がなかったことや、広域避難者支援団体に関わった避難者を巻き込む形で、支援者主導から当事者主導の団体へと活動を深化させることができなかったことが挙げられる。この点は、広域避難者支援が民間ボランティアにほぼ任されているという避難者支援の構造的な課題と、民間主導の避難者支援のガバナンスの課題でもある。詳細は後述したい。

さらに、避難生活の長期化期において、『福玉便り』編集部のメンバーが、広域避難者支援を継続していく中で、埼玉県やさいたま市といった行政と広域避難者支援団体の政治的なチャネルがない点が課題として挙げられた。埼玉労福協による埼玉県に対する要請は実効性に乏しく、一方で、埼玉労福協が労働組合や旧民主党系の関連団体であることから、埼玉労福協とは別に、広域避難者支援に特化した中間支援団体（NPO）を立ち上げる必要性が、『福玉便り』編集部のメンバーの中で持ち上がった。二〇一六年四月に『福玉便り』編集部のメンバーを中心にNPO法人埼玉広域避難者支援センター（通称、福玉支援センター）が設立され、埼玉県における広域避難者支援のガバナンスにも変化が見られるようになった。

第5章

避難生活の超長期化期（2017年4月〜）

――広域避難者への公的支援と民間支援④

「福玉支援センター」の第1回住宅説明会（2016年7月）
撮影：原田

これまで埼玉県における広域避難者への公的支援と民間支援の動向について整理してきた。福島県の避難指示区域の解除が進行する中で、二〇一七年三月に自主避難者への住宅提供が打ち切りになり、広域避難者支援を考える上で新たな展開の時期を迎えている。

本章では、まず、序章で指摘した国や福島県による広域避難者（県外避難者）[1]に対する支援政策と、埼玉県の民間団体との関係を整理する（第1節）。次に、福島県の広域避難者支援策のうち、二〇一七年度からNPO法人埼玉広域避難者支援センター（通称、福玉支援センター）が受託した「県外避難者等への相談・交流・説明会事業」の概要と実践内容を紹介する（第2節）。そして、「県外避難者等への相談・交流・説明会事業」の課題と、埼玉県の広域避難者支援に関わる派生的な効果について考察する（第3節）。最後に避難生活の超長期化期（二〇一七年四月から二〇一八年八月現在）に至る、埼玉県における広域避難者支援のローカルガバナンスを整理する（第4節）。なお、本章の考察は、筆者らが当事業主体として関わったことによって行った参与観察の結果が用いられており、記述の内容は筆者の主観が多く描かれていることに留意されたい。

1　広域避難者支援事業と埼玉県の民間団体との関連

はじめに、序章で指摘した福島県による広域避難者支援事業と、埼玉県における避難者支援の民間団体との関係について整理していこう。

第4章第3節で述べたように、福島県浪江町が県外避難者支援に復興支援員を導入し（二〇一二年）、埼玉県では二〇一三年から一般社団法人埼玉県労働者福祉協議会（埼玉労福協）が受託団体となった。その後、福島県と富岡町でも、広域避難者に対する戸別訪問を実施する復興支援員事業が開始された。また、二〇一五年からは復興庁による「県外避難者等への相談・交流・説明会事業」が開始され（二〇一六年からは福島県が主管）、埼玉県においても二〇一六年度は埼玉労福協が、二〇一七年度からは福玉支援センターが事業を受託し、主に電話相談によって広域避難者の支援を行うことになった。福島県によるこの二つの広域避難者に対する支援施策は、福島県避難者支援課が担当している（図序-9参照）。この「県外避難者等への相談・交流・説明会事業」については、次節で詳述する。

一方で、図序-11で示したように、福島県障がい福祉課が管轄する、県外避難者に対する心のケア事業は、全国一〇都道府県で実施され、埼玉県では二〇一五年から埼玉県臨床心理士会が事業を受託している。また、県外避難者に対する心のケア訪問事業は二〇一八年八月現在、事業者が定まっていない。さらに、生活拠点課による避難者住宅確保・移転サポート事業（図序-10参照）は、二〇一八年度から開始された事業であり[2]、応急仮設住宅の供与終了後の新たな住宅確保の目途が立っていない人々に対して、新たな住宅等へ円滑に移行できるよう、電話や戸別訪問により、住まい探しの支援（生活状況に応じた物件相談、不動産事業者への付き添い）や手続き支援（賃貸住宅契約時や転居時の必要書類作成）を行うものである。埼玉県では公益社団法人埼玉県社会福祉士会が行うことになった。

避難生活の長期化に伴って、避難者への支援には専門的な知識が必要とされ、避難先の社会資源と連携し、支援を行う必要がある。しかも、広域避難者は全国に広範囲に存在しているため、地域間における支援の格差をなくすためにも、全国規模で展開している支援団体が望ましい。

　このように福島県は、広域避難者の避難先の専門機関に支援を委託していることも、震災後五年以降の傾向であ

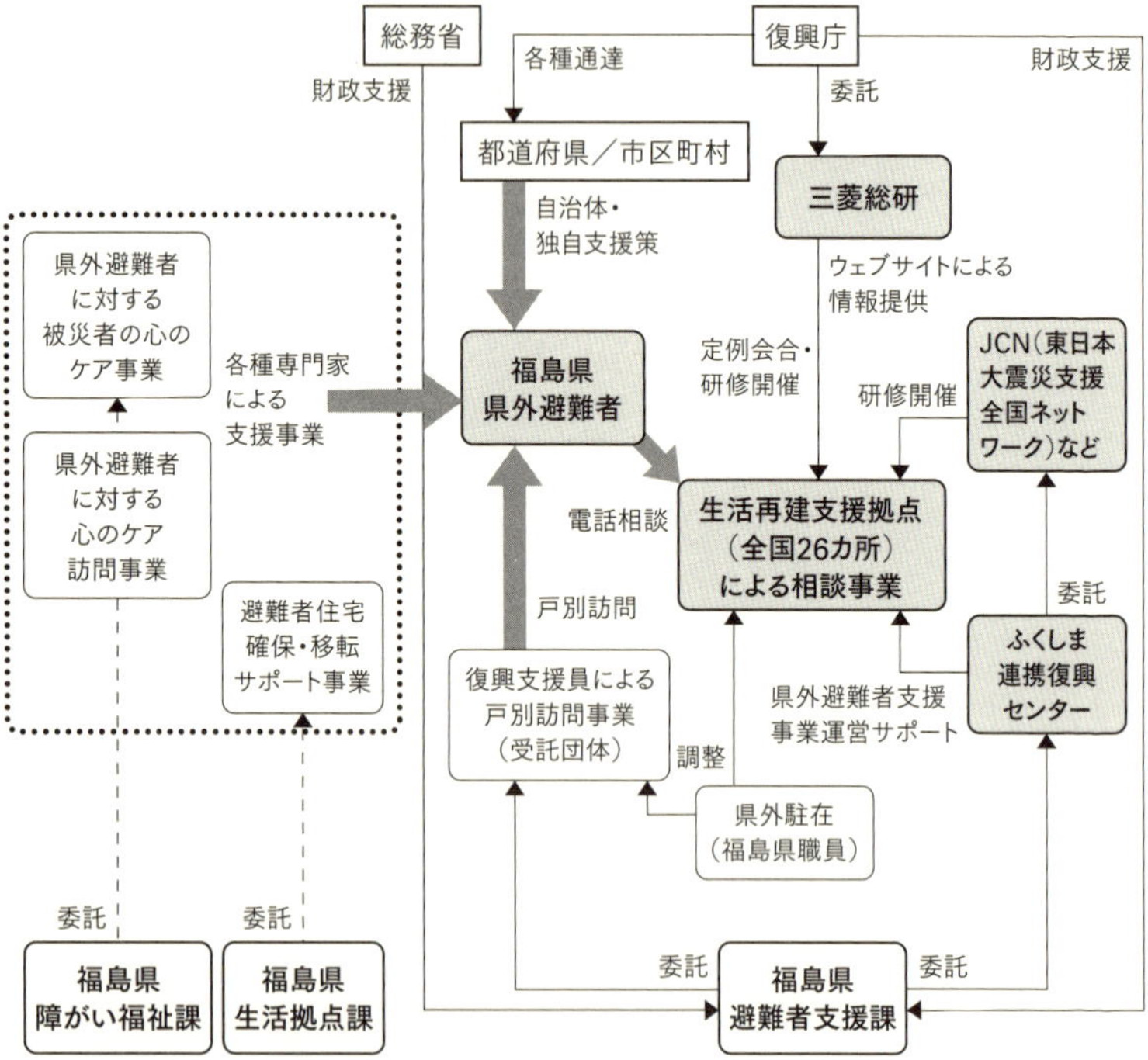

［図 5-1］ 埼玉県における県外避難者支援・委託事業の関連図
出所：筆者作成.

るといえるだろう。

さて、図5―1は、二〇一八年八月現在における、埼玉県の県外避難者支援の委託事業に関わる組織連関を表したものである。福島県避難者支援課は、県外避難者支援として、復興支援員事業と生活再建支援拠点による相談事業（県外避難者等への相談・交流・説明会事業）を行っている。前者は主に避難者の戸別訪問や交流会などのイベント開催を行い、後者は避難者からの電話相談を行っており、県外避難者支援の内容としては相補的な関係にある。だが、双方の事業の国の管轄が異なり、総務省と復興庁とに分かれている点に留意する必要がある。復興庁は、一〇年間の期限付きではあるが一府一二省庁ある府庁に追加された組織であり、各省に指示を出すことができる権限を与えられ、各省よりいわば格上の位置づけをされている（岡本 2016: 40）。しかしながら、復興支援員事業に関しては、復興庁は自らの管轄ではないとしており、二つの事業の連携については現場に委ねられている。つまり、県外避難者に対するこれら二つの支援事業は、制度的に分離しているという構造的な課題があることを確認しておきたい。

次に、生活再建支援拠点による相談事業の展開について分析、考察し、福島県による広域避難者支援施策と民間支援団体の関わりから、広域避難者支援のローカルガバナンスの課題を析出することにしたい。

2　「福島県県外避難者等への相談・交流・説明会事業」と支援団体

2-1　「県外避難者等への相談・交流・説明会事業」の概要

「福島県県外避難者等への相談・交流・説明会事業」の発端は、復興庁が二〇一五年度より八都道府県から始めた「県外自主避難者への情報提供事業」である。[3]二〇一六年度からは、この事業は「県外避難者等への相談・交流・説明会事業」として福島県が主導し、一般社団法人ふくしま連携復興センター[4]が受託団体として、[5]広域避難者に対して日本全国に生活再建支援拠点（二〇一六年度は二五カ所四六都道府県、二〇一七年度は二六カ所四七都道府県）を設置した。なお、ふくしま連携復興センターも「ふくしまの今とつながる相談室 toiro」という避難者の相談窓口を開設している。

さて、生活再建支援拠点の事業目的の背景には、広域避難者に対する次のような認識が存在している。つまり、東日本大震災と福島第一原発事故によって福島県内外に数多くの避難者が存在し、その避難者は避難指示の解除、子どもの進学、除染作業の進行、インフラの普及、応急仮設住宅の供与期間終了に伴い、帰還するか、避難先にとどまるか、他地域に転居するかなど、今後の生活再建の進め方について判断をしなくてはならない状況にある。だが、とくに福島県外への避難者（県外避難者）は、その判断に必要な情報を避難先で得ることは難しく、情報収集に多くの労力と時間をかける必要がある。そこで、福島県は県外避難者が対面等で相談できる場（生活再建支援拠点）を設置し、その拠点で福島県の支援策に関する情報などを県外避難者に着実に届けるための相談会や交流会を開催し、今後の生活再建のための支援を行うことになった[6]。

生活再建支援拠点の業務は、第一に、広域（県外）避難者が避難先で帰還や定住等の生活再建に向けた相談ができる「生活再建支援拠点」の設営・運営である。第二に、福島県の支援策に関する情報等を県外避難者に提供する相談会・交流会等の開催である。第三に、県外避難者が避難先で必要としている支援業務（福島県が認める受託者提案による支援業務）がある。

生活再建支援拠点は、二〇一八年四月現在、日本全国で二六カ所あり、それぞれの運営主体は**表5－1**のとおりである。大まかに類型化すると、東日本大震災と福島第一原発事故の発生によって発足し、活動を始めた団体（当事者団体、支援者団体）、東日本大震災以前から災害対応を行っていた団体、各地域でNPOなどへの中間支援を行っていた団体が、生活再建支援拠点の事業者になっていることがわかる。また、相談・交流・説明会事業の運営団体に、地方自治体が関与しているかどうかという点も、各地域における広域避難者支援に影響を与えている。例えば、埼玉県においては、県が主導して広域避難者支援の団体を構築するといったことはなく、県と民間支援団体が避難者の問題に関して総合的に議論する場はほとんど構築されてこなかった。また、生活再建支援拠点の事務所の家賃を実質負担している神奈川県の事例とは対照的である。

［表 5-1］生活再建支援拠点の受託事業者一覧

実施地域	受託事業者名	法人格
北海道	北海道NPOサポートセンター	NPO法人
青森県・岩手県・秋田県	あきたパートナーシップ	NPO法人
宮城県	みやぎ連携復興センター	一般社団法人
山形県	山形の公益活動を応援する会・アミル	NPO法人
茨城県	茨城県内への避難者・支援者ネットワークふうあいねっと	
栃木県	とちぎボランティアネットワーク	認定NPO法人
群馬県	ぐんま暮らし応援会	
埼玉県	埼玉広域避難者支援センター	NPO法人
千葉県	ちば市民活動・市民事業サポートクラブ	NPO法人
東京都	医療ネットワーク支援センター	NPO法人
神奈川県	かながわ避難者と共にあゆむ会	NPO法人
新潟県	新潟県精神保健福祉協会	
山梨県・長野県	東日本大震災・山梨県内避難者と支援者を結ぶ会	
富山県・石川県・福井県	石川県災害ボランティア協会	一般社団法人
静岡県	静岡県臨床心理士会	
愛知県	愛知県被災者支援センター	
岐阜県・三重県	レスキューストックヤード	認定NPO法人
滋賀県・京都府	和（なごみ）	NPO法人
大阪府・兵庫県・奈良県・和歌山県	関西広域避難者支援センター	
鳥取県	とっとり震災支援連絡協議会	
岡山県	ほっと岡山	一般社団法人
島根県・広島県・山口県	ひろしま避難者の会「アスチカ」	
徳島県・香川県・愛媛県・高知県	えひめ311	NPO法人
福岡県・佐賀県・長崎県・熊本県	被災者支援ふくおか市民ネットワーク	
大分県・宮崎県・鹿児島県	『うみがめのたまご』～ 3.11ネットワーク～	
沖縄県	まちなか研究所わくわく	NPO法人

出所：筆者作成.

2-2 埼玉県における「相談・交流・説明会事業」の展開

埼玉県における広域（県外）避難者に対する相談・交流・説明会事業は、二〇一六年度は埼玉労福協が受託した。埼玉労福協は、すでに福島県から戸別訪問を中心とした復興支援員事業を受託していたこともあり、事業をとりまとめる福島県避難者支援課からすれば当然の判断であろう。埼玉労福協が事務所を構えるビルには、浪江町、富岡町、福島県の復興支援員がおり、それに相談・交流・説明会事業の事務所が加わることで、広域避難者支援の拠点の体をなしていたといえる。

一方で、前述のように二〇一六年四月に福玉支援センター（埼玉広域避難者支援センター）が設立され、二〇一七年度より相談・交流・説明会事業を埼玉労福協から引き継ぐことになった。労福協の専務理事が「NPOである福玉支援センターが生活再建支援拠点業務を引き受けることによって、活動経費を捻出できるだろう」と提案し、年度の切り替えの際に急遽、相談・交流・説明会事業の運営を福玉支援センターが受託することになった。相談・交流・説明会事業にかかる受託事業（約六〇〇万円）のうち、約一割が事業者側の収入となる。

ただし、福玉支援センターのように広域避難者支援に特化し、助成金のほぼ全額を避難者支援の活動に充てている事業者の場合、この相談・交流・説明会事業のための当座の運営費を所持していないことが多い。相談・交流・説明会事業の事業費は年間三回に分けて振り込まれるが、相談員の人件費や家賃を支払うための運転資金が必要となる。福玉支援センターでは、結局、代表理事と副代表理事で年間事業費の三分の一を当面の間、負担することになった。

さて、運営資金の課題を抱えつつも、二〇一七年度から福玉支援センターが、埼玉県における福島県の相談・交流・説明会事業の運営を行うようになった。電話相談という活動内容は同じであるが、徐々に、福玉支援センターという市民運動のカラーを出していくようにした。例えば、相談・交流・説明会事業が始まった際は、「福島県県外避難者相談センター」という名称で活動を行ってきた。だが、この名称そのものが福島県の組織に見え、行政不信になっている避難者からのアクセスがないかもしれないと考え、「福玉相談センター」と通称に変更した。

また、前年度から引き続き相談員として活動してきた女性が、「福玉支援センターの方が、活動はやりやすい」と語っていたことも、事業主体が変わった効果として考えられる。この相談員の発言の背景にはさまざま理由があると思われるが、最も大きな理由は、労働組合的な文化を内包している埼玉労福協は、相談員が避難者の相談に対応する際に、埼玉労福協のネットワークによる支援先を優先することを指示し、結果としてその相談員がもともと持っていた福祉領域の専門性を活かすことができなかったことが起因となっていると思われる。埼玉県において生活再建支援拠点の立ち上げがスムーズにできたのは、たしかに埼玉労福協の力量によるものである。その結果、福島県の復興支援員の事務所の隣のスペースを事務所にし、復興支援員と相談・交流・説明会事業が連携[7]しやすい環境を構築することができた。だが、その一方で、広域避難者支援に関する情報と資金が相対的に大きい埼玉労福協の支援スタイルに、必ずしも合致しない支援者の存在を示唆している。福玉支援センターとしては、ネットワーク型の市民活動、支援活動が重要であると考えているため、相談員の意見を尊重し、協議をしながら支援活動を行っていった。

この相談員は二〇一七年度に一身上の理由で退職せざるをえなかったため、二〇一八年度からは埼玉県内で広域避難者の交流会や支援活動を行ってきた二名の女性（一名は元看護師、一名は元教員）と、原発事故による避難者の訪問経験もある、社会福祉と住宅支援に精通している女性の合計三名が相談員として着任した。福玉支援センターとして、三人の女性の相談員が持つ経験、知識をもとに、広域避難者の相談ができる体制を構築し、電話相談を行っている。二〇一八年度も件数は相対的に少ないが、深刻な悩みを抱えた広域避難者からの相談が来ている。

一方で、福島県職員や復興庁職員も来訪する相談・交流・説明会も実施し、とくに住宅問題の対応に力を入れている。なお、NPO法人の福玉支援センターが相談・交流・説明会事業を開始した二〇一七年に、復興大臣、副大臣がこの事業を行う生活再建支援拠点を訪問することが始まり、埼玉では二〇一七年八月に復興大臣、副大臣、復興庁と福玉支援センターと埼玉労福協との会談が設定された。また、この相談・交流・説明会事業には年三回の研修があり、その場で復興庁や復興大臣、副大臣と相対する機会もあった。この場がどういう意味を持ったのかという点については後述することにしたい（第3節第4項）。

次節では、福玉支援センターが相談・交流・説明会事業を展開してきた中で見えてきた、この支援事業の諸課題について考察する。

3　運営から見えてきた「相談・交流・説明会事業」の課題

3－1　支援内容に関する課題

第一の課題として、相談・交流・説明会事業における支援内容に関わる問題が挙げられる。この事業は、そもそも福島県が県外に避難した福島県民に対して、福島県の情報を伝えるために設計された事業である。まず、各拠点で開催される説明会に出席する福島県職員は、福島県からの「公式的な情報」を伝える。その情報を受け取る避難者もいるが、福島県外避難者は、福島県に対して異議申し立てをするために説明会に来る場合も少なくない。避難者は広域避難者の苦しい状況を伝え、福島県職員はそれを真摯に聞きつつも、福島県の公式的な見解しか伝えることができないため、説明会に参加した避難者にとっては不満が残ったままの場合もある。ただし避難者側も福島県が回答できないことをわかっていて、質問や意見を述べているという側面もある。つまり、説明会が単なるガス抜きにしかなっていないという部分がある。

したがって、相談・交流・説明会の開催側である生活再建支援拠点としては、避難者にとって有用な内容を提供する工夫が求められる。例えば、埼玉拠点では、他の民間支援団体が実施する広域避難者向けの交流会に参加できない避難者に向けて、交流会的な要素を持たせつつ、避難者の健康相談や住宅相談、弁護士相談などを行っている。

一方で、相談・交流・説明会事業の事業内容は、福島県からの情報提供を行う交流・説明会の開催と、電話相談を行うことは共通しているが、そのやり方は基本的には各拠点に任されている。なぜならば、地域によって広域避難者の状況が異なるためである。また、拠点ごとに提案され、福島県が認めた支援事業（提案事業）を行うこともでき、ある程度、柔軟な支援ができる設計になっている。だが、他方で「どのように、どこまで支援するべきか」という悩みを抱えることになる。つまり、相談・交流・説明会事業の事業者団体が持つノウハウや人的資源、団体の運営状況によって、支援内容が左右されることになる。

さらに各生活再建支援拠点は避難者から相談を受け、その情報を事業の管理主体であるふくしま連携復興センターに提出するが、そのフィードバックが十分ではないため、相談を受けた結果、その避難者がどうなったのかを知ることができない。さらに、電話相談による応対だけでは、避難者が抱えている問題を解決できず、実際の訪問が必要である場合もあるが、この相談・交流・説明会事業ではそれが許されていない。埼玉県では、復興支援員事業と相談・交流・説明会事業が同時に展開されているため、両者の「連携」も模索できるが、戸別訪問がない生活再建支援拠点の場合、電話相談だけを行うことになり、「戸別訪問をしないと相談者への対応ができない」という思いを強くする。実際に生活再建支援拠点によっては、別の助成金で独自に戸別訪問を実施し、相談・交流・説明会事業で行う電話相談のフォローを実施している。

もっとも、相談・交流・説明会事業における電話相談と、復興支援員事業による戸別訪問の「連携」も必ずしもうまくいっているわけではない。前述したように、相談・交流・説明会事業は復興庁管轄、復興支援員事業は総務省管轄であり、復興庁側に復興支援員事業との連携を考える素振りはない。また、相談・交流・説明会事業と復興支援員事業は、福島県避難者支援課が担当しているものの、両者の連携は福島県からの駐在職員を介して、生活再建支援拠点に任されている感がある。

二〇一八年現在、相談員事業を行っている福玉支援センター（埼玉広域避難者支援センター）が、この駐在職員を介して、相談・交流・説明会事業と復興支援員事業の「連携」(8)を、埼玉県だけではなく、関東地方の相談員、復興支援員との間で模索しているところであるが、事務所が隣にありながらも実際には難航している。

埼玉労福協による復興支援員事業は、当初は福島県出身の支援員を雇用し、孤立した避難者の戸別訪問には有効に働いたが、経済的困窮やさまざまな疾患を抱えた避難者がいたとしても、その情報は福島県に集約され、生活再建支援拠点の相談員に伝わることはほぼない。福島県の駐在職員の判断で、復興支援員が訪問した避難者を、生活再建支援拠点の電話相談につなぎ、その結果、相談員によって避難者が住む地域の社会資源と接続させた事例はある。

二〇一八年度から「県外避難者に対する心のケア訪問事業」や「避難者住宅確保・移転サポート事業」のように専門家による支援事業（図5－1参照）が開始されようとしているが、これらの支援事業と、生活再建支援拠点による電話相談、復興支援員による戸別訪問を、どのように組み合わせて広域避難者支援の体制を構築していくのかが問われている。現状では、現場の意向を含めた形での十分な体制を構築できていない。そして、広域避難者支援のローカルガバナンスの構築は、国や福島県から「丸投げ」されているという構造的な問題点も見て取れる。

3-2 事業運営上の課題

第二に、相談・交流・説明会事業のマネジメント面における不備・不調が指摘できる。本事業においては、生活再建支援拠点の事業運営および相談員に対する年三回の研修が行われる。

前者については、相談・交流・説明会事業の事業運営者が復興庁や福島県からの情報を受けるわけだが、とくに三菱総合研究所が企画する第二回目の研修は、分厚い資料を復興庁や福島県の職員が読み上げ、その後、各拠点から質問を受けるという「官僚が説明しやすい」説明形式となっている。この場は、生活再建支援拠点が復興庁や福島県と直接的に対峙できるメリットがあるが、「研修」というよりは「通達」に限りなく近い。

後者の相談員に対する研修は、広域避難者からの電話相談に対する情報として有益なものもあるが、埼玉拠点における相談員は広域避難者支援を長らく行い、かつある程度の専門性もあるため、研修内容が既知の場合もあった。また、研修自体を他の生活再建支援拠点が行う場合、その研修内容が自らの拠点における相談事業とマッチしない場合もある。

相談・交流・説明会事業における研修は、二〇一七年度からJCN（東日本大震災支援全国ネットワーク）が担当している。JCNは東日本大震災における被災者・避難者への支援活動に携わる団体（NPO、NGO、企業、ボランティアグループ、被災当事者グループ、避難当事者グループ等）で形成される全国規模の連絡組織である。広域避難者支援に関しては、二〇一二年から広域避難者の支援団体や、避難当事者のグループを対象に、具体的な支援の取り組みや支援手法などの情報共有のための「広域避難者支援ミーティング」を開催する一方で、広域避難者支援の助成金プログラムにおける研修を行うなど、中間支援組織としての活動を行っている。筆者らも含めて福玉支援センターのメンバーは、『福玉便り』の発行などのために広域避難者支援のための助成金「タケダ・赤い羽根　広域避難者支援プログラム」を得たこともあるが、この助成金の研修もJCNが行っていた。福玉支援センターのメンバーはJCNの研修は何度も受けていることになる。

福島県はこれまで広域避難者支援に関わる研修を手がけた経験があるJCNに、相談・交流・説明会事業の研修を依頼した。だが、「タケダ・赤い羽根」のプログラムにおいても、相談・交流・説明会事業においても、少なくとも筆者らの活動においては、JCNの研修はほとんど意味がなかった。なぜならば、JCNは、広域避難者支援ミーティングと同様に、「各拠点における運営の問題点や、支援の手法などを共有する」ためにサブグループを作って話し合い、それを発表して全体で共有するということを繰り返す。そして、情報の共有化の作業には、広域避難者の問題をあまり知らない専門のファシリテーターが進行を務める。広域避難者の問題は地域で状況が異なるので、地域ブロック別で議論することが必要であるにもかかわらず、ファシリテーターは、参加者を北から南に並べて、「1、2、3、4、5……」と番号を呼ばせ、グループを作り、さまざまな地域の情報を共有することを行わせる。このような研修が何度も行われ、筆者も含めて生活再建支援拠点の事業運営者は、「研修だから参加せざるをえないが、また同じことをやっている」と嘆くことになる。(9)とくに遠方の生活再建支援拠点の事業運営者は、時間を浪費することになった。[10] しかも、ＪＣＮが各生活再建支援拠点からの情報を集約し、地域ごとに支援内容や支援の課題とその問題解決のための方策を提示することはなかった。ＪＣＮの研修は情報共有自体が自己目的化し、研修をこなすだけの存在になっているといっても過言ではない。

さらに、先述したように、相談・交流・説明会事業の受託団体であるふくしま連携復興センターにも、各生活再建支援拠点からの避難者の情報、支援の課題などが集約されているものの、そこから広域避難者支援の課題が整理され、各拠点に対して有効な支援策、広域避難者支援の体制、仕組みを提示しているとは言いがたい。このように広域避難者支援に関わる中間支援組織のアドボカシー能力の欠如が、広域避難者支援の体制、仕組みが構築できない要因になっていると言える。[11]

3-3 運営費に関わる問題

第三に、相談・交流・説明会事業の運営費に関する問題である。福玉支援センターでは、先述したように代表理事・副代表理事が個人的に資金を負担したが、全国の生活再建支援拠点でも同様の状況は多いと聞く。また、沖縄県の生活再建支援拠点では、事業の運転資金を金融機関から借り入れることでまかない、利子の負担が事業運営の課題になっているという。[12] 埼玉県でいえば、埼玉労福協や各地域の中間支援団体のように、震災以前から組織基盤があり、他の事業経費をやりくりする中で事業運営を行うことができる場合は、事業運営費の問題は克服できる。だが、福玉支援センターのような避難者支援に特化した団体の場合や、活動歴が短く小規模な活動を行っている団体の場合は、活動の運転資金の問題に直面する。

この問題に対して、復興庁（復興副大臣）やふくしま連携復興センターの回答は、「なるべく早めに事業経費を振り込むようにするが、できれば他の事業と組み合わせて、事業運営する努力をするべき」というものである。[13] NPOの中間支援団体が、広域避難者支援を行う団体の「組織強化」の必要性を指摘する際にも、別の事業を行うことで活動経費を捻出することを勧める場合もある。組織運営、組織強化という観点だけを考えれば、支援団体は戦略的にこのような「手段」は有効のようにも見える。しかしながら、そもそも、支援事業をするために、別の事業をすることを事業の委託側が強いることは、本末転倒であろう。

さらに「県外避難者等への相談・交流・説明会事業」を維持するために別の事業を行うことによって、相談・交流・説明会事業の活動自体が「片手間になる」場合もある。「あまり相談が多すぎると、本業の対応ができない」という生活再建支援拠点の本音も存在する。この相談・交流・説明会事業は、復興庁が広域避難者に対して唯一行っている施策であるものの、事業運営面においてはかなりの程度、現場の支援団体に依存し、かつ無理を強いた事業であると言うこともできる。

3-4　相談事業受託の派生効果

最後に、NPO法人である福玉支援センターが、相談・交流・説明会事業を受託したことによって得られた派生的な効果――埼玉県との協議開始――について指摘しよう。

すでに述べたように、埼玉県では、県が主導して広域避難者支援の団体を構築することはなく、民間団体と埼玉県の災害部局が民間の広域避難者支援の会合に関わったのは、「避難生活の開始期」（二〇一一年四月〜二〇一二年三月）における埼玉弁護士会主催の震災対策連絡協議会に埼玉県危機管理課が参加しただけである。その後、埼玉県における民間の広域避難者支援をリードした埼玉労福協が主催する「福玉会議」においても、埼玉県の担当者の出席はなかった。

ただし、埼玉県は二〇一六年四月から自主避難者の県営住宅への優先入居を開始し、とくに住宅支援に関して独自の政策を行った。福玉支援センターが主催する避難者に対する住宅説明会も、埼玉県住宅課の協力によって実施されている。

このように、埼玉県は当事者団体や民間支援団体の部分的な関係性はあったものの、埼玉県と広域避難者支援の民間団体や当事者団体が、広域避難者の問題に関して総合的に議論する場は構築されてこなかったのである。

だが、この問題は、民間の支援団体側にアドボカシー機能がなかったことも関係している。埼玉県においては、「避難生活の長期化期」に民間支援団体の中心的な存在であった埼玉労福協は、二〇一三年から埼玉県知事に対して避難者支援に関する要請を行っている。ただし、これは広域避難者支援に特化したものではなく、埼玉労福協の活動内容に関する要請を県知事に行うものであり、即効性は期待できない。換言すれば、「避難生活の長期化期」において、民間支援団体の中心的な存在であった埼玉労福協は、その組織的性格から、政治的な手段を用いた活動ができなかったため、結果として、民間支援団体と行政との関係性が構築されなかったとも言えるだろう。

しかし、広域避難者の避難生活が長期化する中で、避難先の地域資源に接続させる避難者をサポートする必要がある中で、広域避難者の民間支援団体と埼玉県との協議をする場が必要であると、『福玉便り』編集部や、その後の福玉支援センターのメンバーの中では議論され、共有されていた。

そして、二〇一七年から福玉支援センターが福島県の相談・交流・説明会事業を受託するようになったが、その直後に復興庁で大きな変化があった。東日本大震災の被害に関して「まだ東北で、あっちの方だったから良かった。首都圏に近かったりすると、莫大な、甚大な額になった」と述べて更迭された今村雅弘復興大臣に代わり、吉野正芳復興大臣が就任した。復興庁に対する批判が相次ぐ中、吉野大臣は、全国の生活再建支援拠点の視察をする意向を示した。相談・交流・説明会事業による生活再建支援拠点の構築は、復興庁が行う唯一の広域避難者支援施策であり、それをアピールする思惑もあったのだろう。二〇一七年八月に急遽、埼玉県の生活再建支援拠点と復興支援員事務所に復興大臣の訪問があった。埼玉県における民間支援団体と、復興大臣が相対するのは初めてのことだった。

その後、相談・交流・説明会事業の二〇一七年度第二回の研修会(二〇一七年一一月八日)が開かれた。東日本地方の生活再建支援拠点と復興庁、福島県が一斉に集まった場において、筆者(西城戸)は浜田昌良復興副大臣に対して次のような提案を行った。それは、復興庁が各都道府県に対して広域避難者支援の協力に関する通達を出していることへの感謝を述べるとともに、その通達を有効に機能させるために、「復興庁、福島県、埼玉県、NPO法人埼玉広域避難者支援センター（福玉支援センター）の四者協議のきっかけをつくっていただけないか」というものであった。なぜならば、避難先の地域資源に接続させる避難者をサポートする必要がある中で、広域避難者の民間支援団体と埼玉県との協議をする場が必要であったからである。副大臣は、筆者からの問いかけに対して、その場で復興庁から埼玉県庁に働きかけることを即決した。

この研修会議後、福玉支援センターから復興庁に正式な依頼をし（二〇一七年一一月）、復興庁が関係各所に連絡を取り、二〇一八年二月一五日に四者協議が実現することになった。この四者協議において、福玉支援センターは埼玉県に対して、以下のように広域避難者の現状と支援の必要性について指摘した。

第一に、埼玉県内にいまだ多様な避難者が数多く存在し、避難指示の解除や住宅支援の打ち切りによって路頭に迷う避難者に対峙するのは、埼玉県や県下の市町村であり、埼玉県危機管理防災部だけで対応するべき政策課題ではないこと。第二に、新潟県における避難者支援局のような広域避難者への対応部局の設置が本来は必要であり、復興庁や福島県の通達を埼玉県下の市町村に伝えること。第三に、民間支援団体と避難先自治体との関係構築が重要であり、この四者協議以降も継続的に、福玉支援センターと埼玉県との定期的な会合を設けてほしいこと。そしてその会合に埼玉県の危機管理防災部以外の部局が出席し、避難者に必要な情報の提供を、埼玉県が県下の自治体に対して指示、通達すること。第四に、具体的な支援内容として、住宅課による公営住宅の対応の継続と入居要件の緩和の必要性、生活困窮、高齢または障がい、子どもの教育及び育児、心のケア、住宅困窮について、すでに「想定される」との認識がある以上は、具体的にどういった部署が該当するかを検討し、その部署については窓口に「避難者担当」を設置し、定期的に担当者の会議を開催することなどを伝えた。

その後、埼玉県危機管理防災部と福玉支援センターとの会合が行われ（二〇一八年七月二七日）、「福玉支援センターと埼玉県との会合は、基本的に危機管理防災部が対応するが、他の部局が存在していると思ってほしい。今後も定期的な会合を続けるとともに、埼玉県内の市町村への通達は責任をもって対応する」という埼玉県危機管理防災部の回答があった。このように、形式的には埼玉県と民間の避難者支援団体との公的なチャネルができたといえるだろう。

現在、福玉支援センターとしては、埼玉県、各市町村に避難者の情報を提供し、連携を推進する努力が必要だと考えている。そして福玉支援センターとしては、相談・交流・説明会事業によって得た避難者の実態について個人情報を配慮した形で整理し、その情報を、埼玉県経由で県内の市町村に提供することを試みている（福島県避難者支援課からは了承済み）。ただし、埼玉県だけの事例ではなく、近隣県の事例もあった方がよいと福玉支援センターとしては考えており、関東地方に駐在している福島県職員（避難者支援課）に対し、再度、情報の集約の打診を行った。その結果、関東地方に駐在している福島県職員が一都三県の避難者の情報（避難先自治体と支援団体の関わり、地域の社会資源との避難者支援の連携事例）をとりまとめ、情報が提供されることになった。

一方で、情報の共有に際して「行政の縦割り」に苦しんでいることも事実である。例えば、埼玉県危機管理防災部からは、県下の市町村の危機管理対応の部署に連絡が行く場合が多く、各市町村の広域避難者支援担当の部署に情報が伝わらない可能性がある。行政組織の縦割りの問題と一括してしまえばそれまでであるが、広域避難者やその支援に関する一つひとつの情報が行政組織にきちんと伝わることを確認する働きかけ（例えば、埼玉県には各市町村の避難者担当の部局に情報を伝えることを確認する、市町村に対しては埼玉県の危機管理防災部と連絡を密にするように働きかけるなど）の作業が、福玉支援センターの実践的な課題である。行政と行政をつなぐという、本来は行政が行うべきであると思われるが実際はなかなかできない役割を、福玉支援センターが行う必要があると考えている。換言すれば、広域避難者支援のガバナンスの媒介を福玉支援センターが行おうとしていると言えるだろう。(14)

以上のように単に相談・交流・説明会事業の事業内容の遂行だけではなく、この事業で得た制度的、政治的チャネルを使い、よりよい広域避難者支援の体制をつくるための市民運動的な働きかけを地道に行っていくことが、今後の福玉支援センターに課せられた課題である。

4　小括——避難生活の超長期化期における埼玉県の避難者支援のローカルガバナンス

最後に、避難生活が超長期化した二〇一七年四月以降の避難者支援のローカルガバナンスを見ていこう（図5－2）。なお、この図は、二〇一八年三月時点のものであり、埼玉労福協が浪江町から受託していた復興支援員事業は二〇一八年三月で終了し、二〇一八年八月現在では富岡町と福島県からの事業だけとなっている。

第一に、二〇一六年四月にNPO法人埼玉広域避難者支援センター（福玉支援センター）は、『福玉便り』の発行と発送に関して、それまで埼玉労福協で行っていた作業を実施するようになった。具体的には、刊行費用は福玉支援センター名義で助成金を得て、労福協が管理していた名簿[15]の修正を行い、従来までの発送のボランティアをコーディネートしながら、発送作業を行った。

第二に、「福玉会議」の運営も、福玉支援センターの設立後は、埼玉労福協との共同開催となっ

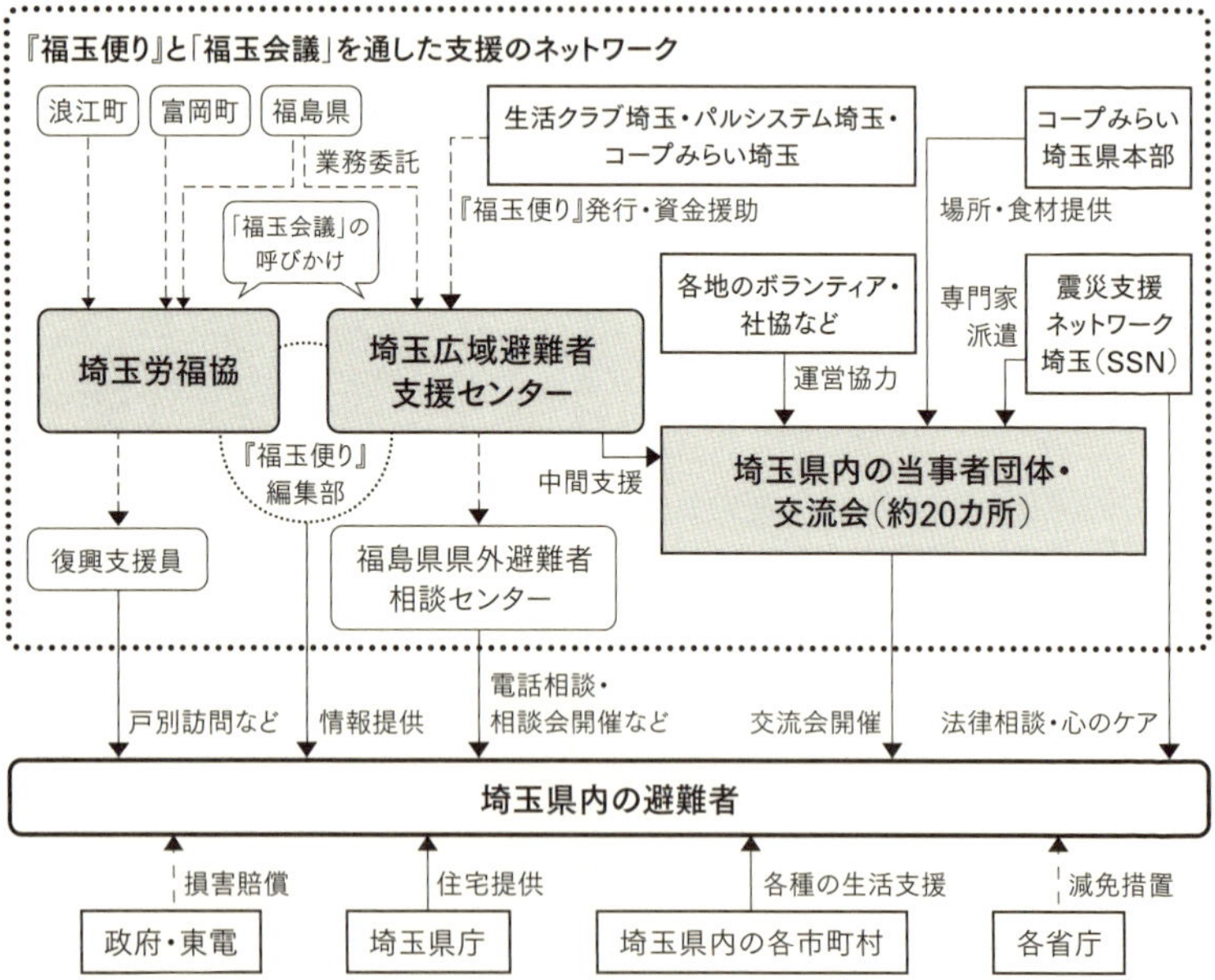

［図 5-2］ 避難生活の超長期化期における避難者支援ガバナンス
出所：筆者作成.

た。当日の運営は埼玉労福協が担うが、会場費や参加者への交通費補助は福玉支援センターが負担している。ただし、「福玉会議」の参加者は、埼玉県内の避難当事者団体、支援団体の減少や震災支援の縮小に伴って少なくなっている。「福玉会議」という場で、団体の情報共有以上の試みをどのように行っていくのかが、「福玉会議」に関わる団体に課せられている。なお、この課題の解決の難しさは、自発的な支援活動を誰が調整するのかという、避難者支援のガバナンスの本質的な問題点にも関わってくるが、この点は次章で考察する。

第三に、二〇一七年四月からは、福玉支援センターは埼玉労福協から引き継ぎ、福島県県外避難者の相談事業を受託するようになり、その結果、復興庁や福島県との制度的なチャネルを得て、埼玉県と広域避難者支援に関わる定期的な会合を持つことができるようになった。なお、この相談・交流・説明会事業においては事業運営に対する研修が行われるが、そこで復興庁や福島県に対して、広域避難者支援の仕組みに関する要請（復興庁、福島県側からすれば事業研修に関する質問としての位置づけであるが）も行った。このように福玉支援センターは、従来までの埼玉県の広域避難者支援のガバナンスに欠けていた、行政との制度的なチャネルの構築と、避難者支援の仕組みに関するアドボカシー活動を徐々に展開しつつある。ただし、「行政の縦割り」の前に苦心していることも事実である。

第四に、埼玉労福協は、二〇一八年度は富岡町と福島県の復興支援員事業を継続しながら、福島県県外避難者帰還・生活再建支援補助金を福島県から得て、埼玉県内の避難者支援組織への支援、埼玉県内の避難者と避難先の住民との交流会の開催、帰還支援サポートなどを展開している。

また、埼玉労福協が行う福島県の復興支援員事業と、福玉支援センターが行っている福島県の県外相談事業をどのように連携させて支援活動を行うかが、課題となっている。

第五に、その他の民間支援団体の中で継続的な活動をしている団体もあるが、活動のための助成金が少なくなり、全体としては活動自体が中止するか、縮小の傾向にある。だが、震災から七年半以上が経過し、いまだなお、避難者として暮らしている多くの人々が存在し、多様な支援が必要とされる現状がある。序章や本章で述べてきたように、広域避難に関する国や福島県の施策は、避難先の社会資源と接続させるべく、全国規模に展開する専門家による支援が開始されつつあるが、相談・交流・説明会事業による生活再建支援拠点、復興支援員事業、そして民間の支援団体と避難者の連携が重要になってくる。しかし、残念ながら埼玉県においては、これらの支援のアクターが避難先で総合的に支援のガバナンスを構築しているとは言いがたい。その理由については次章で考察する。

第6章

広域避難者支援のローカルガバナンスと社会学

上尾シラコバト団地での東日本大震災追悼式（2014年3月11日）
撮影：原田

ここまで、震災直後から二〇一八年八月現在までの埼玉県における広域避難者支援のガバナンスの動向を、自治体の対応と民間の支援団体の対応に分けて整理してきた。本章では、広域避難者支援の体制に関する課題を析出し、今後の避難者支援のガバナンスのあり方を考察したい（第1節）。最後に、本研究の社会学的な調査研究としての位置づけを考察する（第2節）。

1 広域避難者支援のローカルガバナンス

1-1 埼玉県における広域避難者支援のガバナンスの課題

繰り返し述べてきたように、埼玉県には避難指示区域からの避難者や自主避難者も含めた多様な避難者が存在している。よって広域避難者支援のあり方は、それぞれの立場の避難の権利を認め、多様な支援ニーズに対して必要な支援を行うことである。つまり、広域避難者支援のためのガバナンスの前提となる考え方は、多様な価値と複数のゴールを設定するという順応的ガバナンスの前提（宮内編 2013）と同一である（第1章第2節参照）。そして、『福玉便り』編集部に関わり、NPO法人埼玉広域避難者支援センター（福玉支援センター）に関わってきた筆者らを含むメンバーは、この広域避難者支援の前提となる考え方を共有し、避難者支援の活動を行ってきた。広域避難者の支援を直接的に行ってきた団体の多くも同様であろう。

では、広域避難者の多様なニーズに対する多様な支援を担保するための、広域避難者支援のローカルガバナンスの構築ができたのかどうか。結論的にはいまだ十分に構築されてはいないということになるだろう。埼玉県においては、さいたまスーパーアリーナの避難所で活動した支援団体をはじめ、県内の各地で広域避難者支援に関わる支援団体が活動してきた。そして埼玉県内の自治体は独自の支援策を講じたものの、官民協働の支援体制の不足という状況が長く続いていた。埼玉県の民間支援団体、士業団体、埼玉県といくつかの市が加わった「震災対策連絡協議会」（二〇一一年五月～二〇一三年六月）において、埼玉県弁護士会が「官民協同の支援体制づくり」として提言した、①個別避難者を支援するための支援情報窓口の設置、②あらゆる分野の相談に対応できる総合的な相談体制の構築、③官民連携型の協議会の定期的な開催、というモデルが提案されながら、その後、実行力の伴った連携体制はできていない（第3章第3節）。なお、このモデルは、二〇一八年現在、福玉支援センターが埼玉県危機管理防災部に提唱している内容と同一である。換言すれば、仮に新潟県のように震災直後に埼玉県が避難者支援局といった広域避難者の対応部局を設置していれば、行政と民間支援団体の「協働」の支援体制がいち早く構築されていたともいえるだろう。

他方で、広域避難者支援という共通の目標に対して、避難元の自治体を中心に、支援制度が講じられてはいる。その一つが、避難元である福島県浪江町、富岡町、大熊町、双葉町による復興支援員制度を用いた広域避難者に対する支援策である。だが、これは避難元自治体による、避難元出身の広域避難者に対する復興支援員を介した支援であり、避難先自治体との間で支援のローカルガバナンスを構築する意図は見られない。浪江町、富岡町、福島県の復興支援員は、戸別訪問と交流会の開催が主な活動内容になっているが、訪問先の避難者の状況を報告するだけで、避難先の社会的資源との接続については制度的に企図されていない。福島県は避難者支援課職員を避難者が多い自治体に派遣し、避難者支援に関わる連絡調整は行っているものの、この駐在職員が、避難先自治体における避難者支援のガバナンスを必ずしも主導しているわけではない。福島県職員は「これ以上、避難先の自治体に対して迷惑をかけてはいけない」という心理もあり、避難先自治体との連携を積極的に模索できないようにも見える。だが、その一方で、避難先自治体に対して広域避難者支援に関する話をすると、「福島県からの働きかけがあれば、こちら（避難先自治体）としても動きやすいのだが……」という声を聞く。(1) 避難元（福島県）と避難先（埼玉県）の自治体が双方で竦《すく》み合っている状況である。

一方で、復興庁は「福島県からの避難者への支援に向けた生活再建支援拠点との連携について」という通達を二〇一七年七月七日に各都道府県知事に対して出している（図6－1）。この通達の内容は、生活再建支援拠点や復興支援員の存在を避難先自治体に周知徹底してほしいということと、生活再建支援拠点や避難者支援を行う団体からの相談に協力してほしいというものである。福玉支援センターは埼玉県に対して、広域避難者支援に関する協議や協力の要請をこの通達をもとに行っており、この復興庁の通達は非常に意味のあるものであった。二〇一七年に福玉支援センターが、復興庁、福島県、埼玉県との四者協議を行うことができた理由は、復興副大臣の指示の影響が大きいものの、この通達があるからこそ、福玉支援センターから副大臣に対して、避難

復本第 1424 号
平成 29 年7月7日

各都道府県知事　殿
（被災者支援担当課　扱い）

復興庁統括官

福島県からの避難者への支援に向けた生活再建支援拠点との連携について

原子力災害に伴う福島県からの避難者への支援につきまして、日頃より格別のご配慮を賜り、厚くお礼申し上げます。

福島県からの避難者については、避難生活が長期化するとともに、避難指示区域外からの避難者に対する応急仮設住宅の供与が終了し、安心して自立した生活の再建へ向けた取組を進めている中で、避難者それぞれの課題も個別化・複雑化しているところです。

具体的には、個々の生活再建の状況等に応じて、帰還、就業、生活困窮、子育て、子どもの教育、心のケア、住まいなど多様な課題があり、それぞれに適切に対応していくことが求められています。また、避難先における孤立などを防止するため、避難者間や地域との交流、心の復興などにも取り組んでいるところです。

このため、福島県では、復興庁の被災者支援総合交付金を活用し全国26か所に生活再建支援拠点を設置するとともに、一部都県に復興支援員等を配置し、避難者それぞれが抱えている課題に係る相談を受け付け、避難先自治体など関係機関等に連絡・フォローし、課題解決に当たっております。今後、こうした取組を一層丁寧に行っていく必要があり、別添のとおり福島県からも通知が発出されているところです。

つきましては、今後もこうした取組を円滑に実施していくため、取組の趣旨等を改めて庁内関係部局等に周知徹底していただくとともに、貴管内の市区町村へも周知方よろしくお願いいたします。貴都道府県において、生活再建支援拠点等又は福島県から避難者支援に関する相談等が寄せられた場合には、御協力を賜りますよう御配慮願います。

併せて、積極的な取組を行っている事例をお知らせしますので、生活再建支援拠点等と庁内関係部局の間の連携強化（連絡先の共有や定期的な会合の開催等）にご活用いただきますようお願いいたします。

なお、本通知は地方自治法（昭和22年法律第67号）第245条の4第1項の規定に基づく技術的な助言であることを申し添えます。

［図 6-1］避難者支援の連携に関する復興庁による都道府県への通達（2017年7月7日付）

先自治体との会談の場をつくってほしいという要請をすることができたからである。

しかしながら、別の観点から考えると、この復興庁の通達は広域避難者支援のガバナンスの調整を避難先自治体が行うことを明確に求めているわけではなく、生活再建支援拠点を運営する団体や、民間の支援団体に対する支援を要請しているにすぎない。地方自治の独立性を踏まえた判断であると思われるが、復興庁は広域避難者支援のローカルガバナンスについては、生活再建支援拠点や民間の支援団体に「投げている」ようにも見えてしまう。復興庁はこうした通達を発布するだけではなく、相談・交流・説明会事業を通して生活再建支援拠点が毎月行っている相談内容の報告を整理し、避難先の自治体に具体的に情報を提供し、避難者支援を法的な体系の中で位置づけることを行うべきではないか。それがあって初めて、生活再建支援拠点において多様な主体による支援活動の連携がもたらされるからである。相談・交流・説明会事業を運営している各地の支援団体側からは、生活再建支援拠点における電話相談のあり方だけではなく、広域避難者支援全般の課題について、復興庁や福島県に伝えているが、抜本的な解決策の提示はなされない。広域避難者支援の仕組みに関する自己評価とフィードバック機能が働いていないという点も、非常に大きな問題であるといえる。

以上の点を踏まえると、埼玉県の広域避難者支援のローカルガバナンスは、「公的セクターと私的セクターの間の領域や責任の所在が曖昧化」した典型例であるといってよい。広域避難者支援を行う民間団体の立場で述べれば、国や福島県は広域避難者支援の問題に関して、どこまで民間支援団体に依存するのか、公的な支援をどのように どの範囲まで行い、その責任の所在は誰であるのか、という点がいまだはっきりしていないことが、広域避難者支援を行う支援団体の疲労感・徒労感につながっている。この疲労感・徒労感は、事業の研修を豪華な温泉宿で行うことや、支援団体の情報共有と称した愚痴の言い合いによって解決されるものではない。広域避難者支援というイシューに限ったことではないが、「官」と「民」はローカルガバナンスを進める上で重要なアクターであるものの、「官」は「民」に比べて、人材、金銭、情報、権限が集中することは否めない。したがって、「官」と「民」の協働で支援を行う体制（＝避難者支援のローカルガバナンス）を構築するのであれば、「官」はそもそも支援のガバナンスの仕組みをつくる責務がある。また、民間支援団体はそれぞれの自発性によって支援活動を行うため、他の活動を差配する権限も正統性も持たない。多様な広域避難者の存在を前にして、広域避難者支援をどのように仕組みとして行っていくのか、まさに支援のローカルガバナンスをどのように構築するべきかが、震災以降、ずっと問われ続けている。

1－2 広域避難者支援に関わる民間団体の課題

次に、広域避難者支援のガバナンスにおける民間支援団体の課題について、具体的な例を挙げながら考察したい。

第一に、広域避難者支援の内容の変化に対する順応的な応対の可否という課題がある。広域避難者支援は、多様な避難者が存在し、避難者のニーズは変化しつつ、一方でいまだに避難当時の状況を抱えている避難者から、すでに避難者ではないと述べる避難者もいるため、支援内容は分散しており、また変化している。それゆえ、広域避難者支援を行うためのローカルガバナンスは、順応的に対応を変える必要があり、その可否が鍵となる。

順応的ガバナンス論における示唆として、広域避難者支援に順応的に対応するために、各アクターの「学び」の重要性が指摘されている。また、ボランティア論の教科書には、対人ボランティアをする際の留意点として、独りよがりのボランティアは相手にとって迷惑であるから、ボランティアを「される側」のことを考えないといけない、という指摘がなされる。だが、とくに広域避難生活の開始当初の時期においては、本人はよかれと思って行うボランティアが、避難当事者にとっては迷惑な行為であったことも散見されていた。第2章第2節で挙げたさいたまスーパーアリーナにおける過剰な支援のほかにも、例えば、双葉町民が避難した旧騎西高校では、避難者のために歌や音楽を披露するボランティア活動が行われたが、プライバシーが十分に確保されていない中で少しでも休息を取りたいと願う避難者にとっては、歌や音楽が好きな人は別として、こうしたボランティアは迷惑にしかならない。しかし、「せっかくボランティアに来てくれたのだから」という避難者側の配慮によって、数多くの避難者が「ボランティアの皆さん、ありがとう」と口にしながらこうした支援イベントに参加することになった。つまり、避難者は仕方なく〝自発的〟に支援イベントに参加したことになる。ボランティア側はよかれと思った行為が避難者にとっては迷惑であることは多いのだが、そのことを意識できないボランティアの存在を、ボランティアという行為が自発的であるがゆえに、ボランティア、支援団体側は排除することができないのである。

また、震災直後から物資の援助や交流会の開催等を行ってきた団体が、徐々に参加者が少なくなって「支援相手がいない」と嘆く場面や、「現場に支援者ばかり」という状況が生まれるケースなども見られた。ニーズがなくなった支援は続ける必要はなく、支援団体が広域避難者のニーズの変化に対応できずに、そのまま支援活動を続けている場合は、支援の自己目的化という批判を受けざるをえない。

さらに、避難者支援を継続することによって、避難者を「支援漬け」にしてしまい、自立ができない避難者をつくり出してしまうという批判も聞かれ、支援内容や支援のあり方が問われている。だが、広域避難者それぞれの置かれた立場の違いが大きくなり、自立的な生活ができない避難者も多く、とくに経済的に困窮した避難者にとっては、震災当初のような物資の支援が必要な場合もある。一方で、生活に密接したニーズであるほど、どこまで「避難者支援」として特化した形で支援をしてよいのか、避難者ではない同様の境遇の人々に支援をしていないことが逆の差別を生んでいるのではないかという指摘も立ち上がってくる。したがって、地域の社会資源と接続させた避難者支援を行う必要があるといえる。

他方で、埼玉県における広域避難者支援の変遷を見ていくと、支援の現場からニーズを「学び」、支援を多様な形で展開した事例も見られる。例えば、震災直後から物資提供や交流会の開催を通じて、その時々の避難者の情報を把握していた埼玉労福協は、復興支援員事業における孤立している広域避難者への戸別訪問に際して、福島県出身の避難者を雇用し、訪問が円滑にできるようになった。支援経験の蓄積が、順応的な支援を生み出した事例であろう。

ほかにも、認定NPO法人のハンズオン！埼玉は、さいたまスーパーアリーナにおける支援活動の中で、避難所の掲示場の活動を通じて、避難者に対する情報提供の必要性を発見し、『福玉便り』を発行するきっかけとなった。また、SSN（震災支援ネットワーク埼玉）は、その事務局メンバーが、避難者個人と弁護士、司法書士、社会福祉士、臨床心理士といった専門家による相談業務をつなぐ支援活動を行うようになった。SSNの事務局長は、福玉支援センターの理事でもあり、SSNと福玉支援センターは情報を共有しながら、連携して活動している。

第二に、広域避難者支援の内容は、以前の災害経験や支援団体の組織／運動文化が規定し、それが活かされた場合もあるが、逆に過去の成功経験が順応的な支援の足かせになっている場合がある。例えば、一九九五年の阪神・淡路大震災において被災者の孤立が問題視され、その後の震災においては交流会が開催されるようになった。東日本大震災・福島第一原発事故による被災者、避難者支援において、被災者や避難者同士の交流会が数多く開催されたことは周知のとおりである。だが、前述したように、避難者のニーズや状況の変化を捉えきれないと、交流会の参加者が固定化し、活動が膠着化してしまう事例もあった。

また、埼玉県における復興支援員事業は、埼玉県内で広域避難者支援を行っていた埼玉労福協と津波被災地（岩手県）における支援活動の実績があった一般社団法人RCFが受託した。そしてRCFは、津波被災地で成功した支援モデルをそのまま広域避難者支援に援用したが、避難先（埼玉県）に住む同郷の避難者のグループを形式的につくっただけにとどまった場合もあった。このエピソードは、避難者にとって避難先は一時的に住む場所にすぎず、そこでコミュニティをつくることの難しさを示している。また同時に、津波被災地におけるコミュニティ支援と広域避難者への支援のノウハウが決定的に違うにもかかわらず、同じ枠組みで事業を行ったために、支援活動がうまくいかなかった事例であるとも言えるだろう。

一方、埼玉労福協による復興支援員事業は、当初は震災直後の支援活動による避難者の状況把握や避難者のネットワークを通じて、避難者の状況を「学び」、避難者自身を復興支援員に採用し、円滑に戸別訪問や交流会（サロン）を開催することができた。この点は順応的な支援活動を展開した事例として、高く評価されてよい。

しかしながら、現在は、戸別訪問や出張で交流会を開催するだけでは、生活困窮者・障がい者・高齢者などへの支援が不十分である状況になっている。だが、埼玉労福協は社会福祉的な活動への志向性がないためか、避難先の社会資源との接続のための実践（相談・交流・説明会事業による生活再建支援拠点の連携、避難先自治体への働きかけなど）が希薄である。避難元の復興支援員事業の仕様に含まれていないと言われればそれまでであるが、他地域の体制と比較すると、埼玉県の復興支援員事業による支援体制は、現状では不十分であると言わざるをえない。

例えば、東京都の生活再建支援拠点は、社会福祉協議会や福島県の駐在職員が参加した、支援活動報告や避難者からの相談ケースの検討を行っている。つまり、福島県の駐在職員を介した形で、復興支援員と生活再建支援拠点が、情報共有と専門的な立場からの避難者支援を行う体制がある。東京都の復興支援員事業では、戸別訪問が開始された当初、専門家が訪問するゆえに避難者が扉を閉ざす傾向にあったが、避難者を訪問し、その声を傾聴する以上の支援を考えた場合は、こうした専門家を活かす体制が必要となる。また、千葉県においては、千葉県社会福祉協議会が受託した復興支援員が戸別訪問を行い、特定非営利活動法人ちば市民活動・市民事業サポートクラブが生活再建支援拠点を運営しているが、福島県の駐在職員を介して、福島県復興支援員や千葉県の臨床心理士会と情報の共有をしている。

以上のように、ニーズが変化し順応的に対応しなければならない広域避難者支援の内容は、過去の経験や組織文化の影響を受けがちである。経験がプラスに働く場合とマイナスに働く場合があり、順応的な支援を行うためには、絶えず現状から「学び」、支援のあり方を変えていく力が必要であることが見いだせる。

第三に、埼玉県の広域避難者支援団体の間で、情報共有だけでなく、中間支援的な支援を十分にできなかったという点が挙げられる。前述したように、避難者支援に関する情報共有の場は、震災直後からしばらくの間は埼玉弁護士会が主催して開催され、「官民協同の支援体制づくり」の構想はあったものの、実現しなかった。その後、埼玉労福協が「福玉会議」を開催したが、参加団体が増えるにつれて、それぞれの活動報告が中心となり、避難当事者の提案（埼玉県内の復興公営住宅の建設問題など）に対しても、効果的に中間支援的な活動ができなかった。さらに、筆者らも含む「福玉会議」の企画メンバー（『福玉便り』編集部）は、支援者中心の支援ではなく、避難者自身が当事者になるべく、強制はしないものの自立的な支援が継続する体制を企図し、少額の活動助成金を出したり、助成金の応募書類作成の支援なども行ったが、避難者自身が自立的に支援活動を展開するまでに至らなかった。資金的にも人的にもサポートする体制が乏しかったこともその原因であろう。これらの点については、筆者らも反省をしなければならない。

また、広域避難者支援に関する全国規模の中間支援組織であるＪＣＮ（東日本大震災支援全国ネットワーク）は、全国の支援団体、当事者団体のネットワーク組織として、他団体の活動に関する情報共有の場を提供し、それは支援者や当事者が活動の悩みを共有する場として意味があった。だが、福玉支援センターにとっては、広域避難者支援の助成金（タケダ・赤い羽根共同募金）の研修や、相談・交流・説明会事業（生活再建支援拠点）の研修でも、ＪＣＮによる中間支援の内容はほぼ意味を持たなかった。実質的な支援活動に活かすための情報を得るために参加した人、団体からすると、ＪＣＮの集会はいつも同じようなメンバーでそれぞれの活動報告を共有するだけの場に映るためである。広域避難者支援のための中間支援組織が、避難者支援の仕組みを変化させるようなアドボカシー活動がなかったことも、広域避難者支援のガバナンスの構造を変えることができなかった要因であろう。

第四に、民間支援団体が相互に干渉できないことによる、広域避難者支援のガバナンス構築の難しさという点が挙げられる。例えば、情報共有や支援イベントの日程調整を目的とした「福玉会議」の場では、民間支援団体や当事者団体が、たとえ他の活動に対して批判的な意見を持っていたとしても、それを表明することは難しい。支援団体の活動はそれぞれの個人が自発的に行っているものであり、別の個人や団体がその自発的な行為を批判することは原則できないからである。実際には、福島県から多額の補助金を得て、避難者支援にさして役に立たないと思われる活動をしている団体については、支援団体の関係者の中でも、「あの支援活動は何の意味があるのか」と噂になる。また、支援団体の中には、イベント開催やマスコミに出ることが自己目的化したものも少なくはない。だが、こうした民間団体に対してさえも、「その支援活動をこうするべきだ」と指摘することは、民間の支援団体同士ではなかなか難しい。それゆえ、民間の避難者支援団体だけで集まった際には、情報共有以上のことができないという状況を生みやすい。このように民間の支援団体を中心とした広域避難者への支援のガバナンスは、調整役や媒介者が不在になりがちであり、順応的ガバナンス論の想定と異なった実態があった。

1-3 福玉支援センターの活動の方向性と避難者支援ガバナンスへの提言

以上のように、埼玉県における広域避難者支援のローカルガバナンスの課題は多く、かつ福玉支援センターも含めて支援団体にも内在する課題もある。では、このような状況の中で、今後の支援活動の方向性をどうしたらよいのか、整理しておきたい。

復興庁は一〇年間という期限が定められているため二〇二一年に廃止になる。吉野復興大臣(当時)は、福島県への支援を継続させるために、後継の「福島復興庁」を立ち上げる考えを示していた(テレビ朝日ニュース、二〇一七年一二月一日)。その後、しばらくの間、復興庁内部では継続官庁の検討はなされていなかったようだが、二〇一八年七月に自民党東日本大震災復興加速化本部から、復興庁の後継組織の検討と、二〇二〇年度末までの復興・創生期間後も復興予算を確保するように要請がなされた(「福島民報」二〇一八年七月六日)。政府はこの提言を受けて、全国の災害対策を専門に担う防災復興庁(仮称)の新設、県内の復興に特化した福島復興庁(仮称)

への衣替えなど、幅広く検討する（「福島民報」二〇一八年七月六日）とされているが、二〇一八年八月現在、その動きはまだはっきりしていない。

仮に復興庁の体制がなくなった場合、広域避難者支援の不可視化が進行することになる。現時点においても、各省庁が行う避難者支援策はそれぞれが福島県の各課に振り分けられて実施されている。避難当事者や支援者にとっても、行政の避難者支援策の全体像は見えにくい。そして、復興庁が主導する相談・交流・説明会事業がなくなれば、生活再建支援拠点もなくなり、事実上、各都道府県、市町村の窓口対応のみとなる。つまり、広域避難者支援の制度的な対応が不可視化することになる。

したがって、福玉支援センターとしては、二〇二一年以降も相談・交流・説明会事業を行う生活再建支援拠点による広域避難者支援が重要、有効であること、そしてこの事業に内在する課題と解決策を復興庁や福島県、埼玉県に対して提言し、持続的に相談拠点を運営することが課題となる。また、広域避難者支援のローカルガバナンスの方向性は、支援団体だけが支援を行うのではなく、地域社会における就労支援・子育て支援・介護支援・困窮者支援などの仕組みにつないでいくということである。つまり、広域避難に伴う固有の問題を、戸別訪問や生活再建支援拠点による電話相談で把握しつつ、その避難者の状況と必要とされる支援を地域の社会資源に「橋渡し」する役割が重要となる。

だが、避難先の地域社会の関連団体は、広域避難者が置かれてきた状況をまったく理解していない場合も多い。相談・交流・説明会事業によって全国二六カ所の生活再建支援拠点から、広域避難者の状況や支援の実態に関する詳細なレポートは提出されている。つまり、復興庁や福島県がそのデータをもとに広域避難者の実態と取り組むべき課題について整理し、避難先の自治体や社会福祉協議会、支援団体などに提示をするべきであると考える。この点は福玉支援センターとしては何度も提言していることであるが、実現していない。支援現場から見ると、復興庁、福島県は自らの事業評価をしていないように映る。

したがって、現状では福玉支援センターが、具体的に避難者の状況や情報を避難先である埼玉県や市町村に伝える役割を果たさないといけない。現在、関東地方に駐在する福島県避難者支援課の職員を介して、関東地方の生活再建支援拠点に集約された広域避難者の情報を、埼玉県や県下の市町村に共有する作業を開始している。つまり、情報を集約し、埼玉県危機管理防災部との会合に提供し、かつその避難者の情報がきちんと行政組織に伝わっているかどうかを確認する働きかけを実施している。例えば、埼玉県危機管理防災部が市町村の危機管理部門に避難者の情報を伝える際に、仮に市町村の危機管理担当課が広域避難者支援に必要な福祉や教育などのセクションに情報を伝えなかった場合は、その市町村では広域避難者への対応がおろそかになる。広域避難者が避難先自治体の窓口で「冷たい対応」をされるのは、非常に些細な「行政組織の縦割り」の問題が背景にある。

このような状況を鑑みるに、通達事務に実効性を担保させるための「媒介」を、福玉支援センターは行う必要があると考えている。もっとも、自治体間の情報の媒介は、本来は自治体が行うべきことである。だが、広域避難者支援のガバナンスの媒介を福玉支援センターが行わないといけない状況が、埼玉県の広域避難者支援を取り巻くガバナンスの現状である。

また、広域避難者の電話相談の経験から見いだせる点は、福祉や医療、ケアに関する専門的な知識や制度の利用が必要な相談が増えており、単に相談者（避難者）に行政の福祉窓口や関連団体の情報を提供するだけではなく、相談員は継続的に相談者に寄り添いながら、多様な団体や社会資源と調整して多面的な支援を行うコーディネーターとしての役割が求められていることである。現在の広域避難者支援の制度設計は、復興支援員による戸別訪問も、生活再建支援拠点による電話相談も、訪問して状況を確認、電話の相談を受けて情報を集約し、関連団体につなぐだけになっている。福島県の駐在職員が、戸別訪問を行う復興支援員や生活再建支援拠点の相談員と橋渡しを行っているケースもあるが、電話相談をする広域避難者が抱えている問題はかなり深刻であり、多面的な支援を行うための体制が今後、重要になる。埼玉県における課題は、復興支援員による戸別訪問によって得られた情報を、生活再建支援拠点と共有し、避難者が抱えている課題を協議して解決のための実践を行う場をつくることにある。復興支援員がいない道府県の生活再建支援拠点においては、戸別訪問事業を含んだ形で制度を見直すことも検討した方がよいだろう。

ここまで福玉支援センターと復興支援のための制度との関わりや、制度の中での役割について指摘した。最後に、制度的な場に複数の意味を持たせて、現状を打破する必要性について言及したい。広域避難者支援団体の中には、福玉支援センターが受託している相談・交流・説明会事業に対して批判的な意見を持つ団体がある。それは、この相談・交流・説明会事業が復興庁による広域避難者支援のスケープゴートになっているというものである。たしかにそういった見方も成り立つであろう。だが、福玉支援センターは、活動費の捻出という組織運営上の課題がきっかけであったにせよ、相談・交流・説明会事業によって、復興庁や福島県、埼玉県と制度的なチャネルを持った上で、広域避難者支援を行うことができた点を評価している。

ただし、この相談・交流・説明会事業を受託し、さまざまな制度的な限界があることも理解している。例えば、相談・交流・説明会事業は、自主避難者への情報提供事業からスタートしていることもあり、復興庁や福島県の情報伝達のための事業であった。したがって、生活再建支援拠点が開催する説明会では、避難者からの質問は公開の場では受けず、個別に相談することになっている。だが、実際の説明会の現場では、福島県職員の現状報告に対して避難者からの質問が出ることも多い。福島県職員に対して向けられた避難者の苦悩の語りは、単に制限してしまうのではなく、ある程度は許容し、その語りを相談会に出席している埼玉県職員や支援団体に聞いてもらうことによって、広域避難者の抱える問題への理解を深めてもらうという実践の場として捉えている。つまり、福島県から避難者への情報提供という制度主旨に、その情報提供に対する避難者の怒りや苦悩を、避難先の自治体、支援団体に伝えるという別の意味を持たせる実践を行うのである。

また、第5章でも指摘したように、相談・交流・説明会事業の研修の際に、復興庁や福島県からの情報提供が事業受託者に対して行われる。この情報提供に対する質問の場における復興庁副大臣との対話を利用して、官僚を動かすための「政治的な振る舞い（交渉）」を行ったことで、復興庁、福島県、埼玉県と福玉支援センターとの四者会談が実現した。既存の制度を突破する方法として、政治家を利用すること自体の是非はあるだろうが、逆にこうした制度を「突破」する運動を行うことが、福玉支援センターが単に国や福島県の事業を受託しただけの存在ではなく、広域避難の問題に関わる市民運動であることの現れだと考えている。制度に組み込まれてはいるものの、制度自体への抗いは必要であればなされなければならない。

2 調査者の立ち位置と、社会調査の意義と課題

前節では、筆者らの調査の結果を踏まえて、埼玉県における広域避難者支援のガバナンスの変化を総括的に分析し、今後の支援活動の方向性について考察した。最後に、これらの調査における筆者らの立ち位置の変化と、そこから示唆される社会調査の意義と課題について、考察していきたい。

近年、社会調査の〈実践性〉が問い直されている（山室 2004; 石岡 2018）。社会調査論では長らく、調査者／被調査者の関係、あるいは調査者と被調査者の「共同行為」について、議論が重ねられてきた。これに加えて近年では、社会調査の実践性という論点が浮上するようになった。ただし、そこでしばしば出される、社会調査の「理論や知見を現場に応用」したり「政策提言」したりするといった実践観は、これまで深められてきた調査者／被調査者の関係性をめぐる問題設定を

〝素通り〟し、研究者と現場の人々を二分したまま、研究者を一方の世界に安住させてしまう（山室 2004: 134）。そこで山室は、フィールドワークの〈実践性〉を、現場での経験から視点を選択することによって〈人びとの問い〉を構成し、それを原点に論を展開することに求める（山室 2004: 154）。山室の提起する〈実践的フィールドワーク〉とは、フィールドワーカーと現場の人々が〈問い〉を媒介に共同の関係性を構築する営みである（山室 2004: 159）。また、石岡は山室の〈人びとの問い〉という論点を引き継ぎながら、問いを「立てる」ことは、立脚点を改め、この立脚点から新たな争点化を試みることであり、そこには「対象の再構成」が伴うことと、こうした「対象の再構成」は対象者にとっても自分たちが直面する事態をどういった射程のもとに捉えるかという点で変化をもたらすことを指摘する。「対象」の切り取り方は調査の進展とともに確定されるものであり、事例の内部に入り込むことと、分析単位や分析の立脚点を模索することは、相互に行き来しながら螺旋的に進む（石岡 2018: 66）。

こうした社会調査の〈実践性〉をめぐる議論は、筆者らが取り組んできた、東日本大震災・福島原発事故と広域避難者支援というテーマとも呼応している。地震・津波・放射能汚染によってさまざまな苦しみを受けて長期・広域の避難生活を送る人々と、こうした人たちを支援する人々に対して、調査者は常に、「この調査は役に立つのですか？」という問いに向き合わざるをえないからである。そのため筆者ら以外の調査グループでも、例えば富岡町民の「タウンミーティング」の支援に携わりながら避難者の困難・苦境の本質を分析した山本ほか（2015）、佐賀県鳥栖市に避難した六つの家族の「物語」を編んだ関・廣本編（2014）、新潟県における「定点観測」

から避難者の心情と支援の文化の双方を分析した松井（2017）など、それぞれ独自の〈実践性〉を持った社会調査が実施されている。

これに対して筆者らがたどり着いたのは、時間の経過および現場との関係性に応じて、調査者の立ち位置や「調査」と「支援」の距離感を変化させながら、現場の中から〈問い〉を立てて「対象」を再構成し、現場との共同の関係性を構築していく、という方法であった。

まず、第1章第3節で述べた調査方法について、「支援」と「調査」の距離の変化という点から整理し直すと、以下のようになる。

本研究のきっかけは、二〇一一年三月にさいたまスーパーアリーナに避難所が開設された際に、原田が「情報班」のボランティアとして参加したことにあった。ボランティア活動の最中には「支援」活動に専念しており、避難所閉鎖後に「さいたまスーパーアリーナでいかなる支援が行われたのか」という問いが生まれ、事後的に「調査」に取りかかったもので、この時点では「支援」と「調査」は切り離されたものであった（図6－2）。

ここで想起されるのは、フィールドワークにおける「アクセス」の問題と「ゲートキーパー」の存在（佐藤 2002: 35–36 など）である。原田が「情報班」に所属したのは偶然の成り行きであったが、[2] 母体であるNPO法人のハンズオン！埼玉は、まちづくりを専門に「公共施設の市民運営調査プロジェクト」などの「市民調査」（宮内 2003）を実践してきた団体であり、[3]

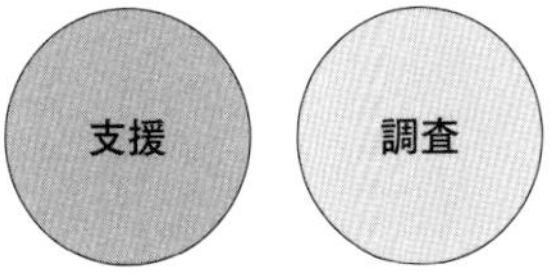

［図 6-2］支援と調査の関係図①
出所：筆者作成.

その蓄積が「情報班」の掲示活動にも活かされていた。そして、避難所閉鎖の間際に同団体のメンバーから、「原田君は社会学の大学院生だったよね、ニュースレターのための記録作りを手伝ってくれない？」と声をかけられて一緒に組織図を作り始めたところ、活動時には気づかなかった避難所の組織間関係がわかってきたことが、調査に取りかかる動機となった。そして、スーパーアリーナの避難所閉鎖後もハンズオン！埼玉のメンバーと行動をともにしたことが、さらなる支援・調査活動を可能にしていくこととなる。避難所における「情報支援」の活動は「調査」と親和性が高く、無自覚ながらフィールドに「アクセス」して「ゲートキーパー」と出会えたことが、その後の「支援」と「調査」の接近可能性を示していたことになる。

続いて二〇一一年四月以降には、埼玉県内各地の避難者の存在が見えなくなっていく一方で、自治体・民間団体による支援や避難者グループの立ち上げを知り、調査と支援のあり方を模索していく。第1章第3節で述べたように西城戸が合流し、富岡町民の聞き取り調査と並行しながら、埼玉県内の自治体・避難者グループの調査に着手することとなった。これらの調査はいずれも、事前に調査の趣旨を伝えて、避難者や自治体担当者、避難者グループのリーダーに聞き取りを行ったものである。そこでの問いは、例えば「避難者グループはいかなる条件のもとで形成され、いかなる機能を果たしているのか」という、現場の中から筆者が抱いたものであったが、原田が当時参加していた「さいたまスーパーアリーナ班長ふりかえりの会」などの活動とは切り分けて、「支援」と「調査」は別々に企画されていた。

ただし、両者が接近してくるのは、「調査」のアウトプットのあり方である。筆者らは前記の聞き取りを行いながら、震災・原発事故と広域避難という慎重を要するテーマに対して、「調査地被害」（宮本・安渓 2008）に陥っていないかを自問自答することになった。その一つのきっかけは、旧騎西高校での経験である。原田は二〇一一年に数回、ハンズオン！埼玉のメンバーとともに顔見知りの避難者を訪問したが、そこで数人の避難者が新聞記者や研究者から受け取った名刺の束をトランプのようにして遊んでいる光景を目にして、ショックを受けることになる。また、もう一つのきっかけは、同時期に医学系の研究者によって企画されていた、埼玉県内の避難者対象のアンケート調査であった。原田は当初、アンケートの作成メンバーに加わっていたが、避難者のＰＴＳＤ（心的外傷後ストレス障害）について事細かに尋ねる調査票に、調査倫理の点から疑問を抱き、メンバーから外れることとなった。(4)

これらの経験はそのまま自分たちにもはね返り、「では、社会学者に何ができるのか」と自問自答することになる。その答えを模索していたところ、筆者らが実施していた避難者グループの調査に対して、避難者グループや支援団体の関係者から「他市の状況を教えてほしい」と言われるようになる。そして、二〇一一年冬に『福玉便り』創刊準備が始まった際には、避難者グループ調査の概要を『福玉便り』に掲載することとなった。この時点から、「調査」の成果の一部を速報的に現場に還元するというアプローチに活路を見いだすようになり、「調査」と「支援」の活動が接近していった（図6−3）。

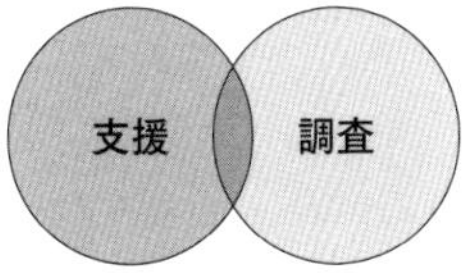

［図 6-3］ 支援と調査の関係図②
出所：筆者作成.

そして、二〇一二年四月に『福玉便り』第一号が発行され、同年七月に

「福玉会議」が始まると、原田は『福玉便り』編集部の記者（のちに主筆、編集長）、西城戸は「福玉会議」のアドバイザーという役割を得て、参与観察的に支援の現場に関わることとなる。この頃から筆者らの基本的な問いは、「広域避難者を受け入れた地域では、どのような支援がいかに構築され、それによって何がもたらされたのか」という、埼玉県全域における広域避難者支援のローカルガバナンスの解明に定まっていた。

ただし、この問いに正面から取り組めるようになるのは、本書執筆の準備に取りかかってからである。代わりに筆者らは、支援現場で日々さまざまな課題に直面し、まずは『福玉便り』編集部のメンバーとともに、それらの課題に取り組むこととなった。その過程で、例えば原田は研究者としてよりも「『福玉便り』の原田さん」として認知されるようになり、各地の避難者グループ・支援団体への取材や避難者への聞き取りを実施することになる。その成果は『福玉便り』に掲載することを目的としていたため、「論文」の形では公開していないが、筆者らの調査／支援活動に間接的に還元されている。また、二〇一三年からは、筆者らを中心に『福玉便り』編集部と共同の「自治体アンケート」「読者アンケート」を実施するようになる。これらは、『福玉便り春の号外』に掲載して支援に還元することを主目的とする実践的な調査であったが、「そもそも『避難者』とは誰か」といった新たな問いに行き当たり、結果的に埼玉県庁や復興庁に影響を及ぼすことになった。このように、二〇一二年以降は筆者らの「支援」と「調査」が重なっていき、『福玉便り』『福玉便り春の号外』「福玉会議」などの場を通して一次的なアウトプットを出し、さらにそれを二次的に分析したものが、本書の第4章を構成している（図6－4）。こうした立場性は、スーパーアリーナ「情報班」に引き続き、筆者らが情報誌『福玉便り』の活動に関わったことで可能になったものであった。

この立ち位置のもとで筆者らの調査・支援は長らく継続していくが、二〇一六年三月、NPO法人埼玉広域避難者支援センター（福玉支援センター）の設立にあたって、さらなる変化を見ることとなる。それまでの経緯から、西城戸が代表理事、原田も理事として同法人の設立と運営に携わることになり、「県外避難者等への相談・交流・説明会事業」を動かすだけでなく、復興庁、福島県、埼玉県に働きかけを行う立場となったのである。第5章の内容は、この事業を通して明らかになったことを西城戸がアクターとして記録したものである。ここでの筆者らの立場は、教育・国際協力、まちづくり、保健医療・介護などの領域で近年議論されている「アクションリサーチ」[5]に近く、「調査」が「支援」に包含されているとも言える（図6−5）。

［図 6-4］支援と調査の関係図③
出所：筆者作成.

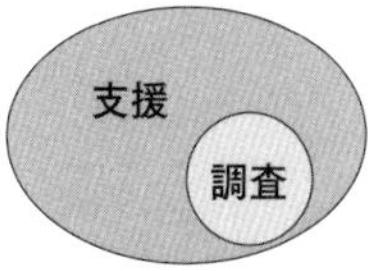

［図 6-5］支援と調査の関係図④
出所：筆者作成.

以上のように、筆者らの一連の調査は、「支援」と「調査」の距離が次第に接近し、両者が重なり合い、やがては「支援」が「調査」を包含しながら実施されたものである。この点で筆者らのフィールドワークは、対象者と同一化しすぎる「オーバーラポール」（佐藤 2002: 75–77）に陥っているという批判が当然ありえるだろう。筆者らの調査は、埼玉の支援現場に規定されており、それによって見えなくなった現実もあることも否定できない。しかしながら、震災・原発事故後の広域避難者支援というテーマと、支援現場との関係性において、このような関わり方でしか調査は実施できなかった、このような関わり方によって多くのデータを得ることが可能になった、というのも事実である。

ここで筆者らが到達した調査の〈実践性〉は、「似田貝―中野論争」としても注目された住民運動研究における似田貝香門の〈共同行為〉論、すなわち「問題提起者の動きに研究者がコミットメントすること、具体的な問題の意味をめぐって研究者と運動参加者が知識の共有と相互理解を進めること、そこから個別・具体的な範例化の作業を行うこと」（似田貝 1974）に接近していったのではないかと考えている。(6)

その中で、日々の調査・支援活動とそれを踏まえた本書執筆において、キーワードとなっていたのが、「再帰性」であった。マクロレベルの社会構造、メゾレベルの組織間関係、ミクロレベルの個々の避難者―支援者という構図の中で、避難者支援活動がどのように成立してきたのか、そこで何が問題となってきたのかを再帰的に記録することが、本書の学術的かつ実践的な貢献だったのではないかと考える。

ただし、本調査は本書脱稿後も継続しており、筆者らの支援活動も継続していく予定である。避難者たちが見通しの立たない状況に置かれているのと同じように、筆者らもまた、果たしていつまでこの調査・支援を続けるべきか、いつになったら調査の終わりなのかという問題にも直面しており、そこに広域避難者支援というテーマの本質があると言えるだろう。

註

序章

（1）二〇一四年一月まで、埼玉県調査と『福玉便り』編集部の調査との結果に開きがあった理由と、それらが二〇一五年一月にほぼ等しくなった理由については、第4章第4節で後述する。

（2）福島県避難地域復興局は、避難者支援課と生活拠点課のほかに、避難地域復興課（避難地域にある市町村との連絡調整、区域見直しに係る市町村の支援、避難地域にある市町村の帰還及び復興の推進）、原子力損害対策課（原子力損害賠償紛争審査会、原子力損害対策協議会、原子力損害賠償に係る各団体・市町村等の支援、原子力損害賠償等問合せ窓口）の四つの課から成る（福島県避難地域復興局ウェブサイト）。

第1章

（1）これはどちらも限界を抱えており、避難者へのアクセスを避難元自治体に求めた場合、避難元自治体が「避難者」と定義した避難者のみが対象となり、それ以外の多様な「避難者」がこぼれ落ちることになる。一方、受け入れ自治体や支援団体のデータは、多様な避難者を取り上げることができるが、統一した基準でデータを収集しないと母集団の確定が難しく、かつ避難者の申告によって避難者のデータが成り立っている。したがって、その地域の避難者の中で「目立った」存在（例えば、自主避難者に特化した研究）に着目した研究になるか、母集団を曖昧にしたままの「全体像の把握」という研究になる。

（2）そのほか、避難指示区域外としては、いわき市に関して、川副・浦野（2011）が地震・津波・放射能・風評被害の四重苦を抱える複雑な状況を整理するとともに、川副（2014）が避難者と受け入れ住民とのあつれきを災害過程で生じた社会構造的問題として捉え、線引きによって生まれた差が人々の間の対立を引き起こしてきたことを分析している。

（3）福島県外と比べると県内における支援活動の調査は多くないが、須永（2012）がビッグパレットふくしまの避難所支援について、西阪ほか（2013）は県内の避難所や仮設住宅で、足湯活動における利用者とボランティアの相互行為を会話分析から明らかにしている。また、県内の「生活内避難者」への支援に関する研究として、西崎・照沼（2012）が福島市内の保養プロジェクトの役割と課題を明らかにしている。

（4）愛知県内への避難者を支援するため二〇一一年六月に愛知県が設置し、運営をＮＰＯへ委託している。

第2章

（1）二〇一一年三月にさいたまスーパーアリーナに避難した双葉町民は、同年四月からは埼玉県加須市の旧騎西高校に集団避難することになった。これについては、本節で議論する地方自治体による集団避難の受け入れが本格化するのは二〇一一年四月であるため、第3章で議論する。

（2）スーパーアリーナは、二〇一一年三月一一日の震災によってホール内部に破損が生じ、すぐにはイベント会場として使えない状態にあった。そのため、修理期間中は避難所に供することができたが、イベント再開の準備が整えばいつまでも避難所として使うことはできないという事情があった。なお、同様の理由で、ホール内部は避難所として開放されず、ホールを取り囲む通路に段ボールや毛布を敷いて避難者が生活を送ることになった。

（3）回答者数は五三二名、総人数一六四五名（男性七九二名、女性八二〇名、不明三三名）であり、二〇一一年三月二〇日時点での避難者の八割を捕捉した、精度の高い調査結果とみてよいと考えられる。

（4）杉戸町の震災対応に関する記述は、関係資料と杉戸町住民推進課への聞き取り調査（二〇一一年一二月八日）に基づく。

（5）なお、杉戸町は富岡町に対して、二〇一一年三月二九日に二四一万五九六一円、四月二九日に三〇〇万円、七月七日に三〇〇万円と支援要請を受けた物資（衣類、洗剤、おむつなど）を渡した。同年一一月三日には友好都市協定の提携一周年として二〇〇万円の義捐金が贈られた。

（6）三郷市企画総務部への聞き取り調査（二〇一二年二月二三日）に基づく。

（7）埼玉県三郷市は奈良県三郷町《さんごうちょう》、長野県安曇野《あづみの》市（旧三郷《みさと》村）とも災害時相互応援協定を結んでいる。

(8) なお、ボランティアについては社会福祉協議会が対応したが、対応しきれないくらいの数が集まった。避難があった当初は、物資の分配と食事の世話のボランティアが欲しかったが、土木作業のイメージのボランティアが多く、物資も管理できないほど届いたため、断ったこともあった。その後の生活支援の中で集まってくる物資と必要な物資が異なっていることも見られた。だが、合計一〇〇八件のボランティアによる物資や労力の提供によって避難所の運営は支えられたことは事実である。

(9) 食事については、その後、学校給食や、大手スーパーなどからの支援があった。

(10) なお、この状況を見かねた越谷市民のボランティアが、避難者三〇名ほどに対して、独自に食材を集めて食事(カレーライス)を提供し、その後の避難者支援の中心になっていく。なお、越谷市の対応については、広報広聴課への聞き取り(二〇一二年一月二五日)に基づく。

(11) 鳩山町の情報については、役場職員への聞き取り調査(二〇一二年三月二一日)に基づく。

(12) 狭山市の情報については、市職員への聞き取り調査(二〇一二年四月二一日)に基づく。

(13) さいたまスーパーアリーナは、さいたま市中央区に位置する多目的ホールである。国鉄旧操車場跡の再開発の一環として建設され、二〇〇〇年に開館した。客席は最大で三万七〇〇〇人収容であり、イベントやコンサートの会場として使われている。

(14) この方針の背景として、埼玉県のある職員は、「開設当時は、着の身着のままの人たちが来るというイメージではなく、車やお金を持っている人たちが、自主的に移ってくるというイメージだった」と語っている(二〇一一年七月一日聞き取り)。

(15) 災害時のボランティアセンターの運営は、都道府県社協ではなく市町村社協が取り持つことが多い。埼玉県社協がスーパーアリーナの支援に関わるようになった理由について、県社協のある職員によれば次の三点があったという。①スーパーアリーナが県の建物だったこと、②スーパーアリーナ以外にもさいたま市内に避難所ができる予定だったため、さいたま市社協はそちらの対応に回ったこと、③さいたま市社協が、災害時の相互協定の担当で被災地の応援に行く可能性があったこと。そのため、県社協を中心としつつ、埼玉県内の市町村社協職員が応援に入るという体制になった(二〇一一年六月三〇日聞き取り)。

(16) 炊き出し班は、埼玉中央青年会議所OBを中心に立ち上がったものであり、初日には、青年会議所関係の飲食業者が食材を提供した。その後は青年会議所のほかに、商工会、さいたまコープや、近隣のPTA、婦人会などの団体が協力に加わった。

(17) 情報班は、埼玉県内でまちづくりや中間支援の活動を行っているNPO法人「ハンズオン!埼玉」を中心に、同団体のメンバーと、同団体の関係で集まった高校生、大学生などから組織された。避難所内の情報掲示のほか、避難者とボランティアがお互いにメッセージを寄せ合う「福玉ボード」の作成などを実施した。

(18) 保育班は、子育て支援NPO「彩の子ネットワーク」を中心に、ボランティアなどによって組織された。また、スーパーアリーナ近隣の「With You さいたま」(埼玉県男女共同参画推進センター)が、乳幼児のシャワー提供などに協力した。

(19) 福祉班は、保育班と同様にNPO「彩の子ネットワーク」が中心となり、ヘルパー資格などを持つボランティアが加わった。

(20) 「みんなの学校」は、NPO「教育支援協会」が中心となり、退職教員や高校生・大学生のボランティアが多数参加した。また、近隣の小学校が校庭の提供、市立図書館が図書の提供などに協力した。

(21) 情報環境コミュニケーションズは、IT情報環境の普及啓蒙などを目指して二〇一一年一月に立ち上がったばかりの社団法人である。スーパーアリーナでは、同団体のスタッフのほか、インターネット上の呼びかけに応じたボランティアが協力した。

(22) 埼玉中央青年会議所OBへの聞き取り(二〇一一年七月四日)による。

(23) SSN(震災支援ネットワーク埼玉)のメンバーへの聞き取り(二〇一一年八月二三日)による。

(24) 彩の子ネットワーク代表への聞き取り(二〇一一年九月二七日)による。

(25) その最たる例が、「みんなの学校」である。子どもたちの姿をカメラに収めようと取材が殺到し、報道がなされるごとにボランティアが増えていった。まとめ役の一人は、二日目以降の日々は取材対応とトラブル対応でほとんど終わってしまったと語っている（教育支援協会への聞き取り、二〇一一年九月二七日）。

第3章

（1）なお、この調査は、避難者向けの会報誌を発行していた埼玉県内のある避難者が、自らが避難する自治体や周辺の自治体でどのような対応を行っているのか、独自に調査を行ったことによる。「なぜ、自治体によって水道料金の減免措置が異なるのか」、「自分たちの自治体にも減免措置をしてほしい」と考えた避難者による「市民調査」である。この「市民調査」を『福玉便り』が引き継ぐ形で、自治体に調査をし、その結果を誌面に掲載した。詳細は第4章第4節第3項を参照。

（2）なお、被災者に渡された中古のランドセルには、手紙や学用品も入っていたので、受け取った当事者はとても感激されたという。ふじみ野市の震災対応については、改革推進室の職員への聞き取り調査（二〇一二年四月九日）に基づいている。

（3）加須市役所へのインタビュー（二〇一七年一一月一〇日）および、加須市資料（「東日本大震災の被害状況と対応」加須市環境安全部市民安全課（二〇一三年三月一一日発行）、「東日本大震災双葉町への支援の記録」加須市双葉町支援対策本部（二〇一三年三月三一日発行））による。

（4）「さいたまスーパーアリーナ」における避難者の受け入れについては、第2章を参照のこと。

（5）加須市双葉町支援対策本部の組織構成と役割は以下のとおりである。①広報部（各種報道対応、情報提供等）、②ボランティア部・物資部（ボランティア・支援の受け付け等）、③環境部（ごみ、上下水道の相談等）、④就労・住宅支援部（避難者の就労、住宅支援等）、⑤福祉部（保育、介護、生活保護等）、⑥医療部（医療、保健衛生支援等）、⑦教育部（幼・小・中学校の就学支援等）、⑧食糧支援部（炊き出し支援等）、⑨現地連絡事務所（埼玉県、双葉町との連絡調整等）。支援業務が加須市において最も重要である通常業務の一部とするという加須市の支援方針に則り、包括的な組織対応を行っていることが見いだせる。

(6) 市営住宅に居住する双葉町民はいなく、すべて借上げ住宅に転居したという(加須市役所へのインタビュー、二〇一七年一一月一〇日)。
(7) 聞き取り調査ができた一三三世帯の調査によれば、避難者の健康状態で具合が悪いという回答が一六・五%、生活に困っていることがあるという回答は一五・〇%、加須市のイベント参加経験は四八・一%、自治会への加入状況は六七・九%などとなっている。
(8) 二〇一八年五月に実施した加須市の調査によれば、避難者の持ち家率は五八・一%、自治会への加入世帯も七〇・一%になっている(「戻るメドたたず、加須への避難者五八%が持ち家」(「読売新聞」二〇一八年七月三一日)による)。
(9) 加須市役所へのインタビュー(二〇一七年一一月一〇日)による。
(10) 「戻るメドたたず、加須への避難者五八%が持ち家」(「読売新聞」二〇一八年七月三一日)による。
(11) 東松山市の対応については、地域づくり支援課への聞き取り調査(二〇一二年二月一四日)に基づく。
(12) 旧騎西高校内部の生活や双葉町民の状況については、船橋淳による映画とルポルタージュ(船橋淳 2012; 2014)などを参照。
(13) ハンズオン!埼玉の呼びかけにより開催され、筆者(原田)は記録係として毎回参加した。本項の記述は、その際の記録に基づいている。
(14) さいたまコープによる被災地・避難者支援活動については、西村一郎(2013)に詳しい。
(15) ふじみ野市市民活動支援センター職員への聞き取り(二〇一二年二月一九日)による。
(16) 鳩山町役場への聞き取り(二〇一二年三月二一日)による。
(17) この会議に原田は第一回から、また西城戸も途中から継続的に出席した。本節の記述はその際の記録による。
(18) 第三回震災対策連絡協議会(二〇一一年七月二〇日)配布資料。

第4章

（1）県営住宅は、所得が少ない人向けに提供される住宅で、国の補助を受けて建設されている。特別県営住宅は、県営住宅と同様に住生活の安定と居住水準の向上を目的として建設されている住宅であるが、県営住宅と異なり、世帯の収入額（月）が九万九三〇一円から二一万四〇〇〇円と、中堅所得者層を対象としている。また、県の予算のみで建設された住宅であるため、県の裁量で施策を行うことができた。

（2）富士ゼロックスで働く人々や退職者によって構成され、自発的、自主的に運営されているボランティア団体。一九九〇年に会社が組織した「社会貢献に関する検討委員会」において、社員の有志が検討し、富士ゼロックスの社会貢献活動として誕生した（富士ゼロックスウェブサイト（https://www.fujixerox.co.jp/company/social/volunteer/club.html）二〇一八年九月二二日アクセス）。

（3）なお、復興支援員制度の由来や、東日本大震災後の復興支援員の全体像については、西城戸・原田（2019）を参照のこと。

（4）調査方法と結果については、毎年の『福玉便り春の号外』に掲載したほか、西城戸・原田（2014）、原田・西城戸（2015; 2017）に詳しく掲載している。

（5）「朝日新聞」埼玉版（二〇一二年八月二四日、二〇一三年三月一二日、二〇一四年三月八日、二〇一四年八月二九日、二〇一四年八月三〇日）。

（6）この経緯は日野（2015）も参照。

（7）「朝日新聞」埼玉版（二〇一八年三月一一日）。

（8）「読者アンケート」ではその選択肢の背後にある心情を読み解くため、自由記述にも多数記入してもらっており、その内容は毎年の『福玉便り春の号外』および、西城戸・原田（2014）、原田・西城戸（2015; 2017）に掲載している。

（9）この内容は、『福玉便り2015春の号外』として掲載した。

（10）こうした自主避難の母親たちの心情については、『福玉便り』編集部の吉田千亜氏のルポ（吉田 2016）に詳しい。

（11）『福玉便り』第九号（二〇一三年二月一日発行）。
（12）「福島原発さいたま訴訟を支援する会」ウェブサイト（http://fukusaishien.com）。
（13）コープみらい（旧さいたまコープ）の担当者も理事に加わる予定だったが、都合により辞退となった。

第5章

（1）本書では、福島県外への避難者を「広域避難者」と表記してきたが、復興庁や福島県における支援事業では「県外避難者」という表現を使っている。本書では、必ずしも福島県からの避難者だけを対象としているわけではないことと、「埼玉県にいる県外避難者」という表現がどこからの避難者なのかやや混乱を招くため、広域避難者という表現を用いている。ただし、復興庁や福島県による政策や事業の場合は、「県外避難者」と表記する場合もある。
（2）埼玉県のほか、福島県外では、茨城県、栃木県、千葉県、東京都、神奈川県、新潟県で実施される。
（3）二〇一五年度の事業は、三菱総合研究所が受託団体となって運営された。
（4）一般社団法人ふくしま連携復興センターは、二〇一一年七月に、福島の多様な主体の「良きパートナー」になり、復興ネットワークを俯瞰して被災者・被災地に「抜け」や「漏れ」のない支援をすることを目的に、被災地と被災者自身の自律的な復興を目指し、福島大学災害復興研究所や県内のNPOとともに設立された。さまざまな支援のコーディネートやネットワークづくり、情報発信、事業連携・協働推進をサポートする「中間支援組織」として活動を開始し、現在は「支援者連携」（被災地の復興や被災者の生活再建の支援者同士の連携調整、情報提供、行政への事業提案）、「広域避難者支援」（県外避難者の生活再建支援拠点の設置）、「復興創生」（福島県外から県内に移住する人材の確保や定着の促進、復興支援員や地域おこし協力隊へのサポート）の活動を行っている（ふくしま連携復興センターウェブサイト、および、青柳 2016: 179–181）。
（5）なお、二〇一五年度に相談・交流・説明会事業の事業管理者団体であった三菱総合研究所は、二〇一六年からは、県外自主避難者支援体制強化事業として、相談・交流・説明会事業の運営団体に対して年一回の研修を行うことと、全国自治体が実施する定住・移住支援策等の情報収集をしてウェブサイトで公開する事業を行っている。二〇一七年度からウェブサイト（http://jyoho-shien.org/index.html）の運用が開始され、国や地方自治体、その他の関係機関の支援制度、相談・交流・説明会事業の事業団体（生活再建支援拠点）、住民・避難者向けのイベント情報、支援団体の取り組みの紹介がなされているが、アクセス数は必ずしも多くはない。

（6）『平成二九年度福島県県外避難者等への相談・交流・説明会事業報告書』（一般社団法人ふくしま連携復興センター、二〇一八年）三頁。

（7）この復興支援員事業と相談・交流・説明会事業の連携については、相談・交流・説明会事業の課題として後述する（本章第3節第1項）。

（8）二〇一七年までは埼玉県担当の駐在職員が配置されていたが、二〇一八年度からは関東地方で四名と減員されている。

（9）埼玉県内で広域避難者支援を行う民間団体の一人は、ＪＣＮが東日本大震災後から行っている状況共有のワークショップに参加し、「これだけやっても実際の問題は解決できない」と思い、すぐに参加しなくなったという。

（10）もっとも、広域避難者支援団体同士が研修後に個別に会い、議論できることに唯一の意味を見いだせる、という声もある。

（11）なお、二〇一七年度の途中から、一般社団法人の桜梅桃李が「県外避難者等への相談・交流・説明会事業運営アドバイザー業務」を担うようになっているが、その成果は管見の限り見受けられない。

（12）相談・交流・説明会事業に関する平成三〇年度第一回定期連絡会議（二〇一八年五月一七日）の中での発言から。

（13）相談・交流・説明会事業に関する平成二九年第一回定期連絡会議（二〇一七年五月一七日）におけるふくしま連携復興センター職員の回答、相談・交流・説明会事業に関する平成三〇年度第一回定期連絡会議（二〇一八年五月一七日）の中での浜田復興副大臣の発言。

（14）また、政令指定都市であるさいたま市とはコンタクトがないため、埼玉県と同様な話し合いの場をつくっていく必要がある。

（15）なお、『福玉便り』の発送に関する名簿は、埼玉労福協が管理責任を持ち、福玉支援センターが運用することになった（二〇一八年八月に覚え書きを締結）。

第6章

（1）福玉支援センターと埼玉県危機管理防災部との協議の中での埼玉県職員の発言（二〇一八年七月二七日）。

（2）なお、スーパーアリーナを訪れた原田を「情報班」に引き入れてくれたのは、ハンズオン！埼玉理事で、筆者らと同じく地域社会学者の大堀研氏である。その意味で、原田が「情報班」に加わったのも「偶然」とは言えないかもしれない。

（3）ちなみに、同団体は設立準備期に実施したイベント「自分で調べると社会が変わる⁉～調べ方を調べてみたら～」（二〇〇四年一一月一九日）で宮内泰介氏を講師に招いている。

（4）ただし、このアンケートはその後、関係者の尽力により改良がなされ、のちにＳＳＮ（震災支援ネットワーク埼玉）の支援活動に活かされていくこととなる。

（5）例えば矢守克也は、アクションリサーチを「『こんな社会にしたい』という思いを共有する研究者と研究対象者とが展開する共同的な社会実践」と定義し、そのキーワードは「変化」と「介入」であり、「望ましい社会の実現へ向けて『変化』を促すべく、研究者は現場に『介入』していく」と整理している（矢守 2010: 11）。

（6）似田貝は、阪神・淡路大震災の調査を経て「共同行為」を再び議論しているが、そこで想定されている共同行為は、「未検証の可能性」の行為に包摂されたテーマを、被調査者との対話によって発見し、共同に形成することであった（似田貝編 2008）。県レベルでの避難者支援を調査した筆者らにとっては、同じ震災というテーマを扱ったミクロな「共同行為」論よりも、住民運動研究での「共同行為」論に立ち返ることとなった。

あとがき

本書の取りまとめに着手していた二〇一八年三月一一日、原田は、上尾シラコバト団地で開催された七回目の東日本大震災追悼式にて、『福玉便り』編集長として式辞を述べる機会をいただいた。研究者・支援者という立場から、それまで毎年の追悼式では裏方に徹していたが、翌月から東海地方の大学に異動が決まっており、主催者である「東日本大震災に咲く会ひまわり」のTさん（浪江町）への長年の感謝も込めて、登壇をお引き受けした。その式辞で原田は、七年間の支援活動を振り返りながら、次のように述べた。

（前略）『福玉便り』の活動で私が最も大事にしていたのは、いかなる選択も肯定するということでした。埼玉県内には、福島県の避難指示区域から避難した方、避難指示区域外から避難した方、岩手県や宮城県から避難した方など、多様な避難者の方々がいらっしゃいます。置かれた状況はさまざまですし、地元県に帰還するかなど、多様な判断があります。そのすべてを否定しないよう心掛けて誌面をつくってきました。しかし、それは言葉では簡単ですが、実際の支援活動は、私にとって葛藤の連続でした。多くの方々から避難の経緯や生活のご苦労についてお話を聞かせていただき、自分の無力さを思いました。時間の経過とともに、避難した方々の立場やニーズがますます個別化していく中で、どのような支援を、いつまで続けるべきか、迷い続けてきました。

それでも、私にとっての支えは、震災前には出会うことのなかった、地元の埼玉、そして岩手・宮城・福島の数多くの方々と繋がることができたことでした。初めてお会いする方から『福玉便り』読んでますよ」という言葉をいただいたり、メールや手紙で「『福玉便り』が届くと安心します」という声をいただいたりすると、救われた気持ちになりました。この出会いを大切に、今後も微力ながら、支援活動に関わっていきたいと考えています。（後略）

東日本大震災と福島第一原発事故の発生以来、埼玉県の広域避難者支援の現場で、筆者らが実践知として学び、繰り返し確認することになった支援活動の論理は、ここで述べた「選択の肯定」だった。そのことを教えてくれたのは、震災後に出会った数多くの避難者・支援者の方々である。

一方の西城戸は、同じ頃の二〇一八年五月、「県外避難者等への相談・交流・説明会事業」の研修に、NPO法人埼玉広域避難者支援センター（通称、福玉支援センター）代表理事として出席した。そこで、ある専門家による「科研費が取れたので、相談事業を行っている皆さんへの調査を行い、二年後くらいには問題点の解決策を示したマニュアルを渡します」という発言を聞いて、耳を疑った。同事業の運営を通じて、「専門家」や「学識経験者」と称する人々を客観的に観察する機会が増えているが、研究者であり支援の事業者の立場を持つ西城戸は、「二年後にマニュアルができたとしても、今の支援体制が変わってしまったら、その研究は意味があるのですか」

と、絶望的な気持ちになったのである。そして同時に、現場感覚を失った研究者の言動によって、当事者は単に自分たちが利用され、剝奪される感覚を持つことを身にしみて感じ、同じ研究者として恥じる気持ちになった。同じようなエピソードはこれだけではない。避難者とその支援の調査研究の中で、「アカデミックサークルだけのための研究であってはならない」と自戒することを、筆者らは何度も行うことになった。

本書では、西城戸・原田が埼玉県で実施してきた七年半の支援と調査を踏まえて、東日本大震災と福島第一原発事故後の広域避難者支援の変遷を分析、考察してきた。社会学者である筆者らは、アカデミックな問いへの回答だけでなく、避難者支援の現場に対して社会学（学問）は何ができるのかという姿勢で、自らの支援活動も再帰的に捉えつつ、避難者や避難者支援の調査研究を行ってきた。読者によっては、「調査ではなく支援活動に専念すべきではないか」という疑問や、逆に「現場の活動を調査者が引き受けるべきなのか」という疑問も浮かぶかもしれない。たしかに調査研究と実践的な関わりを明確に区分する立場もありえるだろう。とくに社会学という研究領域では、すべてを「役に立つ実学」としての側面に還元してしまうことに対しては懐疑的であり、そもそも「何が役に立つのか」という点も一義的ではない。この点については第6章で述べたように、さまざまな可能性を前提としつつも、震災・原発事故と広域避難者支援というテーマの特性と、現場との関係性の中で、筆者らの立場が形成されることになった。また、こうして現場に関わることによって、避難者やその支援の内実を理解できるようになるという実感もあった。

その中で、とくにＮＰＯ法人埼玉広域避難者支援センターが「県外避難者等への相談・交流・

説明会事業」を受託し、国や福島県と対峙することになってからは、広域避難者支援のローカルガバナンスを構築していく必要性を痛感することになった。東日本大震災・福島原発事故と広域避難は、多くの人々にさまざまな分断をもたらした。そして本書（第5・6章）でも述べたように、各省庁の支援策は縦割りによってバラバラに講じられ、現場ではその支援策の調整も含めて、生活再建支援拠点を担っている民間の支援団体などに「丸投げ」されている現状がある。この事実が、これまで行ってきた支援活動を支援のローカルガバナンスという視点から総括し、今後の方向性を考えていくという本書の執筆動機につながっている。

他方で、調査者と被調査者との関係性に敏感な読者であれば、「支援と調査で緊張関係がなかったのか？」という疑問も生まれてくるだろう。本書に描き切れなかったことも含めて、大なり小なり緊張関係はもちろん存在した。多様な避難当事者の「想い」を十分にくみ取れていない可能性もある。だが、それでも筆者らが七年以上にわたって支援と調査を両立できたのは、ミクロな支援の現場にとどまらず、情報誌『福玉便り』の編集や、連絡会議「福玉会議」の運営、NPO法人埼玉広域避難者支援センターの運営など、中間支援的なポジションを得たことが大きいように思う。そして、「避難元地域の状況や帰還・移住の選択を問わず、生活を再建し安心して暮らせる社会を目指す」（NPO法人埼玉広域避難者支援センター事業目的）ために、多様な避難者、支援者の存在に対してバランスを考え、支援者である自らの立ち位置を見直しながら、活動し調査研究をしてきた。つまり、従来の調査方法論が指摘しているようなミクロレベルの調査者―被調査者の関係性を問うよりは、むしろメゾレベルにおける関係性を再帰的に記述、分析していくことを筆者らは目指してきた。このような本書の記述スタイルに対する評価は読者に委ねたい。

本書の執筆は、西城戸が第2章第1・3節、第3章第1・4節、第4章第1・3・5節、第5章、第6章第1節、原田が序章、第1章、第2章第2節、第3章第2・3節、第4章第2・4節、第6章第2節を主に担当し、相互に加筆を行った。初出は以下のとおりである（発行順）。転載を承諾していただいた学会、大学、出版社には記して感謝したい。なお、本書への掲載にあたり、大幅な改稿を行っている。

- 原田峻（2012）「首都圏への遠方集団避難とその後――さいたまスーパーアリーナにおける避難者／支援者」、山下祐介・開沼博編『「原発避難」論――避難の実像からセカンドタウン、故郷再生まで』明石書店、231–266（本書第2章）
- 西城戸誠・原田峻（2012）「原発・県外避難者の困難と『支援』のゆくえ――埼玉県における避難者と自治体調査の知見から」、長谷部俊治・舩橋晴俊編『持続可能性の危機――地震・津波・原発事故災害に向き合って』御茶の水書房、191–220（本書第2章）
- 原田峻・西城戸誠（2013）「原発・県外避難者のネットワークの形成条件――埼玉県下の八市町を事例として」、『地域社会学会年報』25: 143–156（本書第3章）
- 西城戸誠・原田峻（2013）「東日本大震災による県外避難者に対する自治体対応と支援――埼玉県の自治体を事例として」、『人間環境論集』14(1): 1–26（本書第2・3章）
- 西城戸誠・原田峻（2014）「埼玉県における県外避難者とその支援の現状と課題」、『人間環

境論集』15(1): 69–103（本書第1・3章）
●原田峻・西城戸誠（2015）「県外避難者支援の現状と課題――埼玉県の事例から」、関西学院大学災害復興制度研究所・東日本大震災支援全国ネットワーク（JCN）・福島の子どもたちを守る法律家ネットワーク（SAFLAN）編『原発避難白書』人文書院、209–212（本書第2・3・4章）
●原田峻・西城戸誠（2015）「原発避難をめぐる学術研究――社会科学を中心として」、関西学院大学災害復興制度研究所・東日本大震災支援全国ネットワーク（JCN）・福島の子どもたちを守る法律家ネットワーク（SAFLAN）編『原発避難白書』人文書院、227–232（本書第1章）
●原田峻・西城戸誠（2015）「東日本大震災・福島原発事故から五年目を迎えた県外避難の現状と課題――埼玉県における自治体・避難者調査の知見から」、『立教大学コミュニティ福祉研究所紀要』3: 59–78（本書第4章）
●原田峻・西城戸誠（2017）「東日本大震災・福島原発事故から七年目を迎えた広域避難の現状と課題――埼玉県における自治体・避難者調査の知見から」、『立教大学コミュニティ福祉研究所紀要』5: 51–67（本書第1・4章）
●西城戸誠・原田峻（2019）「広域避難者支援における復興支援員制度の展開――埼玉県を事例として」、『公共政策士林』7（本書第4章）

本書のもととなった調査はすべて西城戸・原田が実施してきたものだが、社会学広域避難研究会や『原発避難白書』編集委員会における議論と、他県で避難者支援に取り組む研究者・支援団体の方々との交流は、多くの刺激と励みを与えてくれた。また、本書の一部は、日本社会学会大会、日本社会学会震災問題情報連絡会、地域社会学会大会、環境社会学会・日本社会学会合同研究例会、早稲田大学総合人文科学研究センター・シニア社会学会共催シンポジウム、愛知大学人文社会学研究所ワークショップ、名古屋大学地域調査研究会、都市づくりNPOさいたま「つくたま塾」、NPOサーベイ研究会で草稿の報告を行ってきた。本書ですべてに答えることはできていないが、コメントをいただいた皆さんにもこの場を借りてお礼を申し上げたい。

本書を作成するにあたった調査研究に対して、以下の助成金を受けている。記して感謝したい。

- 平成二四〜二六年度JSPS科研費（挑戦的萌芽研究）「原発事故に伴う広域避難と支援の社会学」（研究代表者：後藤範章）
- 平成二五年度法政大学東日本大震災復興支援研究助成金「復興と生活再建に向けた協働フォーラム創造による震災被災者支援に関する実証的研究」（研究代表者：西城戸誠）
- 平成二六年度立教大学コミュニティ福祉研究所学術研究推進資金企画研究プロジェクトⅢ「埼玉県における原発避難者の実態把握と支援に関する実践的研究」（研究代表者：原田峻）
- 平成二六年度カシオ科学振興財団「原発避難者支援の多様性確保に向けた仕組み構築に関する比較研究」（研究代表者：西城戸誠）

●平成二七年度旭硝子財団助成研究「コミュニティの再編に対する復興支援員制度の比較研究」（研究代表者：西城戸誠）
●平成二七～二九年度日本学術振興会・科学研究費（基盤研究(C)）「『強いられた』コミュニティ再編を巡る復興支援と制度に関する比較研究」（研究代表者：西城戸誠）
●平成二八～三一年度日本学術振興会・科学研究費（基盤研究(A)）「不確実性と多元的価値の中での順応的な環境ガバナンスのあり方についての社会学的研究」（研究代表者：宮内泰介）
●平成二九年度立教大学コミュニティ福祉研究所学術研究推進資金企画研究プロジェクトＩ「県外避難者の人数とニーズの実態把握」（研究代表者：原田峻）

なお、本書の刊行にあたっては、平成二七（二〇一五）～二九（二〇一七）年度の科学研究費の費用を用いている。

＊

本書を締めくくるにあたって、これまでの支援活動および調査でお世話になった方々に、改めてお礼を申し上げたい。『福玉便り』編集部やＮＰＯ法人埼玉広域避難者支援センターでは、愛甲裕さん、薄井篤子さん、岡本卓大さん、川村由香さん、谷居早智世さん、永田信雄さん、西川正さん、広瀬隆さん、福岡和敏さん、吉田千亜さんをはじめとする皆さんと、長年にわたって多くの経験を共有してきた。『福玉便り』読者の皆さん、埼玉県内各地の避難者グループの皆さんや、自治体関係者の皆さん、福島県、富岡町、浪江町、大熊町、双葉町の復興支援員の皆さん、福玉相談センター相談員の皆さんには、さまざまな場面で筆者らの支援活動と調査にご協力いただいた。埼玉県労働者福祉協議会、NPO法人ハンズオン！埼玉、震災支援ネットワーク埼玉、コープみらい、パルシステム埼玉、生活クラブ生協埼玉など、関係団体の皆さんにもお世話になった。二〇一四～二〇一七年度に原田が助教として勤務した立教大学のゼミのメンバーは原田と一緒に現場に足を運んでくれて、猪狩茜さんと池田梨奈さんは『福玉便り』記者として取材も担当してくれた。本調査と同時並行で行われた、西城戸の石巻市北上町調査と、原田の立教大学コミュニティ福祉学部東日本大震災復興支援推進室「いわき拠点」「東久留米拠点」の活動も、間接的に示唆を与えており、関係者の方々にお礼を申し上げたい。西城戸・原田のそれぞれの家族も、震災以来の支援・調査活動に理解、応援をしてくれた。

最後に、新泉社の安喜健人氏には本書の企画や編集段階で大変お世話になりました。

本書が広域避難者支援の一助となることを願いつつ、そして筆者らもこの問題の解決に貢献できるように、おおぜいの仲間たちと今後も努力していきたいと考えている。

二〇一八年一二月二〇日

西城戸　誠
原田　峻

埼玉県・市町村	埼玉の支援団体	避難者グループ	『福玉便り』「福玉会議」関係
・埼玉県がスーパーアリーナに避難所開設，3月末に閉鎖	・SSN結成 ・スーパーアリーナにボランティア・ステーション開設	・越谷市で「一歩会」結成	
・埼玉県が旧県立騎西高校に避難所開設	・SSNが埼玉県知事に要請 ・SSNが旧騎西高校に相談コーナー設置 ・さいたまコープが旧騎西高校で炊き出しとおやこの広場開始 ・SSNが「しんさい・つながる相談・交流会」開催		・「さいたまスーパーアリーナ班長ふりかえりの会」
	・埼玉弁護士会主催の第1回「震災対策連絡協議会」	・上尾シラコバト団地で「ひまわり」結成 ・杉戸町で「杉戸元気会」結成 ・ふじみ野市で「おあがんなんしょ」開始 ・東松山市で「きずなの会」結成	
	・第2回「震災対策連絡協議会」		
・埼玉県が「東日本大震災復興支援相談窓口」設置	・第3回「震災対策連絡協議会」	・鳩山町で「鳩のつどい」開始	・シンポジウム「アリーナから地域へ」開催
・埼玉県が借上げ住宅を正式導入			
	・第4回「震災対策連絡協議会」	・さいたま市で「さいがい・つながりカフェ」開始	
・越谷市役所が避難者支援補助員による訪問開始	・第5回「震災対策連絡協議会」	・熊谷市で「ふるさと交流サロン」開始	

関連年表

	年月	避難指示	住宅・賠償・その他の支援	福島県・各市町村	
緊急期	2011年3月	・福島第1原発から半径20km圏内に避難指示		・福島県から各都道府県に避難者受け入れ要請	
避難生活の開始期	2011年4月	・文科省，校舎・校庭利用の年間20mSv基準を発表 ・半径20km圏内の「警戒区域」，その周辺の「計画的避難区域」「緊急時避難準備区域」が指定	・厚労省が被災地外の住宅もみなし仮設住宅と認める通知 ・総務省が「全国避難者情報システム」を設置 ・赤十字社が家電6点セットの配布開始		
	2011年5月				
	2011年6月	・「特定避難勧奨地点」設定			
	2011年7月				
	2011年8月		・原発避難者特例法成立 ・原賠審中間指針		
	2011年9月	・「緊急時避難準備区域」解除			
	2011年10月				
	2011年11月				

	埼玉県・市町村	埼玉の支援団体	避難者グループ	『福玉便り』「福玉会議」関係
		・第6回「震災対策連絡協議会」		
			・川口市で「ひまわりの会」結成	
		・第7回「震災対策連絡協議会」		・永田，西川，原田が『ふくしま絆新聞』を視察
			・上尾市で「向原団地被災者の会」結成	・スパリゾートハワイアンズ交流会
		・第8回「震災対策連絡協議会」	・川越市で「ここカフェ」結成	・『福玉便り』創刊
			・「放射能から避難したママネット@埼玉」結成 ・富士見市で「お茶のみ交流会」開始	
		・第9回「震災対策連絡協議会」	・羽生市で「羽生つながりカフェ」開始	
			・新座市で「新座さいがい・つながりカフェ」開始 ・加須市で「寄り添いステーション騎西」オープン	・富士ゼロックス端数倶楽部が『福玉便り』印刷協力開始 ・第1回「福玉会議」
		・第10回「震災対策連絡協議会」		
			・春日部市で「春日部つながりカフェ」開始	・「自主避難者」への対応を考える会議
			・旧騎西高校生徒ホールに「Fカフェ珠寿」オープン	・第2回「福玉会議」

	年月	避難指示	住宅・賠償・その他の支援	福島県・各市町村	
避難生活の開始期	2011年12月	・野田首相，原発事故「収束宣言」 ・政府が避難指示区域の再編を発表	・原賠審で自主避難の指針		
	2012年1月				
	2012年2月				
	2012年3月				
避難生活の長期化期	2012年4月	・避難指示区域の再編（「避難指示解除準備区域」「居住制限区域」「帰還困難区域」）	・厚労省が仮設住宅提供期間の1年間延長を発表		
	2012年5月				
	2012年6月	・「子ども被災者支援法」成立			
	2012年7月				
	2012年8月				
	2012年9月				
	2012年10月				

	埼玉県・市町村	埼玉の支援団体	避難者グループ	『福玉便り』「福玉会議」関係
		・第11回「震災対策連絡協議会」		・第3回「福玉会議」
				・第4回「福玉会議」 ・自主避難者座談会
		・第12回「震災対策連絡協議会」 ・SSNの旧騎西高校での法律相談終了	・所沢市で交流会「青空あおぞら」開始 ・「ここカフェ@川越」有志が川越市議会に支援法請願書を提出	・『福玉便り2013春の号外』発行
			・上田知事が加須ふれあいセンター訪問	・第5回「福玉会議」
		・	・草加市で「被災者つながりの会」開始 ・加須市で埼玉県内に復興住宅建設を求める署名活動開始	
		・第13回「震災対策連絡協議会」		・第6回「福玉会議」
	・コープみらい，旧騎西高校に「おしゃべりサロン」開設		・杉戸，上尾，川越などで埼玉県内に復興住宅建設を求める署名活動	・第7回「福玉会議」

	年月	避難指示	住宅・賠償・ その他の支援	福島県・各市町村	
避難生活の長期化期	2012年11月		・福島県がみなし仮設住宅の県外の新規提供停止を発表		
	2012年12月	・野田内閣（民国連立）退陣して政権交代，第2次安倍内閣（自公連立）発足			
	2013年1月				
	2013年2月				
	2013年3月				
	2013年4月		・復興庁，厚労省，国交省が仮設住宅の提供延長は被災地が判断と通知 ・福島県が仮設住宅提供期間の1年間延長を発表		
	2013年5月				
	2013年6月			・宮城県が東京事務所を設置 ・双葉町役場がいわき市に移転	
	2013年7月			・浪江町が復興支援員を埼玉県に配置	
	2013年8月				

埼玉県・市町村	埼玉の支援団体	避難者グループ	『福玉便り』「福玉会議」関係
	・埼玉労福協が埼玉県知事に避難者支援に関する要請		・第8回「福玉会議」
		・「想い」が鴻巣市役所と行政懇談会	
			・第9回「福玉会議」
・旧騎西高校の避難者が0人に			
		・「Fカフェ珠寿」が双葉町社協に移転して「ボランティアカフェ」に	・第10回「福玉会議」
		・双葉町埼玉自治会発足 ・久喜市で「お茶っこふるさと会」開始	
	・原発事故責任追及訴訟埼玉弁護団が国と東電に訴訟提起		・『福玉便り2014春の号外』発行
		・「一歩会」から「越谷一歩会」が"卒業"	・第11回「福玉会議」
	・埼玉労福協が進学教育説明会開催	・「ぽろろん」結成 ・「和光つながりカフェ」開催 ・「加須ふれあいセンター」NPO法人化 ・加須市の双葉町民有志が国会議員に復興住宅建設を要請	・第12回「福玉会議」 ・第1回「福玉リーダー会議」

	年月	避難指示	住宅・賠償・その他の支援	福島県・各市町村	
避難生活の長期化期	2013年9月			・富岡町議会で杉戸町への復興住宅建設の議論	
	2013年10月	・10月30日，政府・与党は福島県民の全員帰還を断念し，帰還困難区域の住民に「移住」を推奨する方針を発表			
	2013年11月				
	2013年12月		・中間指針第4次追補，財物賠償の見直し		
	2014年1月				
	2014年2月				
	2014年3月				
	2014年4月	・田村市の避難指示区域解除		・双葉町が埼玉県に復興支援員設置	
	2014年5月		・福島県が仮設住宅提供期間の1年間延長を発表		
	2014年6月				

埼玉県・市町村	埼玉の支援団体	避難者グループ	『福玉便り』「福玉会議」関係
			・「毎日新聞」が避難者数問題を報道
		・伊奈町で「負けねっちゃきらり」結成	・第13回「福玉会議」
	・埼玉労福協が埼玉県知事に避難者支援に関する要請		
		・「越谷避難者の会」結成	・第14回「福玉会議」 ・第2回「福玉リーダー会議」
			・第3回「福玉リーダー会議」
			・第15回「福玉会議」
		・熊谷市の「ふるさと交流サロン」終了 ・「越谷避難者の会」が市長に要望書提出	・第16回「福玉会議」 ・第4回「福玉リーダー会議」
			・第5回「福玉リーダー会議」 ・『福玉便り2015春の号外』発行
			・第17回「福玉会議」
	・埼玉労福協，南相馬市の集い		
			・第18回「福玉会議」 ・第6回「福玉リーダー会議」
			・第7回「福玉リーダー会議」

	年月	避難指示	住宅・賠償・その他の支援	福島県・各市町村	
避難生活の長期化期	2014年7月			・大熊町がコミュニティ支援関東事務所を開設	
	2014年8月				
	2014年9月				
	2014年10月	・川内村の避難指示区域解除			
	2014年11月			・福島県が復興支援員埼玉事務所を開設	
	2014年12月				
	2015年1月			・富岡町が復興支援員埼玉事務所開設	
	2015年2月				
	2015年3月				
	2015年4月				
	2015年5月				
	2015年6月		・福島県が自主避難者借上げ住宅の2017年3月終了を発表		
	2015年7月				

	埼玉県・市町村	埼玉の支援団体	避難者グループ	『福玉便り』「福玉会議」関係
		・埼玉労福協が埼玉県知事に避難者支援に関する要請		
				・第19回「福玉会議」 ・第8回「福玉リーダー会議」
			・毛呂山町で「つながり」開始	
				・第9回「福玉リーダー会議」
			・熊谷市で「結の会」結成	・第10回「福玉リーダー会議」
				・「福玉支援センター」設立シンポジウム
				・『福玉便り2016春の号外』発行
	・埼玉県が自主避難者の県営住宅優先入居開始			・「福玉支援センター」NPO法人認証
				・第20回「福玉会議」
				・「福島県県外避難者相談センター」開所
				・第21回「福玉会議」 ・「福玉支援センター」の第1回住宅説明会
				・「相談センター」の第1回相談交流説明会
				・第22回「福玉会議」

	年月	避難指示	住宅・賠償・その他の支援	福島県・各市町村	
避難生活の長期化期	2015年8月				
	2015年9月	・楢葉町の避難指示区域解除			
	2015年10月				
	2015年11月				
	2015年12月				
	2016年1月				
	2016年2月				
	2016年3月				
	2016年4月			・大熊町，埼玉県のコミュニティ支援事務所をいわき市に統合	
	2016年5月				
	2016年6月	・葛尾村，川内村の避難指示区域解除			
	2016年7月	・南相馬市の避難指示区域解除			
	2016年8月		・福島県が借上げ住宅終了に伴う家賃補助制度発表		
	2016年9月				
	2016年10月				
	2016年11月				

	埼玉県・市町村	埼玉の支援団体	避難者グループ	『福玉便り』「福玉会議」関係
				・第23回「福玉会議」
				・『福玉便り2017春の号外』発行
	・川越市が自主避難者に家賃補助			・「福玉支援センター」が県外避難者相談事業を受託 ・第24回「福玉会議」
				・第25回「福玉会議」 ・「福玉支援センター」と復興大臣の意見交換
				・第26回「福玉会議」
				・『福玉便り2018春の号外』発行
				・第27回「福玉会議」

	年月	避難指示	住宅・賠償・その他の支援	福島県・各市町村	
避難生活の長期化期	2016年12月				
	2017年1月				
	2017年2月				
	2017年3月	・川俣町，浪江町，飯舘村の避難指示区域解除			
避難生活の超長期化期	2017年4月	・富岡町の避難指示区域解除			
	2017年5月				
	2017年6月				
	2017年7月				
	2017年8月				
	2017年9月				
	2017年10月				
	2017年11月				
	2017年12月				
	2018年1月				
	2018年2月				
	2018年3月			・浪江町復興支援員埼玉事務所閉所	
	2018年4月				
	2018年5月				
	2018年6月				
	2018年7月				
	2018年8月				

文献一覧

青柳光昌（2016）「被災地を支えるNPO」，岡本全勝編『東日本大震災　復興が日本を変える――行政・企業・NPOの未来のかたち』ぎょうせい，153–229.

池田陽子（2013）「「汚染」と「安全」――原発事故後のリスク概念の構築と福島復興の力」，トム・ギル，ブリギッテ・シテーガ，デビッド・スレイター編『東日本大震災の人類学――津波，原発事故と被災者たちの「その後」』人文書院，165–200.

石岡丈昇（2018）「なぞること／立てること――対象の再構成について」，『ソシオロジ』62(3): 61–67.

石塚直樹（2013）「復興支援員制度の一年目」，『建築雑誌』128(1647): 2–3.

伊藤修一郎（2002）『自治体政策過程の動態――政策イノベーションと波及』慶應義塾大学出版会.

稲垣文彦（2013）「中越地震における地域復興支援員に学ぶ」，『農村計画学会誌』32(3): 354–357.

稲垣文彦（2014）「震災復興に立ち向かった10年――なぜ「地域づくりの本質」が見えたのか」，稲垣文彦ほか『震災復興が語る農山村再生――地域づくりの本質』コモンズ，13–31.

今井照（2011a）「原発災害避難者の実態調査（1次）」，『自治総研』393: 1–37.

今井照（2011b）「原発災害避難者の実態調査（2次）」，『自治総研』398: 17–41.

今井照（2012）「原発災害避難者の実態調査（3次）」，『自治総研』402: 24–56.

今井照（2014a）『自治体再建――原発避難と「移動する村」』ちくま新書.

今井照（2014b）「原発災害避難者の実態調査（4次）」，『自治総研』424: 70–103.

今井照（2016）「原発災害避難者の実態調査（5次）」，『自治総研』450: 1–33.

今井照（2017）「原発災害避難者の実態調査（6次）」，『自治総研』462: 1–34.

上野千鶴子（2008）「当事者とは誰か？――ニーズ中心の福祉社会のために」，上野千鶴子・中西正司編『ニーズ中心の福祉社会へ――当事者主権の次世代福祉戦略』医学書院，10–37.

江口智子（2015a）「賠償の全体像」，関西学院大学災害復興制度研究所・東日本大震災支援全国ネットワーク（JCN）・福島の子どもたちを守る法律家ネットワーク（SAFLAN）編『原発避難白書』人文書院，36–43.

江口智子（2015b）「避難指示区域」，関西学院大学災害復興制度研究所・東日本大

震災支援全国ネットワーク（JCN）・福島の子どもたちを守る法律家ネットワーク（SAFLAN）編『原発避難白書』人文書院, 62–71.
江口智子（2015c）「中間的区域」, 関西学院大学災害復興制度研究所・東日本大震災支援全国ネットワーク（JCN）・福島の子どもたちを守る法律家ネットワーク（SAFLAN）編『原発避難白書』人文書院, 84–91.
大浦宏邦（2014）「テキストマイニングによる原発事故避難者の帰還意図要因分析」,『帝京社会学』27: 1–19.
岡本全勝（2016）「変化する行政」, 岡本全勝編『東日本大震災　復興が日本を変える――行政・企業・NPOの未来のかたち』ぎょうせい, 9–85.
開沼博（2011）『「フクシマ」論――原子力ムラはなぜ生まれたのか』青土社.
加藤朋江（2013）「首都圏からの原発避難」, 庄司洋子編『シリーズ福祉社会学4　親密性の福祉社会学――ケアが織りなす関係』東京大学出版会, 95–121.
川上憲人（2015）「災害支援者に対する心のケア」, 似田貝香門・吉原直樹編『震災と市民2　支援とケア』東京大学出版会, 57–72.
川副早央里（2014）「原子力災害後の政策的線引きによるあつれきの生成――原発避難者を受け入れる福島県いわき市の事例から」,『早稲田大学総合人文科学研究センター研究誌』2: 19–30.
川副早央里・浦野正樹（2011）「原発災害の影響と復興への課題――いわき市にみる地域特性と被害状況の多様性への対応」,『日本都市学会年報』45: 150–159.
関西学院大学災害復興制度研究所・東日本大震災支援全国ネットワーク（JCN）・福島の子どもたちを守る法律家ネットワーク（SAFLAN）編（2015）『原発避難白書』人文書院.
神田誠司（2011）「長期化する集団避難生活――原発立地自治体・福島県双葉町が直面する苦悩」,『ガバナンス』123: 45–47.
菅野昌史・高木竜輔（2012）「東日本大震災における楢葉町の災害対応（1）――コミュニティの再生に向けて」,『いわき明星大学大学院人文学研究科紀要』10: 36–51.
熊上崇（2016）「福島原発事故とコミュニティ――双葉町社会福祉協議会加須事務所での交流を通じて」,『立教大学コミュニティ福祉学部紀要』18: 27–40.
越山健治（2016）「東日本大震災における住宅再建の現状と地域復興との関係」, 関西大学社会安全学部編『東日本大震災　復興5年目の検証――復興の実態と防災・減災・縮災の展望』ミネルヴァ書房, 50–70.
後藤範章・宝田惇史（2015）「原発事故契機の広域避難・移住・支援活動の展

開と地域社会の変容――石垣と岡山を主たる事例として」,『災後の社会学』3: 41–61.
紺野祐・佐藤修司（2014）「東日本大震災および原発事故による福島県外への避難の実態（1）――母子避難者へのインタビュー調査を中心に」,『秋田大学教育文化学部研究紀要』69: 145–157.
阪本公美子・匂坂宏枝（2014）「3.11震災から2年半経過した避難者の状況――2013年8月栃木県内避難者アンケート調査より」,『宇都宮大学国際学部研究論集』38: 13–34.
櫻井常矢（2015）「震災復興・地域コミュニティ再生と中間支援システム――復興支援員の展開過程をもとに」,『日本地域政策研究』14: 4–11.
桜井良・奥田加奈・塚原大介（2016）「地域住民の復興支援員及び復興の現状に対する意識――福島県田村市都路町の住民意識調査より」,『農村計画学会誌』35(3): 389–397.
佐藤彰彦（2012）「全村避難をめぐって――飯舘村の苦悩と選択」，山下祐介・開沼博編『「原発避難」論――避難の実像からセカンドタウン，故郷再生まで』明石書店，91–137.
佐藤彰彦（2013a）「計画的避難・帰村・復興をめぐる行政・住民の葛藤」,『社会政策』4(3): 38–50.
佐藤彰彦（2013b）「原発避難者を取り巻く問題――タウンミーティング事業の取り組み・支援活動からみえてきたこと」,『社会学評論』64(3): 439–459.
佐藤彰彦・高木竜輔・山本薫子・山下祐介（2013）「原発避難をめぐる社会調査と研究者の役割――社会学広域避難研究会富岡班による研究活動」,『災後の社会学』1: 35–46.
佐藤郁哉（2002）『フィールドワークの技法――問いを育てる，仮説をきたえる』新曜社.
沢見涼子（2011）「故郷を離れて――避難者とボランティア・半年の軌跡」,『世界』822: 62–72.
塩崎賢明（2014）『復興〈災害〉――阪神・淡路大震災と東日本大震災』岩波新書.
菅磨志保（2008）「阪神・淡路大震災が生み出した仕組み」，菅磨志保・山下祐介・渥美公秀編『災害ボランティア論入門』弘文堂，111–122.
図司直也（2013）「地域サポート人材の政策的背景と評価軸の検討」,『農村計画学会誌』32(3): 350–353.
須永将史（2012）「大規模避難所の役割――ビッグパレットふくしまにおける支

援体制の構築」，山下祐介・開沼博編『「原発避難」論——避難の実像からセカンドタウン，故郷再生まで』明石書店，198–230.
成元哲・牛島佳代・松谷満・阪口祐介（2013）「終わらない被災の時間——原発事故後の福島県中通り9市町村の親子の不安，リスク対処行動，健康度」，『中京大学現代社会学部紀要』7(1): 109–167.
成元哲編（2015）『終わらない被災の時間——原発事故が福島県中通りの親子に与える影響(ストレス)』石風社.
関礼子（2013）「強制された避難と「生活(life)の復興」」，『環境社会学研究』19: 45–60.
関礼子・廣本由香編（2014）『鳥栖のつむぎ——もうひとつの震災ユートピア』新泉社.
高木竜輔・石丸純一（2014）「原発事故に伴う楢葉町民の避難生活（1）——1年後の生活再建の実相」，『いわき明星大学人文学部研究紀要』27: 22–39.
高木竜輔・大橋保明（2013）「原発事故後における高校生の避難生活と意識——楢葉町を事例として」，『いわき明星大学大学院人文学研究科紀要』11: 31–44.
髙橋征仁（2013）「沖縄県における原発事故避難者と支援ネットワークの研究（1）——弱い絆の強さ」，『山口大学文学会志』63: 79–97.
髙橋若菜（2014）「福島県外における原発避難者の実情と受入れ自治体による支援——新潟県による広域避難者アンケートを題材として」，『宇都宮大学国際学部研究論集』38: 35–51.
髙橋若菜編，田口卓臣・松井克浩著（2016）『原発避難と創発的支援——活かされた中越の災害対応経験』本の泉社.
髙橋若菜・渡邊麻衣・田口卓臣（2012）「新潟県における福島からの原発事故避難者の現状の分析と問題提起」，『多文化公共圏センター年報』4: 54–69.
宝田惇史（2012）「「ホットスポット」問題が生んだ地域再生運動——首都圏・柏から岡山まで」，山下祐介・開沼博編『「原発避難」論——避難の実像からセカンドタウン，故郷再生まで』明石書店，267–302.
田代英美（2013）「東日本大震災による遠方への避難の諸要因と生活再建期における課題」，『西日本社会学会年報』11: 63–75.
田代英美（2014）「原発避難・移住者への新たな支援活動の可能性」，『福岡県立大学人間社会学部紀要』23(1): 13–21.
田並尚恵（2010）「阪神・淡路大震災の県外被災者の今——震災から15年」，『災害復興研究』2: 143–159.

田並尚恵 (2011)「域外避難者に対する情報提供――三宅島噴火災害の避難者調査を中心に」,『災害復興研究』3: 167–175.
田並尚恵 (2012)「東日本大震災における県外避難者への支援――受入れ自治体調査結果から」,『災害復興研究』4: 15–24.
田並尚恵 (2015)「「広域避難者」への支援――広域避難者対応についての調査結果を中心に」,『災害復興研究』7: 87–96.
丹波史紀 (2012)「福島第一原子力発電所事故と避難者の実態――双葉8町村調査を通して」,『環境と公害』41(4): 39–45.
丹波史紀・増市徹 (2013)「広域避難――避難側・受け入れ側双方の視点から」, 平山洋介・斎藤浩編『住まいを再生する――東北復興の政策・制度論』岩波書店, 181–204.
津賀高幸 (2015a)「新潟県」, 関西学院大学災害復興制度研究所・東日本大震災支援全国ネットワーク (JCN)・福島の子どもたちを守る法律家ネットワーク (SAFLAN) 編『原発避難白書』人文書院, 144–145.
津賀高幸 (2015b)「岡山県」, 関西学院大学災害復興制度研究所・東日本大震災支援全国ネットワーク (JCN)・福島の子どもたちを守る法律家ネットワーク (SAFLAN) 編『原発避難白書』人文書院, 158–159.
辻内琢也 (2012)「原発事故避難者の深い精神的苦痛――緊急に求められる社会的ケア」,『世界』835: 51–60.
辻内琢也ほか (2012)「原発避難者への官民協同支援体制の構築――埼玉県を事例に」,『日本心療内科学会誌』16(4): 261–268.
西城戸誠・原田峻 (2012)「原発・県外避難者の困難と「支援」のゆくえ――埼玉県における避難者と自治体調査の知見から」, 長谷部俊治・舩橋晴俊編『持続可能性の危機――地震・津波・原発事故災害に向き合って』御茶の水書房, 191–220.
西城戸誠・原田峻 (2014)「埼玉県における県外避難者とその支援の現状と課題」,『人間環境論集』15(1): 69–103.
西城戸誠・原田峻 (2019)「広域避難者支援における復興支援員制度の展開――埼玉県を事例として」,『公共政策志林』9.
西阪仰・早野薫・須永将史・黒嶋智美・岩田夏穂 (2013)『共感の技法――福島県における足湯ボランティアの会話分析』勁草書房.
西崎伸子・照沼かほる (2012)「「放射性物質・被ばくリスク問題」おける「保養」の役割と課題――保養プロジェクトの立ち上げ経緯と2011年度の活動より」,

『行政社会論集』25(1): 31–67.
西村一郎 (2013)『3.11 忘れない，伝える，続ける，つなげる——協同の力で避難者の支援を』コープ出版.
西村淑子 (2013)「福島原発事故の被害と国の責任」,『群馬大学社会情報学部研究論集』20: 61–75.
西山志保 (2008)「多様なボランティアが切りひらく新たな市民社会」, 似田貝香門編『自立支援の実践知——阪神・淡路大震災と共同・市民社会』東信堂, 47–75.
似田貝香門 (1974)「社会調査の曲がり角——住民運動調査後の覚書」,『UP』24: 1–7.
似田貝香門編 (2008)『自立支援の実践知——阪神・淡路大震災と共同・市民社会』東信堂.
日本学術会議社会学委員会東日本大震災の被害構造と日本社会の再建の道を探る分科会 (2013)「原発災害からの回復と復興のために必要な課題と取り組み態勢についての提言」.
日本学術会議社会学委員会東日本大震災の被害構造と日本社会の再建の道を探る分科会 (2014)「東日本大震災からの復興政策の改善についての提言」.
日本学術会議東日本大震災復興支援委員会福島復興支援分科会 (2014)「東京電力福島第一原子力発電所事故による長期避難者の暮らしと住まいの再建に関する提言」.
橋本慎吾 (2015)「山形県」, 関西学院大学災害復興制度研究所・東日本大震災支援全国ネットワーク (JCN)・福島の子どもたちを守る法律家ネットワーク (SAFLAN) 編『原発避難白書』人文書院, 134–136.
橋本慎吾・津賀高幸 (2015)「避難先での支援の違いを知る」, 関西学院大学災害復興制度研究所・東日本大震災支援全国ネットワーク (JCN)・福島の子どもたちを守る法律家ネットワーク (SAFLAN) 編『原発避難白書』人文書院, 124–128.
原口弥生 (2012)「福島原発避難者の支援活動と課題——福島乳幼児妊産婦ニーズ対応プロジェクト茨城拠点の活動記録」,『茨城大学地域総合研究所年報』45: 39–48.
原口弥生 (2013)「東日本大震災にともなう茨城県への広域避難者アンケート調査結果」,『茨城大学地域総合研究所年報』46: 61–80.
原田晃樹・藤井敦史・松井真理子 (2010)『NPO再構築への道——パートナーシ

ップを支える仕組み』勁草書房.
原田峻（2012）「首都圏への遠方集団避難とその後――さいたまスーパーアリーナにおける避難者／支援者」，山下祐介・開沼博編『「原発避難」論――避難の実像からセカンドタウン，故郷再生まで』明石書店，231–266.
原田峻・西城戸誠（2015）「東日本大震災・福島原発事故から5年目を迎えた県外避難の現状と課題――埼玉県における自治体・避難者調査の知見から」，『立教大学コミュニティ福祉研究所紀要』3: 59–78.
原田峻・西城戸誠（2017）「東日本大震災・福島原発事故から7年目を迎えた広域避難の現状と課題――埼玉県における自治体・避難者調査の知見から」，『立教大学コミュニティ福祉研究所紀要』5: 51–67.
日野行介（2015）「不十分な実態把握」，関西学院大学災害復興制度研究所・東日本大震災支援全国ネットワーク（JCN）・福島の子どもたちを守る法律家ネットワーク（SAFLAN）編『原発避難白書』人文書院，31–35.
日野行介（2016）『原発棄民――フクシマ5年後の真実』毎日新聞出版.
福田健治（2015）「避難指示区域外」，関西学院大学災害復興制度研究所・東日本大震災支援全国ネットワーク（JCN）・福島の子どもたちを守る法律家ネットワーク（SAFLAN）編『原発避難白書』人文書院，98–105.
舩橋淳（2012）『フタバから遠く離れて――避難所からみた原発と日本社会』岩波書店.
舩橋淳（2014）『フタバから遠く離れてII――原発事故の町からみた日本社会』岩波書店.
舩橋晴俊（2014）「「生活環境の破壊」としての原発震災と地域再生のための「第三の道」」，『環境と公害』43(3): 62–67.
古川俊一（2000）「政府・自治体間の相互援助体制と市民・企業の連携」，中邨章編『行政の危機管理システム』中央法規出版.
町田徳丈（2015）「「仮の町」から復興公営住宅へ」，関西学院大学災害復興制度研究所・東日本大震災支援全国ネットワーク（JCN）・福島の子どもたちを守る法律家ネットワーク（SAFLAN）編『原発避難白書』人文書院，204–208.
松井克浩（2011）『震災・復興の社会学――2つの「中越」から「東日本」へ』リベルタ出版.
松井克浩（2013）「新潟県における広域避難者の現状と支援」，『社会学年報』42: 61–71.
松井克浩（2017）『故郷喪失と再生への時間――新潟県への原発避難と支援の社

会学』, 東信堂.
松薗祐子 (2016)「「二つのコミュニティを生きること」の意味——原発避難者の事例にみる避難元コミュニティと避難先コミュニティ」,『淑徳大学研究紀要(総合福祉学部・コミュニティ政策学部)』50: 15–30.
松原治郎・似田貝香門編 (1976)『住民運動の論理——運動の展開過程・課題と展望』学陽書房.
三井さよ (2008)「被災者の固有性の尊重とボランティアの〈問い直し〉——阪神高齢者・障害者支援ネットワークの持続」, 似田貝香門編『自立支援の実践知——阪神・淡路大震災と共同・市民社会』東信堂, 77–129.
宮内泰介 (2003)「市民調査という可能性——調査の主体と方法を組み直す」,『社会学評論』53(4): 566–578.
宮内泰介編 (2013)『なぜ環境保全はうまくいかないのか——現場から考える「順応的ガバナンス」の可能性』新泉社.
宮内泰介編 (2017)『どうすれば環境保全はうまくいくのか——現場から考える「順応的ガバナンス」の進め方』新泉社.
宮本常一・安渓遊地 (2008)『調査されるという迷惑——フィールドに出る前に読んでおく本』みずのわ出版.
向井忍 (2014)「広域避難者支援の到達点と支援拠点及び体制の課題——愛知での経験から」,『災害復興研究』6: 65–107.
山下祐介 (2013)『東北発の震災論——周辺から広域システムを考える』ちくま新書.
山下祐介 (2017)『「復興」が奪う地域の未来——東日本大震災・原発事故の検証と提言』岩波書店.
山下祐介・市村高志・佐藤彰彦 (2013)『人間なき復興——原発避難と国民の「不理解」をめぐって』明石書店.
山下祐介・菅磨志保 (2002)『震災ボランティアの社会学——〈ボランティア＝NPO〉社会の可能性』ミネルヴァ書房.
山下祐介・山本薫子・吉田耕平・松薗祐子・菅磨志保 (2012)「原発避難をめぐる諸相と社会的分断——広域避難者調査に基づく分析」,『人間と環境』38(2): 10–21.
山根純佳 (2013)「原発事故による「母子避難」問題とその支援——山形県における避難者調査のデータから」,『山形大学人文学部研究年報』10: 37–51.
山室敦嗣 (2004)「フィールドワークが〈実践的〉であるために——原子力発電所

候補地の現場から」，好井裕明・三浦耕吉郎編『社会学的フィールドワーク』世界思想社，132–166.
山本薫子（2017）「「原発避難」をめぐる問題の諸相と課題」，長谷川公一・山本薫子編『原発震災と避難——原子力政策の転換は可能か』有斐閣.
山本薫子・佐藤彰彦・松薗祐子・高木竜輔・吉田耕平・菅磨志保（2014）「原発避難者の生活再編過程と問題構造の解明に向けて——『空間なきコミュニティ』の概念化のための試論」，『災後の社会学』2: 23–41.
山本薫子・高木竜輔・佐藤彰彦・山下祐介（2015）『原発避難者の声を聞く——復興政策の何が問題か』岩波書店.
矢守克也（2010）『アクションリサーチ——実践する人間科学』新曜社.
除本理史（2013）『原発賠償を問う——曖昧な責任，翻弄される避難者』岩波書店.
除本理史・渡辺淑彦編（2015）『原発災害はなぜ不均等な復興をもたらすのか——福島事故から「人間の復興」，地域再生へ』ミネルヴァ書房.
吉川忠寛（2007）「復旧・復興の諸類型」，浦野正樹・大矢根淳・吉川忠寛編『復興コミュニティ論入門』弘文堂.
吉田千亜（2016）『ルポ 母子避難——消されゆく原発事故被害者』岩波新書.
吉原直樹（2002）『都市とモダニティの理論』東京大学出版会.
吉原直樹（2013）『「原発さまの町」からの脱却——大熊町から考えるコミュニティの未来』岩波書店.
吉原直樹（2016）『絶望と希望——福島・被災者とコミュニティ』作品社.

著者紹介

西城戸 誠（にしきど・まこと）

1972年，埼玉県生まれ．

北海道大学大学院文学研究課博士課程修了．博士（行動科学）．

法政大学人間環境学部教授．専門は環境社会学，地域社会学，社会運動論．

主著：『震災と地域再生』（共編著，法政大学出版局，2016年），『再生可能エネルギーのリスクとガバナンス』（共編著，ミネルヴァ書房，2015年），『サミット・プロテスト』（共編著，新泉社，2016年），『抗いの条件』（人文書院，2008年）．

原田 峻（はらだ・しゅん）

1984年，埼玉県生まれ．

東京大学大学院人文社会系研究科博士課程満期退学．博士（社会学）．

金城学院大学人間科学部講師．専門は地域社会学，社会運動論，NPO論．

主著：『原発避難白書』（共著，人文書院，2015年），『「原発避難」論』（共著，明石書店，2012年）．

避難と支援
——埼玉県における広域避難者支援のローカルガバナンス

2019年2月25日　初版第1刷発行

著　者＝西城戸 誠，原田 峻
発行所＝株式会社 新 泉 社
東京都文京区本郷2－5－12
振替・00170－4－160936番　TEL 03(3815)1662　FAX 03(3815)1422
印刷・製本　萩原印刷

ISBN978-4-7877-1904-1　C1036